LES MÉDICIS

Du même auteur

Les Borgia. Le Pape et le Prince, « Texto », 2019.
Machiavel, « Texto », 2016.
Attila. Roi des Huns (434-453), « Texto », 2016.
Vienne au temps de Mozart et de Schubert, « Texto », 2015.
Charles le Téméraire. Duc de Bourgogne (1433-1477), « Texto », 2014.
Blanche de Castille. Régente de France, mère de Saint Louis, « Texto », 2014.
Frédéric II de Hohenstauffen, « Texto », 2011.

MARCEL BRION
de l'Académie française

LES MÉDICIS

XIVe-XVIIIe siècle

TEXTO

Texto est une collection des éditions Tallandier

48, rue du Faubourg-Montmartre – 75009 Paris
www.tallandier.com

AVANT-PROPOS

Quiconque tenterait d'écrire l'histoire du mécénat royal, princier, ecclésiastique ou bourgeois, et d'analyser le rôle qu'il a joué dans le développement de la civilisation et de la culture, soit en Europe, soit en Asie, devrait faire une place importante à ces petits souverains italiens de la Renaissance qui avaient donné aux monarques allemands de l'époque des Lumières l'exemple d'un généreux et intelligent encouragement à la vie de l'art et de l'esprit. Si l'on veut estimer à leur exacte valeur les actions des maîtres de ces nombreux petits États de la péninsule qui avaient arraché leur indépendance à l'hégémonie du Saint-Empire et conquis prestige et prospérité grâce aux guerres, si le fondateur de la famille était un *condottiere*, ou grâce à l'argent s'il s'agissait d'un négociant, d'un banquier ou d'un grand propriétaire terrien, il faut reconnaître comme un élément caractéristique de ce désir qu'ils avaient de ne pas être oubliés de la postérité l'immortalisation de leur nom, de leurs personnes, de leurs gestes, de leurs traits par les artistes auxquels ils étendaient une libérale protection, poètes, peintres, sculpteurs. On remarquera aussi chez eux ce goût de la collection, hérité de l'Antiquité (Rome a eu des collectionneurs célèbres et certaines villas de Pompéi et de Herculanum étaient de véritables musées), et perpétué à travers les siècles jusque chez les opulents hommes d'affaires américains d'aujourd'hui qui demandent l'immortalité – et l'obtiennent – des tableaux rassemblés par eux.

Le mécène et le collectionneur marchent la main dans la main en Italie, dès le Moyen Âge, mais la Renaissance a donné au connaisseur d'art de plus commodes possibilités de satisfaire son désir d'acquérir et de posséder des choses de beauté. Si on compare l'une à l'autre leur nature et leur activité, on distingue chez le mécène un haut esprit d'initiative et d'originalité. Le mécène suggère et demande à l'artiste d'inventer et de réaliser pour lui, conformément à ses préférences et à ses goûts, des œuvres d'esprit nouveau, correspondant aux neuves percées esthétiques qui définissent une génération : il fait construire des églises, des palais, il les fait décorer de fresques et de statues, il les meuble et les orne d'objets précieux et, souvent, le jardin qui entoure le château s'établit et s'organise suivant les impératifs d'un même style, ce qui conditionne une manière actuelle de regarder et d'éprouver la nature. Le collectionneur, lui, entretient moins de rapports avec le créateur qu'avec la création : sa préoccupation n'est pas de faire faire, mais de découvrir et d'accumuler ce qui a été fait ; pour peu qu'il soit féru des choses du passé plus que de celles de sa propre époque, il collectionne les objets de fouille ; amateur d'antiquités, il devient antiquaire, archéologue. Dans l'histoire des Médicis, on remarque nettement ce passage du mécène au collectionneur, lorsque l'irrésistible impulsion créatrice de la Renaissance italienne où il naissait chaque jour un chef-d'œuvre dans une capitale de la culture comme Florence, après une courte période baroque assez brillante, a fait place à une sorte de stagnation. Ne trouvant pas (ou ne sachant pas trouver et stimuler) autour d'eux de mouvements artistiques à encourager, ils se sont rabattus des arts sur les sciences, et se sont appliqués à constituer des collections. Par leurs préoccupations d'ordre pratique, économique, industriel, où la science elle-même intervenait en tant que science appliquée, les grands-ducs de Toscane ont substitué au mécénat actif, dynamique, des Médicis du XVe siècle, Cosme dit « Père de la patrie »[1] et Laurent surnommé « le Magnifique », une sorte d'encouragement que l'on pourrait presque dire passif, dépourvu de toute verve créatrice, plus attentif aux progrès de l'agriculture, de l'artisanat et du négoce qu'aux puissantes imaginations des architectes et des peintres ; peut-être aussi, peut-on dire, pour leur excuse, qu'il n'existait plus en leur temps de génies de mêmes dimensions que Leone Battista Alberti, Brunelleschi, Michel-Ange ou Léonard de Vinci et que le milieu, toujours si favorable à la naissance et à l'épanouissement du génie, sans suivre jusqu'à ses extrêmes conclusions la doctrine de Taine, s'amenuisait et disparaissait à mesure que s'effritaient et s'effondraient les libertés républicaines.

Il semble bien que Florence ait été le point de départ, le centre des lignes de force de cette vaste expansion du mécénat qui a gagné toutes les petites principautés ; justement parce qu'elles étaient petites géographiquement et politiquement parlant – comme étaient petits tant d'États souverains allemands du XVIIIe siècle, jusqu'à être appelés, par dérision, « duchés de poche » – et d'autant plus fiers alors de posséder les meilleurs orchestres, les meilleurs théâtres, et de faire construire par des

1. Dit Cosme l'Ancien.

architectes français les merveilles du Baroque que leur propre pays, la France toujours antibaroque, ne leur permettait pas, ces principautés devaient à leur amour de la gloire telle que la concevait ce XVe siècle, épris de la Grèce et de Rome, de hausser leurs minuscules capitales à l'excellence suprême de métropoles unanimement admirées, de l'art et de l'érudition : Ferrare, Padoue, Urbino, Vérone, Rimini possédaient des souverains fastueux, intelligents, sensibles et cultivés qui se disputaient, à coup d'offres alléchantes, et parfois même par la violence, les hommes célèbres qui pouvaient faire l'illustration de leur cour et les rendre à jamais glorieux dans la mémoire des peuples. Ainsi que des milliardaires américains s'arrachent, dans les ventes publiques, en rivalisant d'enchères fabuleuses, les tableaux les plus chers du monde, les Baglioni, les Este, les Malatesta font parfois enlever sur la route, quand ils sont restés indifférents à l'offre d'opulentes prébendes, les professeurs que les universités s'envient et se disputent.

Ailleurs, le mécénat est généralement aristocratique : souverains immédiats ou médiatisés, de souche royale ou d'antique lignage féodal ; ou bien des princes de l'Église, papes, cardinaux, évêques, abbés d'ordres monastiques qui sont souvent aussi princes de naissance. L'avènement des puissances d'argent, vers le milieu du Moyen Âge, l'accession de bourgeois, comme les Fugger, Jacques Cœur ou les Médicis, au prestige, à la puissance et à la fortune, qui rendent indépendant celui qui les possède et placent les autres sous sa dépendance, n'a pas modifié le caractère du mécénat : il est toujours lié au pouvoir politique, de façon évidente ou occulte. Dans les sociétés démocratiques où le souverain est sans cesse à la merci de l'opinion publique, la popularité si nécessaire s'entretient par la propagande et la publicité. On a dit de l'argent qu'il est le « nerf de la guerre » : on pourrait dire aussi qu'il est le ressort, très souvent, d'une popularité que peuvent entretenir sans interruption les louanges payées du grand homme.

Incontestablement, le mécénat est, sur un certain plan et en une certaine mesure, un élément de prestige, une source de popularité : Périclès le savait aussi bien que Louis XIV, ou Frédéric II qui construisait sa future mémoire sur les éloges des encyclopédistes français.

Le mécénat italien de la Renaissance est moins aristocratique qu'il ne se présente en Allemagne ou en France, parce que les maîtres de ces petits États, qui se sont faits eux-mêmes princes de l'esprit, sont enracinés à la terre par des souches plébéiennes. Les *condottieri* qui lièrent puissance et fortune, et gloire, à trafiquer de l'entreprise des guerres, furent à l'origine des agriculteurs dégoûtés de la charrue, des artisans ou de petits marchands ; ils n'ont pas d'ancêtres nobles, leur noblesse, ils la conquièrent à la force du poignet, aucun n'en a hérité, il faut chaque jour la gagner et la mériter.

Parce que l'Italie du Moyen Âge a presque totalement fait table rase de ses maîtres féodaux, parce que l'expérience des Communes, quand elle a été de brève durée, a montré la supériorité des régimes démocratiques sur le « fait du prince ». L'exécration vouée au baron impérial, au gouverneur allemand, a enfoncé dans la mentalité italienne cette ineffaçable devise *Fuori i Tedeschi !* qui enflammera encore le Risorgimento. Du sol italien doivent sortir les maîtres de l'Italie, et plus ils sont près de la terre, plus ils sont aptes à comprendre les besoins, les désirs et les aspirations du peuple. Dans cette Italie de la Renaissance, succédant à celle du Moyen Âge qui s'est vu octroyer une puissance venant d'en haut, des instances majeures, le pape ou l'empereur, le véritable pouvoir, organique, naturel, est sorti d'en bas : les ancêtres des Sforza de Milan sont des paysans lombards : ceux des Médicis des cultivateurs du Val d'Arno, qui travaillaient de leurs mains le *podere* qui fournissait blé et vin. La banque, le trust de l'alun, l'agiotage sur les monnaies, la spéculation sur la laine et la soie sont venus beaucoup plus tard, et, devenus les plus raffinés des citadins, maîtres de la vie intellectuelle et artistique de la cité, la préférence qu'ils gardent pour la villa, qui n'est pas un château princier, mais une grosse ferme d'exploitation rurale, montre qu'ils restent des terriens. Ainsi, l'histoire des Médicis est-elle entretissée dans l'histoire des destinées de Florence, et plus largement de la Toscane, et de l'Italie, par toutes les implications de politique intérieure et de politique extérieure que leur activité d'hommes d'affaires et d'hommes d'État rend inévitables.

Ce rôle authentiquement exemplaire qu'ils ont joué pendant près de quatre siècles et qui a fait de leur nom le synonyme d'amateurs et de soutiens de l'art, comme l'avait été, dans l'Antiquité, celui de Mécène lui-même, fut d'autant plus décisif qu'il accentua, dans l'art toscan, le caractère qu'il avait déjà d'être un art populaire, c'est-à-dire directement et immédiatement intelligible à tous, au contraire de l'« art de cour » qui ne s'adresse qu'à un milieu social étroitement limité. Au contraire de cet art aulique, aristocratique, florissant à Versailles sous Louis XIV et Louis XV, à Fontainebleau avec François Ier et dans les cours allemandes du XVIIIe siècle, l'art florentin de la Renaissance présente la même physionomie de naturel bourgeois que la personnalité des Médicis. Cette physionomie se transformera quand les grands ducs de Toscane monteront sur le trône offert et soutenu par l'empereur, et quand apparaîtra simultanément, au nouveau palais Médicis, un « art de cour » dont les portraits d'apparat par Bronzino sont des exemples frappants.

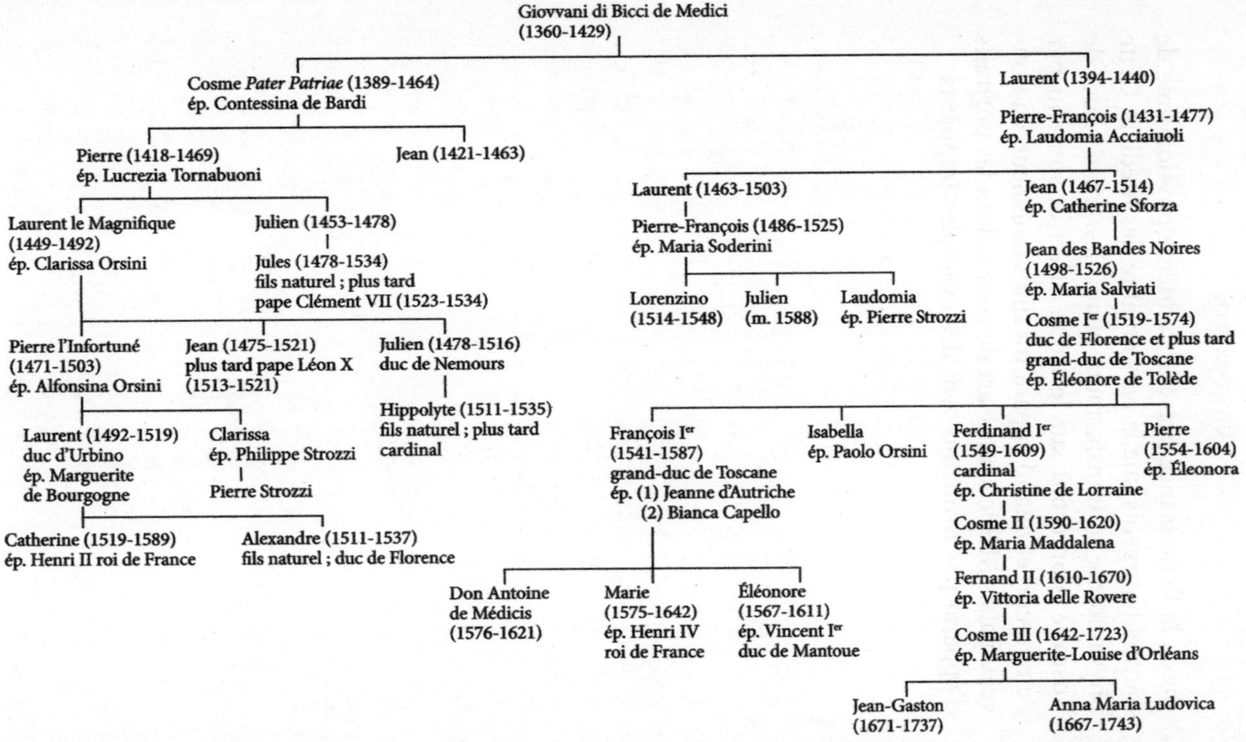
Giovvani di Bicci de Medici
(1360-1429)
Cosme *Pater Patriae* (1389-1464)
ép. Contessina de Bardi
Laurent (1394-1440)
Pierre-François (1431-1477)
ép. Laudomia Acciaiuoli
Pierre (1418-1469)
ép. Lucrezia Tornabuoni
Jean (1421-1463)
Laurent (1463-1503)
Jean (1467-1514)
ép. Catherine Sforza
Laurent le Magnifique
(1449-1492)
ép. Clarissa Orsini
Julien (1453-1478)
Jules (1478-1534)
fils naturel ; plus tard
pape Clément VII (1523-1534)
Pierre-François (1486-1525)
ép. Maria Soderini
Jean des Bandes Noires
(1498-1526)
ép. Maria Salviati
Lorenzino
(1514-1548)
Julien
(m. 1588)
Laudomia
ép. Pierre Strozzi
Cosme Ier (1519-1574)
duc de Florence et plus tard
grand-duc de Toscane
ép. Éléonore de Tolède
Pierre l'Infortuné
(1471-1503)
ép. Alfonsina Orsini
Jean (1475-1521)
plus tard pape Léon X
(1513-1521)
Julien (1478-1516)
duc de Nemours
Hippolyte (1511-1535)
fils naturel ; plus tard
cardinal
Laurent (1492-1519)
duc d'Urbino
ép. Marguerite
de Bourgogne
Clarissa
ép. Philippe Strozzi
Pierre Strozzi
François Ier
(1541-1587)
grand-duc de Toscane
ép. (1) Jeanne d'Autriche
(2) Bianca Capello
Isabella
ép. Paolo Orsini
Ferdinand Ier
(1549-1609)
cardinal
ép. Christine de Lorraine
Pierre
(1554-1604)
ép. Éleonora
Catherine (1519-1589)
ép. Henri II roi de France
Alexandre (1511-1537)
fils naturel ; duc de Florence
Cosme II (1590-1620)
ép. Maria Maddalena
Fernand II (1610-1670)
ép. Vittoria delle Rovere
Don Antoine
de Médicis
(1576-1621)
Marie
(1575-1642)
ép. Henri IV
roi de France
Éléonore
(1567-1611)
ép. Vincent Ier
duc de Mantoue
Cosme III (1642-1723)
ép. Marguerite-Louise d'Orléans
Jean-Gaston
(1671-1737)
Anna Maria Ludovica
(1667-1743)

Chapitre premier

FLORENCE : LES INSTITUTIONS ET LES HOMMES

Si l'on n'a pas analysé minutieusement les structures et le fonctionnement des institutions que l'État florentin s'est données, au XIIIe siècle, afin d'échapper aux abus de la « tyrannie » aristocratique et à la confusion des guerres civiles entre Guelfes et Gibelins, on est porté à regarder comme un paradoxe difficilement explicable la puissance politique exercée, discrètement d'abord par les premiers Médicis, puis avec arrogance et arbitraire par leurs descendants, et la docilité avec laquelle un peuple plus qu'aucun autre susceptible, ombrageux, passionnément attaché à la lettre de la liberté et de l'égalité, a supporté, avant même que les grand-ducs de Toscane reçussent un titre princier et recherchassent les alliances royales, une monarchie de fait, ressemblant beaucoup à la forme de régime que ce peuple détestait et contre lequel il s'insurgeait chaque fois qu'un ambitieux faisait mine de le lui imposer.

Les institutions jouent le rôle prépondérant, évidemment, dans le fonctionnement d'un État, mais le caractère des individus et de la collectivité dans laquelle leurs idiosyncrasies se mélangent entre aussi en ligne de compte.

Paradoxal, le règne trois fois séculaire des Médicis, sous des formes, certes, différentes depuis le XIVe siècle jusqu'au XVIIe, l'est si on met en balance la réalité pratique des faits et la lettre de la doctrine sociale. Observée à vol d'oiseau, l'ascension des Médicis, de la bourgeoisie riche à un rang princier qui les fait aller de pair avec les chefs des grandes puissances, apparaît comme une sorte de compromis entre les lois, très sévères, de la démocratie toscane, et le pragmatisme d'une population qui consent à ce que ses grands bourgeois s'enrichissent pourvu que la communauté des citoyens, jusqu'au plus pauvre, en profite, et plus encore peut-être pourvu que l'on n'enfreigne pas les principes égalitaires, et le premier précepte de la constitution, implicite ou explicite peu importe, qu'aucun homme ne doit chercher à s'élever au-dessus des autres. Ayant exécré l'égoïsme et, davantage, l'arrogance des aristocrates, le peuple florentin a voulu être tenu pour une unité, non pas certes homogène puisque les gros banquiers ne ressemblaient pas aux meurt-de-faim, des *scioperati*, c'est-à-dire des sans-travail, mais authentique et indissociable aux yeux de la loi. Les privilèges de la richesse n'appartenaient pas à une oligarchie, car, théoriquement du moins, à force de travail et d'intelligence, la chance aidant, tout homme appartenant à l'un des arts hiérarchisés dans l'échelle des conditions pouvait espérer devenir riche. On peut dire que la démocratie florentine a rendu le plus bel hommage à la nature essentielle de l'aristocratie en admettant que celle-ci n'a rien à voir avec l'argent ; il s'en est fallu de peu que la pensée populaire florentine n'ait vu dans l'argent un facteur égalisateur, ou, du moins, un élément qui ne nuisait pas à la véritable égalité. Haïssable à ses yeux la chance de la naissance qui vous a fait venir au monde comte ou duc ; respectable le résultat de votre activité, de votre talent ou de votre entregent qui vous fait riche.

Qu'il ait fallu aux Médicis beaucoup d'adresse, de modération et de diplomatie pour s'emparer de la puissance et la reprendre quand ils l'avaient perdue, toute leur histoire le montre excellemment, et si cette histoire se confond, sans défaut, avec celle de Florence pendant la longue période où ils en ont été les maîtres, c'est que leurs qualités et leurs défauts étaient ceux dont le peuple ne songeait pas à souffrir parce qu'il les possédait aussi. Tantôt tolérés, tantôt adorés, tantôt haïs, les Médicis sont restés associés étroitement aux destinées de la ville du Lys rouge ; aux yeux de la postérité, ils en sont inséparables, leur immortalité reposant principalement aujourd'hui sur les œuvres d'art et de culture nées de leur mécénat, ou, du moins, favorisées par la protection très large, très intelligente et très généreuse qu'ils ont étendue sur les hommes de génie qui étaient leurs contemporains.

Les distinctions sociales résident dans la fortune que l'on possède, ou, pour mieux dire, sur la masse monétaire dont on dispose pour conduire et développer ses affaires, car l'argent ne stagne pas, et nul, à moins d'être avare, ne thésaurise. La monnaie florentine est une des plus stables et des plus recherchées en Europe, le florin d'or faisant prime sur tous les marchés ; son pouvoir d'achat, selon l'estimation de Burckhardt, équivalait à dix francs-or de 1860. On aimait ostensiblement l'argent, on le respectait ; il vous valait toutes les commodités de la vie, l'estime de vos concitoyens, la faculté de manœuvrer une « clientèle » que l'on tient par l'argent qu'on lui donne ou qu'on lui prête et qui vous procure, en échange, une influence considérable. Le proverbe qui dit que « l'argent n'a pas d'odeur » était vrai, à Florence comme ailleurs ; son odeur aurait-elle été, par hasard, désagréable, on y remédiait parfois en parfumant les pièces de monnaie. Il pouvait arriver aussi qu'on les oignît de poison pour se débarrasser de ses ennemis.

Les principes de liberté et d'égalité, – égalité négative puisqu'elle exigeait seulement que « personne ne s'élevât au-dessus des autres » – ne mettaient pas obstacle à l'enrichissement, souvent abusif, des grands bourgeois ; ces principes ne reposaient en fait que sur une fiction, et non une réalité ; un système fondé sur l'élection donne toujours l'avantage aux hommes que leur prestige, leur argent, leur influence sur les masses, rendent « grands électeurs ». La classification des corporations et leur hiérarchisation se faisaient suivant une échelle de richesse où les banquiers occupaient le degré le plus haut, tandis que les gagne-petit, les boulangers par exemple, se trouvaient au plus bas ; il en était ainsi depuis que les ordonnances de justice de 1293 avaient fixé, pour mettre fin aux guerres civiles endémiques, une constitution inviolable, républicaine et démocratique, fondée sur une superposition de classes, de castes, sévèrement délimitées, dont il était défendu de sortir, et où il était aussi difficile d'entrer si on n'y appartenait pas par droit de naissance : on les appelait les arts, ce qui signifiait métiers. Cette échelle des castes se trouvait divisée en trois catégories qui étaient, du haut en bas, les arts majeurs, les arts moyens et les arts mineurs. La première catégorie réunissait ce que l'on aurait pu appeler des « métiers nobles », on dirait aujourd'hui des professions libérales : juges et notaires, banquiers, médecins, et quelques commerces de luxe, les fourreurs, les industriels et marchands de drap et de soie qui constituaient un chapitre considérable du budget florentin. En 1338, déjà, on recense deux cents fabriques de drap qui produisent quatre-vingt mille pièces que l'on exporte dans toute l'Italie et, évidemment aussi, à l'étranger. Le commerce est estimé parce qu'il enrichit, et Boccace exprime l'opinion générale de ses compatriotes quand il écrit « qui ne s'enrichit pas n'est qu'une bête ». Le drap brut, lorsqu'il n'est pas le produit des laines locales, vient de Flandres, d'Angleterre, de France, d'Espagne, du Portugal ; ce drap brut est travaillé par des ouvriers spécialisés, et devient, à Florence, un objet de haute qualité, source de prospérité considérable pour la corporation de Calimala qui préside aux destinées de cette industrie. Les règlements corporatifs sont sévères et étonnent dans une société qui se dit libre : interdiction de prendre femme hors de Florence, de travailler aux jours chômés qui sont extraordinairement nombreux, de jouer aux cartes ou aux dés, de jurer, d'exposer des étalages ; l'Église, qui impose les commémorations des saints et exige congé ce jour-là, a la faculté, en revanche, d'excommunier un ouvrier qui négligerait son travail. Les lois civiles, les prescriptions ecclésiastiques, les traditions, les mœurs, concourent ainsi à étouffer la liberté individuelle. On encourage le commerce mais, en même temps, on met un frein au luxe, qui est un indiscret étalage d'opulence et une preuve visible, et ostentatoire, de l'inégalité des conditions ; des règlements fixent les vêtements qui sont permis et ceux qui sont interdits, les sommes que l'on a le droit de dépenser pour les fêtes de mariage et les banquets d'enterrement, le style des modes, la forme des vêtements, la valeur des bijoux. Le Florentin est, par nature, sobre dans ses ajustements, dans son alimentation ; par esprit de mesure et par discrétion, et aussi parce que les jouissances grossièrement matérielles ne sont pas celles qu'il estime. Savonarole exagérera cette rigueur puritaine, volontiers ascétique, mais avant son règne déjà, il existait un corps de fonctionnaires qui avaient pour objet de faire respecter les lois somptuaires dans les rues et jusque dans les maisons, où se glissait la curiosité malveillante des inquisiteurs. Les arts majeurs, corporations capitalistes, maniaient la grande majorité du capital florentin. Les banquiers et les changeurs profitaient de l'infinie variété des monnaies ayant cours en Italie et à l'étranger en ce temps-là, et des fréquents changements de valeur. L'importance des opérations commerciales entraînait l'emploi de tous les systèmes bancaires connus aujourd'hui, les lettres de crédit, les lettres de change, les comptes courants, les virements de fonds, les prêts sur gage, les emprunts, les commandites, les assurances sur marchandises. Dans les commerces de luxe, on rencontre la pharmacie et l'épicerie groupées en un même chapitre, les produits qu'elles vendent servant également à la thérapeutique, à la gastronomie, aux usages ménagers et aux arts, poudres de couleur, huile de lin, gomme, térébenthine, laque, lapis, etc.

Dans les arts moyens, bouchers, bonnetiers, lingers, cordonniers, tailleurs de pierre, menuisiers et ébénistes, pas d'industriels : des artisans, des ateliers familiaux avec apprentis et compagnons : une classe aux moyens modestes, mais solide, stable, souvent cultivée, très susceptible sur le chapitre de l'indépendance et de la respectabilité. Au-dessous d'elle, les arts mineurs comprenant tout le commerce de l'alimentation, des marchands de vins, en haut, aux boulangers, en bas, les hôteliers et restaurateurs, les marchands d'huile et de fromage, et l'artisanat grossier, tannerie, corroierie, armurerie, chaudronnerie, sévèrement réglementé et contrôlé, pauvre, peu estimé, mais ayant une existence sociale et un statut corporatif, alors que les travailleurs qui n'entrent pas dans une de ces castes sont regardés comme des êtres inférieurs, des manœuvres, méprisés, gagnant à peine de quoi manger et, le plus souvent, chômant, volontairement ou non : les *scioperati*, les sans-travail : plus libres que les artisans corporatifs, mais libres aussi de mourir de faim, et formant l'armée virtuelle des insurrections et des guerres civiles. Dans cette république si bien cadastrée, quadrillée, cataloguée, tout le monde est embrigadé dans les organisations civiles de son quartier, et, par exemple, dans les compagnies de la milice qui enrégimente la totalité des citoyens ; une garde nationale chargée de faire régner l'ordre à l'intérieur, car, pour faire la guerre à l'extérieur, on engage les armées mercenaires des *condottieri*, jusqu'au moment où Machiavel, instruit par ses enquêtes sur les « choses de France », a remarqué la supériorité des armées nationales qu'il recommande à la Seigneurie : ces compagnies sont réparties en quartiers, qui sont au nombre de six d'abord, d'où le nom de *sestieri* qu'ils portent, puis de quatre, d'après le nom de l'église principale, San Giovanni, Santa Maria Novella, Santo Spirito, Santa Croce.

Pour administrer la vie collective de cette cité républicaine et démocratique, il y a, bien entendu, des conseils, ouverts à tous les citoyens sans distinction de classe. Mais ici comme dans la répartition des richesses, l'égalité n'est qu'une fiction ; le pouvoir de faire des lois et de les exécuter se concentre de plus en plus entre les mains de quelques-uns, plus capables de gouverner que les autres parce que plus intelligents, plus raisonnables, plus compétents et mieux informés des problèmes de la vie publique. Quand la masse déchaînée a pris le pouvoir, sous le commandement du tanneur Michele di Lando, lors du tumulte des Ciompi, on a vu à quels désastres menait l'anarchie, et la dictature populaire n'était pas plus équitable que, jadis, celle des nobles ; tout démocrates qu'ils sont, les Florentins méprisent le peuple stupide et inculte, se méfient de ses impulsions et de ses excès aveugles. Égaux sur le papier, les hommes sont inégaux suivant leur savoir, leur honnêteté, leur aptitude à juger, à administrer, à décider. On verra ainsi l'ouverture toute théorique des conseils se rétrécir de plus en plus à un groupe de privilégiés qui restent en fonction plus longtemps que de droit et rassemblent dans leurs mains tous les leviers de commande de l'État, ce qui assure la prédominance de la minorité influente et riche, et aboutira à la « royauté de fait » des Médicis, dès le règne de Cosme Père de la patrie et de Laurent le Magnifique, jusqu'aux moments où leurs descendants se feront, officiellement, légalement, juridiquement, ducs, puis grands ducs de Toscane.

D'après le jeu des institutions, on a calculé qu'un citoyen sur cinquante (deux mille pour une population de cent mille habitants) participait à la vie publique, théoriquement accessible à tous ; à Florence, la liberté est une idée, un mythe, non une réalité, et quand une dictature populaire renverse une tyrannie et se substitue à elle, son premier acte est d'abolir les libertés. Il existe tout de même ce que l'on appelle le Conseil du peuple, auquel tous les citoyens appartenaient de droit ; on le réunissait sur la place, devant le palais de la Seigneurie, au son de la grosse cloche du beffroi, que l'on appelait, à cause de son mugissement, la Vache ; la Vache était le symbole et la voix du peuple ; le jour où on la renversera à bas de son clocher sera la fin de la république démocratique. Les décisions de ce conseil n'étaient pas toujours heureuses, car le peuple n'avait pas d'opinions, il avait des passions ; et ses opinions étaient encore des passions. Un tribun doué d'une voix forte et d'une éloquence entraînante le manœuvrait à sa guise ; c'était le troupeau docile des meneurs sans scrupule. On votait par acclamation, ce qui rend difficile la répartition des votes, et étouffe les réclamations des opposants quand ils sont en minorité et qu'ils ont, malgré cela, le courage d'énoncer leurs objections. On ne recourait au Conseil du peuple que dans des occasions très exceptionnelles ; en temps normal, la Seigneurie exerçait les pouvoirs, au nom des conseils habituels qui l'élisaient ; elle n'était en fonction que pour deux mois, afin de ne pas paralyser complètement les affaires privées de ses membres, car ceux-ci vivaient au palais public pendant tout le temps de leur mandat, sans avoir le droit d'en sortir pour aller à leur bureau ou à leur comptoir. On espérait ainsi obtenir un corps législatif et exécutif qui n'aurait pas le temps de s'imposer. De même que le fonctionnement des corporations était rigoureusement et minutieusement réglementé, la discipline des conseils obéissait à des principes sévères : celui, par exemple, qui limitait la longueur des discours ; le bavard qui excédait la durée de parole à lui concédée avait d'abord une réprimande, puis une amende, enfin un châtiment corporel : on lui coupait le bras.

L'organisation des Conseils visait à obtenir une sorte d'homogénéité et presque d'anonymat, démocratique. Le pouvoir personnel, le culte de la personnalité, haïssable depuis Charles d'Anjou et Gautier de Brienne, tendait à fondre une masse législative où les ambitions et les convoitises n'auraient pas le temps de prendre corps. Les Assemblées se faisaient contrepoids, se contrôlaient ; quant aux plus hauts fonctionnaires de la République, étrangers à la Seigneurie et souvent étrangers à la ville même pour être soustraits aux factions de familles ou de partis, ils avaient des attributions précises, étroitement limitées, aux ordres de la Seigneurie dont ils étaient les agents d'exécution ; le Podestà, qui représente l'État, le Capitaine du Peuple qui commande l'armée, et le gonfalonier de Justice, maître de la police, responsable de l'ordre dans la cité ; en fait, le personnage le plus puissant de l'État, l'arbitre de la situation dans les heures de crise. La Seigneurie était la réunion des prieurs, choisis dans les corporations, et élus à raison de deux membres par quartier. Leur répartition entre les « arts » aurait dû être égale pour obéir au principe démocratique de la constitution, mais les Florentins étaient trop sages pour penser qu'un corroyeur ou un tailleur de pierre avait, sur les destinées intérieures et extérieures de la République, les mêmes lumières que des banquiers en rapport avec les États européens. Il était donc naturel que les arts majeurs, composés d'hommes plus intelligents, plus cultivés et mieux informés, obtinssent plus de sièges de prieur que les arts mineurs, ou même moyens, mais il était difficile de faire admettre cette prérogative à la masse toujours très susceptible quand ses droits étaient en jeu. Comme les connaissances des prieurs étaient tout de même réputées limitées, la Seigneurie prenait l'avis d'une équipe d'experts appelés les sages ou les prud'hommes (*buonomini*). Il y avait une centaine de ces sages auprès desquels les prieurs se renseignaient, qui examinaient les mesures à adopter, prenaient les décisions, approuvaient ou blâmaient les propositions de la Seigneurie ; c'était, une fois encore, compenser l'autorité d'un petit nombre par l'acquiescement d'une assemblée représentant, en théorie, l'ensemble de la population. En réalité, les *buonomini*, tout spécialistes qu'ils étaient sur les questions de politique ou d'économie, faisaient entendre à l'oreille des prieurs la *vox populi* dont les décisions concluaient en dernière instance tous les débats. Le goût des Florentins pour les assemblées consultatives était si grand qu'outre les *buonomini*, on avait institué deux Conseils assistant le Podestà, deux autres attachés au Capitaine du Peuple ; les membres étaient assez nombreux pour que la fiction de la prédominance de l'opinion de tous fût respectée : quatre-vingts membres dans le Conseil spécial, auxquels s'ajoutaient les maîtres des corporations des arts majeurs. Ensuite on consultait le Conseil général, plus largement ouvert aux classes inférieures, avec ses trois cents membres. Le Conseil du peuple, enfin, convoqué par la voix grave de la Vache, tranchait les litiges en dernier ressort.

Florence avait gardé un si mauvais souvenir de l'arbitraire des nobles et des tyrans que sa Constitution avait été rédigée de manière à ligoter d'interdits et à paralyser les agents d'exécution, qui ne pouvaient prendre aucune décision, si minime fût-elle – et les vieilles chroniques en fournissent des exemples : conduire un malade à l'hôpital, apporter du bois dans les cheminées, engager un sonneur de trompette ou de cloche, réparer un meuble –, sans que les commissions intéressées eussent accordé l'avis favorable. Ces précautions démocratiques ralentissaient la marche des affaires publiques et présentaient un réel danger lorsqu'une action immédiate s'imposait. Les responsables de la sécurité de la cité avaient donc l'obligation de brusquer les votes des Conseils, puisqu'ils ne pouvaient éviter de les réunir et de les interroger ; de là, l'importance d'avoir, dans ces Conseils, une majorité résolue à suivre et à adopter ce qu'eux-mêmes voulaient faire.

Un article de la Constitution permettait, sans céder trop de complaisance au pouvoir personnel, de remédier à la lenteur et à la confusion des débats des assemblées ; dans les circonstances délicates, les prieurs pouvaient, de leur propre initiative, inviter à siéger et à parler dans les Conseils des personnages étrangers aux commissions, qui n'étaient là que pour être consultés ; mais, comme ils étaient les seuls à connaître le fond de la question, il arrivait d'ordinaire que leur jugement fût confirmé purement et simplement ; cette entorse au précepte sacro-saint de la consultation populaire, fut, heureusement, appliquée chaque fois que la nécessité s'en présentait. Les factions qui se disputaient le pouvoir, car il y en eut toujours quoique le peuple fût souverain, jouaient de ces dérogations avec beaucoup d'habileté pour arriver à leurs fins. Si l'on s'étonne qu'en dépit de cet appareil si strict et si compliqué de veto démocratiques les Médicis soient parvenus à faire ce qu'ils voulaient, dans Florence et au cours des relations de la République avec l'étranger, et que leurs volontés n'aient pas rencontré, de la part de la masse, une opposition assez forte pour les faire échouer, c'est que, tout en respectant en apparence la suprême éminence des assemblées publiques, ils ont manœuvré celles-ci à leur convenance en y faisant entrer un nombre de leurs partisans assez grand pour assurer une majorité.

Ce trucage de l'opinion publique, rendue difficile par le principe même de l'élection, qui exigeait une influence décisive sur la pensée populaire et l'organisation d'un réseau extrêmement serré d'intérêts que la fortune des Médicis contentait – avances aux fermiers, prêts aux commerçants, participations aux grandes affaires –, fut rendu plus aisé lorsque, dès le XIVe siècle, on commença de substituer le tirage au sort à l'élection, du moins en ce qui concernait certaines fonctions. En principe, les charges et magistratures étaient ouvertes à tous les citoyens (c'est-à-dire environ deux mille individus) et chacun devait, à tour de rôle, les occuper, ce que rendait possible la brève durée de ces mandats. Si l'on met en regard l'élection et le tirage au sort, il est évident que ce dernier procédé est le plus purement démocratique, la *vox Dei*, autrement dit le hasard de la loterie, renforçant la *vox populi* et la remplaçant. Cette méthode était dite de l'*imborsazione*, parce qu'on se servait d'une bourse dans laquelle on mettait des bulletins au nom des postulants ; on retirait de cette bourse tous les bulletins, un à un, attribuant chaque fois à un titulaire un mandat déterminé, dans un avenir proche ou lointain suivant le nombre des candidats. Tout dépendait, évidemment, des noms que l'on mettait dans la bourse ; c'était l'affaire du parti au pouvoir de s'assurer ainsi une longue survie, en éliminant l'opposition en faveur de laquelle le hasard ne jouait jamais, bien entendu. Élection ou tirage au sort, le mode de recrutement des assemblées et des magistratures était exposé à toutes les contestations qui agitaient le peuple, condamné par ses protestations quand des personnalités impopulaires entraient en fonction, soulevant des mouvements d'opinion qui allaient fréquemment jusqu'à l'insurrection. Le bas peuple, celui des arts mineurs, et au-dessous de lui le prolétariat obscur, étaient les plus difficiles à conduire, les plus aptes à se révolter car la grande bourgeoisie, qui, depuis le désastre des Ciompi, avait pris le pouvoir et le gardait, manquait de moyens d'action efficaces sur les pauvres ; au contraire, les banquiers, Pitti, Pazzi, Médicis, Nicoloni, Albizzi, pesaient de tout le poids de leur argent sur leurs confrères, sur les industriels et même sur les maîtres des métiers qui avaient besoin d'eux. Ils se livraient donc, sur le plan des affaires, une guerre visant à la ruine des maisons rivales ; les banques concurrentes que les Médicis eurent l'habileté de mettre en difficulté et d'absorber, sous prétexte de les aider, passaient dans leur camp avec toute leur clientèle commerciale, bien entendu, et aussi leur clientèle politique qui, d'ordinaire, était la même.

La faction au pouvoir, maîtresse de l'assiette du fisc, avait aussi la possibilité de ruiner ses adversaires par le moyen des impôts, nombreux, compliqués et, très souvent, appliqués avec un arbitraire absolu. Florence avait recours à des traitants pour la perception des impôts, qui, eux-mêmes, étaient contrôlés naturellement par un conseil, celui de la Mercanzia. La répartition légale des taxes dépendait un peu, pour sa perception, du bon vouloir de ces intermédiaires, mais c'était un excellent moyen de gêner ses rivaux ; les impôts devinrent ainsi, pour les Médicis, quand ils furent au pouvoir, un accroissement de leur popularité, car ils évitaient d'accabler les « petits » et une possibilité de nuire à leurs concurrents du *popolo grasso*, c'est-à-dire les riches : surtout en ce qui concernait l'*estimo*, fondé comme le nom l'indique, sur l'« estimation » des biens immobiliers de chacun : cette estimation changeait, on le comprend, selon qu'on était un opposant ou un ami du pouvoir. Les taxes constituant ce qu'on appellerait aujourd'hui les impôts indirects variaient à l'infini, mais le chiffre ne changeait pas, quelle que fût la personne à laquelle il s'appliquait : droits de douane et d'octroi, frappant les produits de consommation courante : vin, huile, sel – l'Italie actuelle exerce encore la régie du sel – droits de balcons et d'alignement des maisons ; droits de port d'armes ; taxes de séjour pour les étrangers ; taxes fixées par les lois somptuaires ; droits sur le chiffre d'affaires, traditionnellement portés à deux et demi pour cent. La fiscalité la plus désagréable était celle qui s'ajoutait temporairement, et sous des prétextes divers, à l'assiette régulière, pour des besoins imprévus de l'État : ces *fumanti*, capricieusement ordonnés et répartis, permettaient au gouvernement d'avantager ses amis et de plonger ses adversaires dans des embarras financiers qui les obligeaient, parfois, à capituler et à se ranger dans le parti du plus fort.

L'ensemble de ces institutions était fait pour protéger une république sage, équitable, où nul n'aurait eu la licence de s'« élever au-dessus des autres ». Heureusement pour les Médicis, qui prennent en main la direction des affaires publiques, occultement, non ostensiblement, bien entendu, il y avait cent moyens de tourner les règlements ou de les gouverner selon son propre intérêt, tout en se conformant aux principes fondamentaux.

Le respect de la fortune acquise est général dans toutes les classes de cette Florence démocratique qui, à l'exception des mérites du talent et du génie, ne veut pas connaître d'autres critères de valeur. Un humaniste comme Poggio sanctionne cette opinion en disant que la richesse a une valeur intrinsèque pour le développement de l'homme « d'où qu'elle vienne ». On justifie ainsi la création des trusts, l'absorption des « petites affaires » par les grandes, les monopoles qui placent la puissance en une seule main, les bénéfices abusifs qui ont atteint en 1466, dans la seule succursale médicéenne de Lyon, le taux de cent quarante-deux pour cent. Ces succès ne s'obtiennent pas sans risques, et le comptoir de Bruges est à peu près complètement ruiné par les imprudences de l'agent des Médicis, Tommaso Portinari. Les incidences politiques influent aussi sur la marche des affaires. L'agence des Médicis à Londres avait consenti des prêts considérables au roi d'Angleterre et à la noblesse impécunieuse de ce pays. Quand la guerre des Deux Roses éclata qui provoqua une crise financière considérable et ruina en partie l'aristocratie, les banquiers florentins, et particulièrement les Médicis, virent réduites presque à néant leurs créances. En revanche la succursale de Moscou négocie toujours de fructueuses transactions, qui ont même pour conséquence l'émigration d'architectes italiens en Russie : ils construiront là-bas, sous le règne du tsar Ivan III, des palais copiés de ceux de Florence, de Ferrare ou de Bologne.

Les affaires et la politique sont étroitement enchevêtrées, et les rapports internationaux commencent, avec l'avènement des puissances d'argent, à être inspirés par des intérêts commerciaux et financiers. On ne s'étonne pas que le problème du monopole de l'alun, précieux pour Florence, déclenche une guerre qui s'achèvera avec le saccage de Ferrare, et l'amitié avec la Turquie de Bajazet a pour support l'hostilité des Toscans contre Venise, que son commerce avec l'Orient met en concurrence avec le Croissant, et les gros achats de draps que le Sultan fait dans les fabriques florentines, six mille pièces, et ce sont des tissus de précieuse qualité, le *garbo* dont se parent les élégants d'Europe, les damas et les brocarts, les ateliers de Florence se consacrant de plus en plus à la création de luxe, au détriment des produits bon marché qui étaient de médiocre rapport.

On s'enrichit par l'industrie, par le jeu naturel et normal des opérations financières, mais il existe aussi des spéculateurs qui pratiquent cette poursuite de la richesse « d'où qu'elle vienne » admise par une intelligence aussi raffinée et aussi cultivée que celle de Poggio, qui est un des types parfaits de l'humaniste. La spéculation sur les logements est fort lucrative car, comme toutes les villes médiévales, Florence est enfermée dans l'enceinte de ses remparts que l'expérience des guerres sporadiques montre malheureusement nécessaires. Il arrive que les faubourgs s'étendent, que quelques citadins habitent la campagne, mais la cité vit toujours repliée sur elle-même et sa prospérité même y entretient une surpopulation toujours croissante. Il en résulte une augmentation du prix des logements qui frappe durement les classes moyennes, car les membres des arts majeurs, eux, ont toujours la possibilité de se faire construire de vastes et splendides palais, dans lesquels les « grandes familles » rivalisent de goût.

Au Moyen Âge, quand les guerres civiles entretenaient une constante rivalité de partis et de clans, les palais florentins étaient dominés par de hautes tours de guet du haut desquelles on jetait pierres, flèches et poix fondue sur les assaillants ; celui qui faisait construire la plus haute tour était réputé le plus puissant. La paix sociale revenue, les luttes intestines abolies par les organismes républicains, on n'a plus construit en hauteur, mais en largeur, et la surface couverte par les nouveaux palais a souligné la richesse des bâtisseurs. Cette rivalité architecturale a poussé les Pitti à se faire bâtir sur l'autre rive de l'Arno, parmi les bois et au flanc d'une colline, une demeure dont les dimensions éclipsent celle du palais de Via Larga, établissant ainsi, à tort, leur supériorité sur les Médicis qui, d'ailleurs, devenus ducs de Toscane, iront habiter le palais des Pitti, plus confortable, plus moderne.

La crise des logements, qui affecte le *popolo minuto* et les *scioperati* parqués dans des taudis, résulte du besoin de bien-être, éveillé par l'enrichissement général au XVe siècle, plus que de l'augmentation numérique de la population, dont nous connaissons assez bien les chiffres, les Florentins ayant toujours eu un goût marqué pour les statistiques. À prendre seulement trois dates, 1427, 1451, 1470, on remarque que le nombre des Florentins est respectivement de 62 000, 50 000 et 60 000 : il faut tenir compte des épidémies qui se répètent fréquemment et qui sont meurtrières, des bannissements massifs à la suite des conspirations. La raréfaction des maisons et la cherté des loyers, et, il faut le dire aussi, la démolition de quartiers entiers pour faire place à l'édification des palais des banquiers, causent une crise si sérieuse qu'elle risquerait de susciter des troubles si les Médicis n'avaient l'ingénieuse idée de créer ce que l'on appelle aujourd'hui l'« épargne-logement », un système de location-vente des appartements, qui est chose toute nouvelle, et sans équivalent dans le reste de l'Italie. De même que Cosme avait fondé un *monte* pour le mariage des jeunes filles, il institue deux ans avant sa mort, en 1462, un *monte* immobilier qui rendit de grands services aux petites gens et aux classes moyennes, et qui accrut sa popularité. Celle-ci reposait aussi sur la modération que montrait la banque Médicis dans le loyer de l'argent, à une époque où les prêts usuraires étaient fréquents et abusifs.

Théoriquement interdite par l'Église qui, pratiquement, était incapable d'en empêcher l'exercice, l'usure régnait largement : ce n'était qu'un de ces « moyens d'enrichissement » approuvés par Poggio, et les financiers florentins, autant que ceux de Gênes, de Rome, et de Venise, ne se privaient pas d'en faire usage ; si l'on tient compte de ce que des prêts à quinze ou vingt pour cent d'intérêt étaient considérés comme normaux, on imagine quelles devaient être les exigences des usuriers. La chose était, d'ailleurs, à peu près inévitable, en des temps où la valeur des monnaies changeait souvent, suivant les vicissitudes du commerce ou de la politique et rendait aléatoire l'établissement d'opérations à long terme. L'Église s'efforça d'enrayer les désastres provoqués par l'usure, grâce à une initiative de l'ordre des Frères mineurs, qui prêchèrent contre les usuriers coupables et instituèrent des « monts-de-piété » – le nom est resté – où l'on prêtait de l'argent aux pauvres, par charité et pour l'amour de Dieu, sans intérêt, exigeant seulement un gage afin d'éviter la mauvaise foi des emprunteurs. Les Médicis, eux, combattaient l'usure à leur manière et sans pour cela s'appauvrir, on le comprend, en recevant un intérêt moyen et en distribuant aux clients qui investissaient de l'argent dans leurs affaires des dividendes estimables, huit ou dix pour cent, plus que n'en donnaient leurs concurrents ; ainsi réussirent-ils à rassembler une énorme masse de manœuvre financière, qui leur permettait de subventionner d'autres affaires, et de rassembler autour d'eux et de leurs succès, une foule d'« actionnaires » qui, peu ou beaucoup, participaient à la prospérité des Médicis et travaillaient à la réussite de la « maison ». D'après une constitution politique qui faisait des personnages les plus populaires les maîtres les plus influents, cette « clientèle » florentine aux ordres des Médicis, rendait ceux-ci aussi puissants que l'étaient dans l'ancienne Rome, où les institutions étaient également électives, les consuls et les tribuns escortés de leurs centaines de clients.

Chapitre II

LES FONDATIONS DE LA DYNASTIE

Une vieille tradition populaire, dont les Médicis aimaient à se prévaloir pour attester l'ancienneté de leur famille, racontait que, jadis, un géant très cruel était venu dévaster cette partie de la Toscane avoisinant Florence que l'on appelait le Mugello. Un jour, un chevalier français qui accompagnait Charlemagne, alors en route vers Rome, s'attaqua au géant, le combattit et le tua. Mais cet adversaire redoutable était armé d'une masse d'armes faite de six boules de fer tournoyant à l'extrémité de chaînes, et il en donna de si furieux coups sur le bouclier du chevalier Averardo que les six empreintes en restèrent marquées dans le métal de l'écu. Pour commémorer cet exploit, Charlemagne autorisa Averardo à placer dans ses armoiries ces six balles de gueules sur champ d'or. Le vainqueur s'établit dans la contrée où il avait accompli cet exploit, il acquit des domaines où lui-même et ses descendants après lui menèrent la vie paisible des propriétaires terriens.

Tel est le premier Médicis dont l'histoire – ou, pour mieux dire, la légende – garde le souvenir. L'origine des balles rouges, répondant à un héroïsme belliqueux dont on rencontrera très peu d'exemples dans cette famille, n'est certainement qu'une jolie fable. Plutôt que d'armoiries, en effet, puisqu'il ne s'agit pas d'une lignée aristocratique, on peut parler d'enseigne, les Médicis ne semblant pas avoir exercé d'autre profession que le négoce. Les *palle* comme on dit en italien seraient, dans ce cas, les « armes parlantes » d'une maison faisant le commerce de l'argent, puisque les boules rouges signifieraient des pièces de monnaie, ou, comme on les nomme en héraldique, des besants. Il paraîtrait plus naturel alors que ces « besants » eussent été d'or sur champ de gueules, mais Florence n'attachait pas grande importance aux problèmes de l'héraldique, si fort estimés par la noblesse féodale, et affichait même de l'indifférence, quand ce n'était pas une franche hostilité, à l'égard de tout ce qui pouvait rappeler les privilèges aristocratiques, dont la cité s'était rendue indépendante depuis la victoire des Communes.

Certains auteurs ont tiré argument du nom même de la famille, « Medici », et de sa consonance avec le mot voulant dire en italien médecins, *medici*, pour prétendre que les boules rouge de l'enseigne-armoiries ne répondent pas à des pièces de monnaie, mais à des pilules. La chose semble peu vraisemblable, car aussi loin qu'on remonte dans l'histoire de Florence, on n'y trouve aucune trace d'un Médicis qui ait exercé le métier de médecin ou de pharmacien : leur nom figurerait, dans ce cas, sur les registres des *arti*, ou corporations groupant ces deux professions, et il n'y en a pas. Le statut de la profession médicale resta assez vague à Florence jusqu'au début du XIVe siècle, où elle n'était guère estimée et de pauvre rapport, donc peu faite pour attirer les membres d'une famille qui, dès son entrée sur la scène de l'histoire, a pour occupation majeure les affaires, c'est-à-dire tout ce qui touche à l'acquisition et à la vente de marchandises, et, plus encore, au commerce de l'argent. Ils n'ont pas aimé la politique pour elle-même, ni pour la volonté de puissance qui s'y déploie et qui fait les princes et les *condottieri* : seulement comme une nécessité vitale dont dépend la prospérité commerciale. Ainsi qu'il est manifeste dans toutes les démocraties, le pouvoir qui est privé de toute origine ou justification transcendantale appartient au consentement du peuple ; mais le peuple ne donne ce consentement (cette approbation, cet appui) qu'à des hommes qui savent se rendre, psychologiquement et socialement, populaires.

On peut séduire la foule et se rendre populaire par la violence dans les actes (Michele di Lando, lors du tumulte des Ciompi) ou dans la parole (les sermons enflammés de Savonarole). Malheureusement le prestige acquis de cette façon précaire et hasardeuse dure peu ; l'argent au contraire peut acheter, dans une société fondée sur l'opinion publique, tous les concours, ou, du moins, tous ceux qui assurent la victoire dans les élections et les applaudissements dans les assemblées. Un homme riche est, plus qu'aucun autre, capable de réunir le plus grand nombre d'amis et de partisans. On l'avait constaté dans la Rome antique où, chaque matin, les clients d'un personnage important se pressaient dans son antichambre, recevaient leurs subsides et présentaient leurs requêtes. Une pareille clientèle constitue, au moment des élections ou des débats, une « masse de manœuvre » d'un poids considérable sur les délibérations publiques, et, au besoin, les mouvements de foule dans la rue qui intimident et effraient un gouvernement. On peut y voir l'équivalent, plus ou moins pacifique, des régiments à la solde d'un *condottiere*. Le pouvoir politique dont on aura ainsi réuni dans sa main tous les leviers de commande devra, toutefois, être assez discret pour que la susceptibilité du peuple n'en prenne pas ombrage.

Florence ne supportait plus l'idée d'être administrée par une aristocratie de nom ou de fait, fût-ce même celle du talent, de la compétence, du savoir ; au temps des désordres de rue, elle avait fait l'expérience de la fragilité d'une autorité issue du prolétariat, privée de toute formation politique, instruite tout au plus des besoins d'une classe, mais inapte à saisir dans leur ensemble les nécessités complexes d'une grande cité industrielle et commerçante. Aux yeux du peuple, les Médicis avaient le mérite de n'être pas d'origine noble, d'exercer un métier (qu'il fût le plus lucratif n'effarouchait pas les pauvres, puisque eux-mêmes en tiraient avantage) et de se montrer parfaitement simples, modestes, bienveillants sans condescendance, dans tous leurs rapports avec les diverses classes sociales ; en apparence, les égaux des petits boutiquiers et des artisans.

Le vacarme des guerres civiles entre Guelfes et Gibelins, des vendettas familiales et des haines de clans entre les Blancs et les Noirs s'apaisait au moment où les Médicis sortent de l'obscurité et commencent de figurer dans les chroniques. On comptera à leur crédit que, pendant près de trois siècles et quelles que fussent les vicissitudes de la destinée de l'Italie, ils n'ont changé ni d'opinion ni de parti. Toujours résolument démocrates, ils ont embrassé la cause du peuple et rien ne les en fera changer. À la fin du XIIIe siècle, Dino Compagni les fait figurer dans la faction des Noirs, mais, en réalité, les dénominations partisanes leur importent peu : celle à laquelle ils tiennent – et ils feront tout pour la conserver – est le terme de *popolani. Potenti popolani*, dit Compagni, et Machiavel qui écrit au sommet de leur prospérité et de cette puissance dont le XIIIe siècle ne voyait que l'aube, trace ces mots contradictoires et paradoxaux : *una nobilissima famiglia popolana.* « Très noble », en effet, était devenue cette lignée « populaire », qui, à travers les plus hautes dignités laïques et ecclésiastiques, allait devenir, de par la volonté impériale, la souche des grands-ducs de Toscane, donner deux papes à l'Église et deux reines à la France.

Les premiers Médicis apparaissent rarement dans les chroniques florentines du Moyen Âge et n'y obtiennent que de brèves mentions témoignant de leur peu d'éclat : il faudra longtemps encore pour que la « maison » de commerce devienne une « Maison » princière. Un Ugo de Médicis est condamné au bannissement en 1280 pour infraction à la paix pontificale instituée par le pape pour mettre fin aux tueries des Guelfes et des Gibelins. Deux années plus tard, un autre Médicis, Ardingo di Buonagiunta, est nommé prieur. Un certain Francesco, dont on ne sait pas autre chose, se compromet dans la lutte du clan Ricci contre le clan Albizzi : ces derniers sont des « nobles », ou, du moins considérés comme tels, donc des ennemis des Médicis. La vengeance est un plat qui se mange froid, dit un proverbe oriental : les Albizzi mettront près de deux siècles à déguster la leur, jusqu'au moment où elle leur restera en travers de la gorge. Giovanni di Bernardino avait hérité l'humeur batailleuse des Médicis qui, en 1304, envahirent le quartier de la Laine et les demeures des Adimari, à la tête d'hommes armés d'arbalètes, et participèrent à un tumulte aussi désastreux, quoique plus bref, que celui des Ciompi, puisque Dino Compagni dénombre mille neuf cents maisons détruites ou pillées ; il participa à la conjuration qui voulait chasser le duc d'Athènes, Gautier de Brienne, gouverneur de Florence désigné par la Seigneurie et il eut, pour cela, la tête tranchée en 1341. Après sa mort, il fut l'âme d'une réaction si violente, presque unanime, et si efficace que deux ans plus tard le duc d'Athènes fut chassé ignominieusement.

Ce ne sont pas deux conceptions du pouvoir qui s'opposent, deux idéologies politiques, puisque tous les partis florentins se disent démocrates et attachés à la liberté, mais deux puissants groupes d'affaires rivaux : les Strozzi, les Albizzi, les Bardi, les Donati ne sont pas des politiciens de profession, mais des négociants et des financiers dont la prospérité est liée au prestige politique. Les singularités des institutions florentines avec leurs impôts capricieux, leurs assemblées faciles à manœuvrer, leur promptitude à condamner au bannissement ou même à la mort un homme qui a cessé de plaire font dépendre la fortune de la popularité. Machiavel définit exactement cette situation quand il attribue à un notable florentin les reproches adressés à sa cité natale, sévèrement jugée mais passionnément aimée : « Ce qu'il y a de plus pernicieux, c'est de voir comment les chefs des différents partis les couvrent toujours du beau nom de Liberté, et pendant qu'ils en sont tous les ennemis jurés, ils l'oppriment enfin sous prétexte de la conserver, ou par un gouvernement populaire ou par celui des grands. Car la récompense qu'ils cherchent par la défaite des ennemis, ce n'est pas la gloire de délivrer l'État, mais le plaisir de la vengeance et l'ambition d'assujettir leur propre patrie, dont ils n'ont pas plus tôt usurpé l'autorité qu'ils s'abandonnent avec un débordement furieux à toutes sortes d'injustices, de cruautés et de rapines. De là viennent des lois et des règlements qui, sans égard au bien public, n'ont pour objet que celui des particuliers. De là viennent des guerres, des traités et des alliances qui se font pour satisfaire quelques ambitieux, mais non pas pour la gloire de l'État. Or, si ces désordres règnent ailleurs, on peut dire que votre République en est encore plus défigurée qu'aucune autre, car les lois et les règlements ne sont jamais établis comme ils le doivent être dans un État libre, mais selon le bon plaisir de ceux qui ont débusqué les autres. »

La mort de Giovanni di Bernardino en 1341 et la défaite de sa « clientèle » donnèrent une nouvelle opulence et un nouvel éclat aux Strozzi. Le chef de la « Maison », Andrea, pensa le moment venu de profiter du désordre qui avait suivi l'expulsion du duc d'Athènes (1343) pour s'approprier le gouvernement. Il a commencé par faire des distributions de blé gratuites aux nécessiteux, puis il rassemble à prix d'or et à force de promesses ses partisans – il en vint, dit-on, quatre mille – et, montant à cheval, il tente de prendre d'assaut le palais de la Seigneurie. Il échoue, mais il va renouveler sa tentative, avec le concours des troupes du duc de Milan ; la Seigneurie lui oppose des mercenaires qu'elle a recrutés à Sienne, et la guerre civile va recommencer. Mais une solide coalition s'est établie qui rassemble quelques notables éminents, que l'on sait ennemis de la « tyrannie », et dont un Médicis prend la tête : Salvestro. On se bat dans les rues, *popolani* contre *ottimati*, pendant trois heures, au terme desquelles le peuple est vainqueur. Comme il arrive toujours en pareilles circonstances, ce peuple se venge de la peur qu'il a eue d'être opprimé en détruisant les familles des vaincus et tous leurs biens, meubles ou immeubles. Ainsi s'achève le malencontreux coup d'État des Strozzi dans une de ces orgies périodiques de brutalité, de cruauté, de meurtres et de pillages qui, à Florence et ailleurs, font escorte à toutes les révolutions.

La part prise par Salvestro de Médicis (1331-1388) au retour de l'ordre fit de ce négociant avisé l'arbitre de la situation. Parce qu'il fallait d'abord rassurer le peuple en lui montrant qu'il était maintenant le véritable maître du gouvernement, Salvestro proposa, et obtint, une modification de la Constitution. Les Huit Seigneurs de la cité devaient être choisis parmi les trois catégories de citoyens, comme suit : trois désignés par le « peuple moyen », trois par le « peuple inférieur », deux seulement par les bourgeois. Le juste fonctionnement du système républicain assurait donc la majorité aux artisans et aux petits négociants. Versatile, prompt à l'enthousiasme et à la déception, proie facile pour qui saura le prendre, le peuple maigre malgré la puissance qu'on lui garantit, reste prêt à suivre les meneurs. Andrea Strozzi était parvenu à ameuter les ouvriers par cette simple promesse : « Je vous ferai tous riches. »

Les adversaires des Médicis, durement frappés par la proscription des Strozzi, ne désarmaient pas et les Albizzi restaient leurs chefs. Habilement, ils réussirent à faire passer en 1354 un décret qui réveillait la vieille haine des Guelfes contre les Gibelins ; d'après cette loi, tout homme était passible d'admonition, sans preuves requises et sur le simple soupçon qu'il pouvait être Gibelin. De nouveau, l'arbitraire régnait : était Guelfe qui prenait le parti des *ottimati*, Gibelin qui suivait les Médicis.

Malgré ces manœuvres, Salvestro conserva son prestige et la confiance du peuple et il fut élu gonfalonier en 1378, ce qui mettait entre ses mains des forces de police et la responsabilité du maintien de l'ordre. Mais il avait fallu, pour obtenir ce succès, faire marcher les masses populaires qui, une fois soulevées, ne se calmaient pas facilement. On avait pris les armes pour intimider les *ottimati*, on ouvrit les portes des prisons, et l'on en fit sortir les malfaiteurs qui grossirent l'émeute.

Quand le « peuple maigre » se vit le maître de la rue, il décida qu'il n'était plus question des Albizzi ou des Médicis, mais tout simplement de la nécessité d'instaurer la dictature du peuple ; ce furent des hommes appartenant à une des plus basses classes du prolétariat, les cardeurs de laine, les Ciompi, qui en 1378, s'emparèrent de la direction du mouvement. Machiavel avait raison de dire, en réponse au proverbe populaire selon lequel « qui sème le vent récolte la tempête », que, lorsqu'on soulève la révolte, il ne faut pas croire qu'on pourra la mater ou la diriger à son gré. Le gonfalonier, les Huit Seigneurs, et les forces de l'ordre s'étaient retranchés dans le Palazzo Vecchio, mais la foule était maîtresse de la ville. Heureusement pour Salvestro, le dévouement qu'il avait toujours montré à la cause des *popolani* fut compté à son crédit et l'on ne toucha pas à sa maison alors qu'on incendiait celles de tous les « ennemis du peuple ». Ce peuple, ivre de sa nouvelle puissance, distribuait des fonctions et des titres quasi nobiliaires à ses meneurs, rendait la justice suivant son caprice, et faisait monter parmi les classes privilégiées des « artes », les catégories de prolétaires qui, jusque-là, n'avaient possédé aucun droit politique et n'étaient pas représentés dans les assemblées. Un cardeur de laine, Michele di Lando, qui fascinait la foule par son éloquence, son dynamisme et son fanatisme jacobin, fut nommé gonfalonier par acclamation. Michele di Lando possédait les défauts et les qualités de ces « tribuns » qui entraînent les masses, mais il avait de l'honnêteté, du sérieux, de la modestie, et dans les moments difficiles il consulta Salvestro de Médicis, qui en profita pour modérer et tempérer les excès et l'anarchie, au grand mécontentement des Ciompi qui entendaient bien garder le libre usage de ces libertés et profiter largement de cette anarchie, de ses plaisirs et de ses profits.

Il déplut vite à la plèbe que le chef qu'elle s'était donné écoutât les avis d'un banquier, partisan de l'ordre, prudent, circonspect, temporisateur. Elle se révolta donc contre Michele qui dut sévir contre ses propres compagnons d'émeute, afin de maintenir la paix civique et d'empêcher la ruine et la destruction de la ville. Les Ciompi, entre-temps, avaient mécontenté, par leurs extravagances et leur vandalisme, toute cette catégorie du petit peuple que l'on pouvait dire modérée, hostile à la révolution qui casse tout et oblige à laisser fermés les ateliers et les boutiques. Commerce intérieur et commerce avec l'étranger souffraient également d'un état de choses qui faisait souhaiter le retour à la paix sociale. Défenseur loyal de la légalité et conscient des intérêts supérieurs de la cité, Michele di Lando, d'accord avec Salvestro, voulut mettre fin à l'insurrection armée et aux bavardages démocratiques qui l'avaient porté au pouvoir. Il se mit à la tête de la milice et, accompagné du porte-étendard balançant la bannière de la liberté, il s'en alla au-devant des Ciompi, mais ceux-ci animés d'une pareille résolution d'« en finir » en s'emparant du Palazzo

Vecchio, se croisèrent avec les régiments fidèles, sans qu'il y eût bataille, et tout s'acheva dans une confusion lamentable et grotesque.

La bourgeoisie, petite et grande, avait eu si peur de la révolution que, une fois alliée pour reprendre l'autorité, elle sévit avec une extrême rigueur contre les pauvres Ciompi, auxquels on enleva tous les avantages qu'ils s'étaient attribués. En raison de sa loyauté à l'ordre, Michele di Lando fut simplement banni du territoire de la République, et Salvestro de Médicis se vit infliger le même châtiment pour la collaboration qu'il avait donnée au gouvernement révolutionnaire. Il vécut cinq ans à Modène, et mourut à l'expiration de ces cinq ans, en 1388. Plusieurs centaines de Florentins, des meilleures familles, se trouvaient en exil à Gênes, à Venise, et jusqu'en Terre sainte. En revanche, les *ottimati* expulsés se préparaient à revenir à Florence où leur caste, profitant de la déroute de la plèbe, dont les droits civiques étaient réduits à l'extrême, venaient de reprendre le pouvoir. À leur tête, on reconnaît les chefs habituels de ce parti, les Albizzi, les Capponi alternativement alliés des Médicis ou leurs ennemis, et un des hommes les plus remarquables de ce siècle, un « cerveau politique » de grande force et de délicate finesse : Nicolo da Uzzano.

Donatello, lorsqu'il a modelé le buste de ce grand Florentin, semble s'être inspiré des portraits de la République romaine, en donnant à son visage la hardiesse, la gravité, la décision prompte et irrévocable, le regard qui voit loin, la nervosité fébrile d'un Brutus. Uzzano avait trente ans quand il participa, en 1417, à une sorte de triumvirat inavoué, à côté d'un Albizzi et d'un Capponi. Les Médicis semblaient éloignés de la scène politique depuis la mort de Salvestro. Son fils Veri, sollicité de jouer un rôle actif à la tête des *popolani*, n'avait pas assez de caractère pour réussir et trop de timidité, avec la peur de se compromettre, et de mettre en danger les intérêts de la « Maison Médicis » dans une aventure périlleuse. L'obscurité dans laquelle il se retirait lui valut de pouvoir rester à Florence, alors que son frère Alamanno prenait la route de l'exil. Le souci qu'il avait des affaires lui fit préférer un bien-être modeste et sûr à la « volonté de puissance » de ses ancêtres et de ses successeurs. Quitter Florence, c'était s'exposer à la ruine : il resta. Peut-être attendait-il l'heure favorable au retour à la vie publique. Malheureusement, cette heure ne sonna pas pour lui, et quand Florence, lassée des désordres et des intrigues, songea à appeler un Médicis, ce fut un membre de cette famille, mais non un descendant direct de Salvestro, qui intervint : Giovanni di Bicci (1360-1429).

Celui-ci était fils d'un Averardo, que l'on avait surnommé Bicci, surnom qui devint le patronyme de ses enfants, lesquels, suivant l'usage italien, s'appelèrent di Bicci, autrement dit : fils de Bicci. Pendant que Salvestro avait été entraîné par la force des choses à jouer un rôle politique de premier plan, Averardo s'était contenté de gérer au mieux des intérêts de tous, les négociations financières et commerciales. Il ne s'était pas compromis dans les querelles de partis, demeurant dans une raisonnable obscurité où il lui était plus facile de faire fructifier son argent. Il légua donc une fortune assez considérable à son fils Giovanni : ces Médicis, que l'on appelait « da Cafaggiolo », d'après l'endroit où ils résidaient, pour les distinguer de la branche maîtresse florentine, les « grands Médicis », gardaient un aspect rustique que l'on retrouve jusque dans le portrait de Giovanni di Bicci, peint par Bronzino d'après des documents anciens : le nez fort – qui est un trait commun à la famille, – la bouche serrée qui pince les lèvres comme pour retenir un secret, une promesse, un engagement imprudent, les yeux profondément enfoncés sous des arcades sourcilières saillantes et broussailleuses. Le regard est volontaire et hardi, mais aussi fin et bon, avec quelque chose de mélancolique. Jusqu'en 1421, ce commerçant discret et avisé ne s'était jamais mis en avant ; cette année-là, il avait soixante et un ans, il fut élu à la charge de gonfalonier. On reconnut alors les qualités, précieuses et effacées de cet homme modeste, généreux, bienveillant, qui n'était ni avide ni ambitieux, dont on dira, après sa mort, avec un enthousiasme qui nous surprend d'après ce que nous savons de lui, qu'il était « de nature divine plus qu'humaine ».

Ses largesses au bénéfice de la cité ne montraient aucune ostentation. S'il fit bâtir par Brunelleschi (1377-1446) l'église San Lorenzo où les Médicis allaient établir leur chapelle familiale, ce ne fut pas pour rivaliser avec les autres banquiers qui avaient aussi la fureur de construire, Pazzi, Rucellai, Capponi, Sassetti, rivalisant sur ce champ de contestation aussi bien que sur le marché de l'argent, de la laine et de la soie. Il prit l'initiative de réformes avantageuses pour le *popolo minuto* : l'abaissement des droits sur le sel, par exemple (qui sont restés d'usage en Italie jusqu'aujourd'hui) qui frappaient durement les petites gens, et qui étaient, pour cette raison, très impopulaires. Déjà lorsqu'il exerçait les fonctions de prieur, à trois reprises, en 1402, 1408 et 1411, il avait toujours voté et fait voter des mesures démagogiques peut-être, mais nécessaires, puisque la déroute des Ciompi avait aggravé la situation des artisans et du prolétariat plus qu'elle n'avait été améliorée par leur brève victoire. Contre son gré, il avait été désigné parmi les Dix de la Guerre en 1414, probablement parce qu'on le savait attaché à la paix et hostile aux aventures. On le verra bien, en 1424, quand Florence fut sur le point de participer à une guerre hasardeuse, à l'écart de laquelle elle finit par se tenir, après avoir écouté les admonestations et les exhortations de ce « pacifique » qu'était Giovanni di Bicci.

On reconnaît, à l'occasion de ces querelles avec Milan et Venise, la vieille antinomie des deux partis antagonistes du Moyen Âge italien, Guelfes et Gibelins. Partisans de l'empereur, sont les Gibelins qui leur a donné des titres, des domaines, des charges et les a fait accéder ainsi à une aristocratie, non pas de même origine que la classe nobiliaire de France ou d'Allemagne, ni comparable aux vieilles familles du temps de la féodalité, mais allant de plain-pied avec elle. Une « noblesse » s'est ainsi formée, fidèle à l'empereur en reconnaissance de ce qu'elle avait reçu de lui, et, quoique exerçant des métiers qui, dans d'autres pays, l'eussent fait déroger, se regardait elle-même comme au sommet de l'échelle sociale, très au-dessus des autres classes. Un certain orgueil nobiliaire avait ainsi survécu à la querelle des Guelfes et des Gibelins, qui n'était plus qu'un événement historique affectant le comportement, la pensée et les passions de ces « aristocrates » de l'argent, de la laine ou de la soie, constituant le bloc des *ottimati*, lesquels voulaient oublier le caractère plébéien de leurs négoces en singeant les manières et les goûts de l'authentique noblesse européenne. C'est pourquoi, chaque fois qu'il était question de guerre, la caste des *ottimati* et des anti-médicéens poussait la ville à s'y précipiter (parce que la guerre était noble), alors que les « démocrates » s'y opposaient, y voyant une absurde vieillerie médiévale, désastreuse pour la marche des affaires et néfaste aux intérêts des petites gens. Aux yeux de ces petites gens qui, sous prétexte d'une nouvelle campagne, étaient écrasés d'impôts nouveaux, soldant les mercenaires et leurs capitaines, les belliqueux se confondaient avec les aristocrates, et chaque fois, on rencontrait parmi eux les fauteurs de troubles, Albizzi, Uzzano, Capponi ; auxquels faisaient obstacle les hommes de sagesse, de modération, de concorde, de libéralisme démocrate : les Médicis.

En réalité, Florence n'était pas directement intéressée à la guerre dans laquelle Milan l'invitait à s'engager. Le duc Filippo Maria Visconti pratiquait la politique traditionnelle de la Lombardie visant à empêcher une expansion excessive de Venise. Il entreprit les Florentins sur le danger que présentait pour eux et pour leur commerce le développement des affaires vénitiennes dans les pays mêmes d'où on faisait venir les matières brutes, destinées à être travaillées dans les ateliers toscans. La multiplication des comptoirs vénitiens dans les pays d'Orient et les privilèges qu'on leur accordait risquaient de faire d'eux les arbitres du trafic de la soie et les maîtres d'un monopole éventuel. Filippo Maria Visconti faisait briller aux yeux de la Seigneurie le profit qu'elle tirerait à l'abaissement de sa concurrente. Florence hésita longtemps avant d'accepter cette collaboration militaire ; comme il advenait souvent, les opérations conduites par des *condottieri*, qui les dirigeaient suivant leur bon plaisir et, naturellement, leur intérêt propre, stagnaient. Les incertitudes d'alliances, renversements brusques ou trahison occulte et larvée, laissèrent apparaître enfin la duplicité de Milan qui n'avait voulu entraîner Florence dans une guerre que pour qu'elle s'y appauvrît et s'épuisât, ensuite de quoi elle serait pour Visconti une proie facile.

Fort de cette conclusion que les événements apportaient à sa politique de paix, Giovanni di Bicci démasqua les intrigues des « bellicistes », et comme ceux-ci faisaient partie des plus riches familles et que le meilleur moyen de les réduire était de les frapper dans leur fortune, il préconisa une réforme des impôts, qui aurait un double avantage ; appauvrir ses rivaux, et, par-là, les priver de leur puissance, et contenter le *popolo minuto* qui aurait la satisfaction de voir que, pour la première fois, on « allait prendre l'argent où il était ». Le système fiscal florentin était si arbitraire, si mal équilibré et si inique qu'il constituait, en somme, une arme entre les mains du gouvernement contre l'« opposition ». Les sentiments démocratiques de Giovanni di Bicci ne lui faisaient pas, remarquons-le, réserver sa bienveillance aux ouvriers et aux nécessiteux ; il était toujours prêt à aider les grands négociants et les banquiers qui s'adressaient à lui ; il n'y avait pas de meilleur moyen de s'en faire des amis et de les « contrôler » que de devenir leur créancier. De nombreux notables des arts majeurs étaient endettés à son égard ; il pouvait donc compter sur leur concours en politique, et, particulièrement, pour l'appuyer dans la campagne qu'il engagea pour la réforme du *catasto*.

Le prestige dont jouissait Giovanni di Bicci pour l'opposition qu'il avait faite à la guerre milanaise et à la politique belliqueuse des *ottimati* lui facilitait la mise au point d'une réforme qu'il entreprit à la veille de sa mort, en 1427. Le principal défaut de la taxation des contribuables à l'*estimo* était l'inégalité dans la répartition des charges, qui, en définitive, épargnaient les gros propriétaires et frappaient lourdement les petits. Nous avons vu comment l'articulation et le fonctionnement de l'imposition directe et indirecte avantageaient les hommes au pouvoir. Giovanni di Bicci eut la générosité de renoncer à ce moyen de pression sur ses adversaires, ou, du moins, de l'alléger. Sincèrement démocrate et ami du peuple, il ne lui déplaisait pas, non plus, de faire étalage devant celui-ci d'un désintéressement dont aucun de ses concurrents n'avait été capable. Préconiser le *catasto*, c'était dire expressément que l'on ne voulait pas cacher le montant de sa fortune, et ses sources ; en abattant ses cartes, on obligeait aussi les autres joueurs à avouer ce qu'ils avaient en main. Chaque Florentin aurait la faculté d'aller examiner les listes des déclarations fiscales et de vérifier les chiffres déclarés. À l'inquisition menée par les agents du fisc s'ajouterait ainsi une inquisition populaire, individuelle, spontanée, que la jalousie, l'envie, la malveillance rendraient vigilante et perspicace.

La nouveauté et l'originalité du *catasto* réclamé par Giovanni di Bicci n'était pas sans défauts ; la preuve en est que Cosme et Laurent le Magnifique, chacun à leur tour, y apporteront des modifications, des améliorations. La mesure était assez « révolutionnaire » toutefois pour provoquer dans toutes les classes de la population de violents mouvements d'opinion, *pour* et *contre*. Le mot *catasto* fait allusion à l'accumulation, à l'entassement des biens. Un impôt sur la fortune, non sur le revenu qu'il semble plus facile de dissimuler, et qui permettait, une fois l'assiette du capital établie et assise, d'y ajouter un prélèvement sur les produits de ce capital. Afin d'obtenir des déclarations sincères et conformes à la réalité, on forma un corps de vérificateurs, de contrôleurs, auxquels on donnait plein pouvoir d'enquêter. À côté de ces inspecteurs fonctionnaient une quantité d'investigateurs bénévoles, dont le zèle était récompensé par une forte prime ; chaque fois qu'on constatait une dissimulation, la moitié des biens dissimulés tombait dans le Trésor public et le quart dans la poche du dénonciateur.

Jugeant la légalité et l'équité de ces nouvelles manières d'imposer le capital, Giovanni di Bicci reconnaissait qu'elles n'étaient pas sans défauts, mais qu'elles avaient du moins le mérite de répartir les charges fiscales proportionnellement à la fortune réelle des citoyens. En vérité, on frappait les biens visibles plus efficacement que les biens réels, ce qui était une manière de pénaliser les personnes faisant étalage de leur richesse, mais elle évitait le caprice, l'arbitraire, la concussion et la mauvaise foi que favorisaient, jusqu'alors, les méthodes de l'*estimo*. Il reconnaissait, modestement, que l'adoption du *catasto*, tel qu'il l'avait proposé, ne résolvait pas complètement le problème, mais un « homme de mesure », comme l'était ce Médicis, devient facilement un « homme de demi-mesures ». Remporter à demi la victoire, avait-il coutume de dire, vaut mieux que poursuivre à ses risques et périls une victoire totale, qui serait échec et ruine. Toute son activité dans les affaires et dans la politique fut inspirée par cet esprit de modération temporisatrice et calculatrice qui avait enrichi ses ancêtres. Pragmatisme, utilitarisme, prudence bourgeoise : telles étaient les vertus qu'il opposait aux velléités d'aventures des Strozzi, des Albizzi, que le bon sens et l'intelligence plus calme de Niccolò da Uzzano, leur associé, n'arrivaient pas toujours à apaiser.

On aurait pu croire que ce marchand circonspect se départait de ses habitudes le jour où il s'engagea à son tour dans une aventure périlleuse ; la défense du pape Jean XXIII au concile de Constance (1414-1418). Si l'on réfléchit aux motifs qui ont pu pousser le « roi sans couronne » de Florence à défendre et à commanditer un souverain pontife dont la légitimité était litigieuse et qui allait perdre la tiare, en tenant compte du caractère de Giovanni di Bicci, de sa psychologie et de son comportement habituel, on constate qu'il y avait le plus grand danger à se lancer dans cette entreprise à fonds perdus, capable d'être aussi désastreuse pour la banque Médicis que la guerre des Deux Roses le fut pour les financiers florentins qui y avaient misé leurs capitaux. Les emprunts faits par Jean XXIII devaient être importants pour que Giovanni di Bicci se dît que, suivant le système bien connu des joueurs, il vaut mieux risquer jusqu'au bout que s'arrêter en cours de partie et perdre tout ce que l'on a engagé. Il est possible aussi qu'une sincère sympathie pour le prélat en difficulté eût éveillé chez cet homme d'affaires, peu accessible aux élans chimériques d'ordinaire, le désir de le sauver. On peut croire, enfin, que les avertissements de son fils Cosme, envoyé en observateur au concile de Constance, l'avaient entraîné à adopter la même attitude, dans cette question, que l'intrépidité généreuse du jeune garçon.

Pourquoi la banque Médicis avait-elle porté un si vif intérêt à ce que les Pères conciliaires débattaient à Constance ? Non pas certainement en fonction du procès canonique qui avait à juger des prétentions et des droits de trois papes, dont deux, Jean XXIII et Benoît XIII seront écartés, comme illégitimes, mais parce que les conciles réunissaient une foule de personnages considérables, ecclésiastiques et laïcs, et que l'on avait le même intérêt à y participer ou, au moins à être là, qu'aux congrès aujourd'hui ; à cette différence près, toutefois, que les congrès modernes réunissent surtout et presque exclusivement des spécialistes, alors que la noblesse, les artistes, les lettrés, les financiers, les grands manieurs d'argent – qu'ils fussent de Venise, de Gênes, de Paris, d'Anvers ou d'Augsburg – s'y retrouvaient, mêlés à la foule des gens d'Église. Au concile, un Médicis avait toutes les chances de rencontrer un Fugger et de conclure avec lui d'avantageux marchés.

Quand le cardinal Colonna eut été choisi par le concile, que manœuvrait en sous-main l'empereur Sigismond, comme pape réel – il prit le nom de Martin V –, ses infortunés rivaux furent ignominieusement chassés, comme usurpateurs et imposteurs. Après son départ de Constance où il avait été dépouillé de la tiare, Jean XXIII fut attaqué sur la route par des hommes de l'empereur qui se saisirent de lui et l'emprisonnèrent. Sigismond, ce coup de force réussi, fixa à trente-huit mille florins la rançon du captif. Cosme de Médicis qui, au moment de l'attentat, parvint à s'enfuir, n'avait abandonné le prisonnier que pour mieux l'aider. Il pressa son père – et les historiens florentins, Capponi en particulier, sont unanimes sur ce qui regarde sa part dans l'événement – de payer cette rançon. Comment serait-on remboursé de cette somme considérable, même pour une banque aussi solide ? Jean XXIII qui avait pris Cosme en amitié, laissait entendre qu'il en ferait son héritier, mais personne ne prévoyait quel pourrait être le montant de cet héritage (après la mort de l'antipape, on apprit que cette fortune léguée aux Médicis était très médiocre ; l'opération s'avérait donc déficitaire). Malgré cela Giovanni di Bicci envoya l'argent et pria Jean XXIII de venir s'installer à Florence où il le recevrait, disait-il, selon son rang et avec les honneurs qu'il méritait, puisque à ses yeux il restait, malgré l'avis du concile, le pape véritable. L'augmentation de prestige que les Médicis tiraient du fait qu'un souverain pontife – même douteux – était leur hôte, fut considérable ; leur popularité grandit et aussi la renommée de la banque qui était assez solide pour gaspiller trente-cinq mille florins dans un procès douteux et perdu d'avance.

Le portrait que les chroniqueurs contemporains et Machiavel font de ce premier des « grands Médicis » le représente comme un citoyen dévoué au bien public, miséricordieux envers ses ennemis, dont il ne se vengea que modérément, ce qui était tout à fait contraire aux usages de ce temps où régnaient la cruauté bestiale et la méthodique sauvagerie des supplices et des exécutions pour les vaincus. Les criminels trouvaient grâce devant lui, parce qu'ils étaient malheureux plus que coupables, disait-il. On lui savait gré de ne pas se porter candidat aux charges civiques, et on les lui donna d'autant plus volontiers qu'il paraissait les désirer moins. Que cet effacement fût naturel, spontané, ou résultat d'un calcul habile, la conséquence l'avantagea sur tous les points. Le testament qu'il laissa à ses enfants au moment de sa mort – il mourut le 28 février 1428 – est un modèle d'avertissement paternel, touchant par sa bénignité et sa modestie. Aussi longtemps que ses fils, leur enjoignait-il, se distingueraient non par la pompe extérieure et l'éclat des fonctions honorifiques, mais par l'exercice des vertus, ils seraient sûrs d'obtenir dans l'autre monde la récompense méritée, et ici-bas, déjà, le succès qui couronne toujours le vrai mérite.

Chapitre III

COSIMO *PATER PATRIAE*

À l'imitation de ses ancêtres qui, tout en s'enrichissant et en accroissant leur prestige politique, conservaient une sage et prudente modération dans leurs rapports avec leurs concitoyens, le fils de Giovanni di Bicci Cosme (1389-1464), garda toutes les traditions paternelles ; cette modération n'excluait pas l'audace, mais, hommes d'affaires et hommes de gouvernement, les Médicis savaient n'être audacieux qu'à bon escient. Cosme tenait en suspicion les téméraires et les chimériques parce qu'il leur arrive souvent de plonger la collectivité dans de pénibles aventures. On constatait chaque jour davantage que le temps de l'héroïsme médiéval et de la chevalerie était passé ; partout en Italie, à Gênes, à Venise, à Pise, les puissances d'argent tenaient le haut du pavé. La « médiocrité dorée », chantée par les Anciens, ne refuse pas les risques, mais elle ne veut en prendre qu'à coup sûr et après avoir, autant qu'il est possible, placé toutes les chances de succès de son côté. Qu'on pût lui imputer une pusillanimité sans noblesse ne fâchait pas Cosme : il aurait plutôt vu dans un pareil reproche un éloge à sa sagacité. « Vous courez vers l'infini, disait-il, je vais au fini, vous cherchez à appuyer vos échelles à la voûte céleste ; j'appuie les miennes au sol pour ne pas risquer de tomber à plat. »

Convaincu qu'un arbitrage vaut toujours mieux qu'un procès et une paix imparfaite qu'une guerre victorieuse, il estimait qu'on arrive à bout de tous les problèmes par des négociations bien dirigées. Quand Sacchetti écrivait que « qui est adonné au commerce ne peut s'entendre à la guerre », il définissait exactement le caractère de ces notables florentins, leurs aspirations et leur comportement. Cosme proclamait que, avec de l'intelligence et de la bonne volonté, « tout s'arrange » ; à condition qu'on sache attendre le moment favorable et payer le prix. Il se connaissait en hommes, d'instinct et non d'après les livres ; quelques minutes d'entretien lui apprenaient ce qu'il pouvait tirer de son interlocuteur, dans quelle mesure il devait lui faire confiance et crédit. Vespasiano l'a bien compris qui, dans ses *Vite*, rapporte « qu'il était discret en toute chose et connaissait les hommes rien qu'à les regarder au visage ».

Né en 1389, Cosme avait quarante ans à la mort de son père – le meilleur âge pour hériter une glorieuse succession : prospérité financière et pouvoir politique tombaient entre ses mains, sans que personne, hormis les nobles, en prît ombrage. Déjà le peuple s'habituait à voir un Médicis remplacer un Médicis, et ce qui était bon à la banque valait aussi au palais de la Seigneurie et dans les Conseils. Prenant entre ses mains l'opulence et la popularité de Giovanni di Bicci, Cosme allait préserver et multiplier l'une et l'autre presque sans interruption jusqu'à sa propre mort en 1464. « Il en jouit pendant trente ans (trente-cinq en réalité), écrit l'historiographe de Florence Guichardin, en toute sécurité, sans rencontrer la moindre opposition. » Cette opinion d'un chroniqueur plus favorable à la gloire des Médicis qu'à la stricte exactitude des faits laisserait croire que Cosme se contenta de jouir, sans effort et sans danger, d'une sécurité financière et politique que rien n'aurait menacée. Il en alla tout autrement et ces trente-cinq années de vie publique furent perpétuellement agitées par les intrigues des concurrents, les accusations et les complots des *ottimati* et les renversements, toujours possibles, de la faveur populaire, à la merci des mouvements de foules, des revirements de sa susceptibilité, de sa colère et de ses passions.

Pendant vingt années, avant de devenir le maître de la Maison Médicis et de Florence, Cosme avait été initié aux affaires et instruit par son père qu'il secondait efficacement. L'exemple d'un négociant qui avait eu l'habileté de concilier l'amour de la puissance et de l'argent avec une conduite de vie inspirée par la générosité et la modestie, qui le faisait tenir pour un authentique démocrate – et, en un certain sens, il l'était véritablement, comme on l'était en Italie au XVe siècle, – cet exemple qui aurait pu se résumer en deux brèves formules : « à temps », et : « rien de trop », méritait d'être suivi puisqu'il avait fait ses preuves. On a dit que ce fut en cherchant en toute chose son intérêt personnel que Cosme trouva et réalisa le bien général : cela n'est vrai qu'en partie. L'amour de la patrie, c'est-à-dire de Florence, car peu d'hommes en ce temps-là, et peut-être Machiavel seul, étaient capables de « penser l'Italie », le sentiment civique, aigu et actif chez tous les Florentins et même les plus égoïstes, le portaient aux grands ouvrages, et non pas seulement pour le surplus de popularité et de prestige qu'ils lui valaient.

La conception de la démocratie que se faisaient les hommes d'expérience, de sagesse et de réflexion dans les républiques ploutocratiques d'Italie admettait que la participation directe du peuple aux affaires de l'État fût plus théorique que réelle. L'égalité des droits était plus fictive qu'effectivement exercée, et les notables qui tenaient entre leurs mains tous les leviers de commande du gouvernement se méfiaient avec raison de l'aptitude que pouvait avoir le *popolo minuto*, les journaliers et les manœuvres, à décider des destinées de la collectivité. La Constitution prescrivait qu'on les interrogeât : fort bien, mais on savait à part soi – et c'est Guichardin qui parle –, « que le peuple est véritablement fou, parce que c'est un monstre plein de confusions et d'erreurs, et ses opinions vaines sont aussi éloignées de la vérité que, selon Ptolémée, l'Espagne de l'Inde. » À quoi Matteo Palmieri, l'« épicier » qui tient boutique à l'enseigne du « Coin des hirondelles », fait écho : « C'est une sottise que le cordonnier conseille de quelle manière on doit faire les lois civiles, comment la République s'administre et comment la guerre se conduit. » Pour conclure, écoutons Machiavel, qui veut que l'on travaille au bien du peuple – mais sans le consulter. « On ne doit au peuple que des résultats. »

Alors que son père vivait encore, Cosme avait, pendant plusieurs années, visité l'Europe, faisant la connaissance de gens influents, fondant des comptoirs un peu partout : à Bruges, à Venise, à Londres, à Genève, à Avignon. Ses agents étaient des hommes riches et bien considérés ; il avait installé en Angleterre Giovanni Tornabuoni, citoyen de bonne renommée, et assez fastueux pour commander à Ghirlandaio la décoration à fresque du chœur de l'église Santa Maria Novella ; l'artiste ne manqua pas d'y faire figurer, sous les traits des personnages de la *Vie de la Vierge*, la famille Médicis, ses familiers, ses humanistes, et, bien entendu, les Tornabuoni qui leur étaient apparentés. Lorsque son fils Lorenzo épousa la belle Giovanna degli Albizzi, en 1486, il fit exécuter sur les murs de sa villa à Plan di Mugnone près de Florence, par Botticelli, des scènes symboliques relatives à la félicité conjugale des jeunes époux : ces fresques détachées des murs de la Villa Lemmi, comme on l'appela plus tard, sont aujourd'hui au Louvre.

Cosme était donc devenu « quelqu'un », à l'étranger aussi bien que dans sa ville natale. Il avait assisté aux travaux du concile de Constance, non pas qu'il s'intéressât tellement aux questions de théologie ni qu'il se préoccupât beaucoup de la destinée de Jean Huss et de Jérôme de Prague, mais parce que ces grandes assemblées religieuses jouaient à cette époque le rôle qu'auront plus tard les congrès et les expositions universelles : on y rencontrait toutes les personnalités importantes, profanes aussi bien qu'ecclésiastiques : on y discutait des questions internationales, des affaires, on y coudoyait des diplomates, des princes, des négociants, des artistes, des érudits, et l'on pouvait s'y faire ainsi toute sorte de relations intéressantes et utiles. Mais ce n'était pas seulement pour les connaissances qu'il pouvait y nouer, ou y renouveler, que Cosme séjourna à Constance en 1414, ni pour la curiosité d'écouter des débats théologiques : il venait « surveiller », pour ainsi dire, l'argent qu'il avait prêté à Baldassare Cossa, qui avait été élu pape et avait pris le nom de Jean XXIII : être le banquier du Vatican rehausse la réputation d'une maison. Malheureusement l'infortuné Cossa avait vu son élection contestée et, malgré son obstination à la vouloir valable, elle fut déclarée nulle par le concile : le nom de Jean XXIII allait donc être effacé de la liste des papes jusqu'à ce qu'un autre Pontife, au XXe siècle, le reprenne, et Cossa redevenait Cossa, tout comme avant d'avoir reçu la tiare.

Qu'allaient faire les Médicis en une aussi épineuse circonstance ? Cosme sut allier la noblesse de caractère et le sens de l'intérêt bien compris : on ne pouvait pas abandonner la victime du concile. D'autant plus que, revenant de Constance, Jean XXIII avait été capturé et enlevé par ses adversaires politiques qui le tenaient prisonnier dans le château de Heidelberg. Cosme négocia aussitôt avec le principal ravisseur, le duc de Bavière, et accepta de payer une rançon de trente-huit mille florins d'or. Une fois le « pape » libéré, il l'amena à Florence et l'installa chez lui où il vécut le reste de sa vie. Et, voulant être aussi munificent envers le mort qu'il l'avait été en soutenant le vivant « à fonds perdus », il fit sculpter pour lui un magnifique tombeau, érigé dans le baptistère, et dans lequel le jeune Donatello déploya tout son précoce génie.

La mésaventure de Cossa lui avait coûté, rançon non comprise, plus de cent mille florins d'or, dont le pape était débiteur. Il avait, imprudemment – ce qui ne lui était pas habituel – aventuré cent vingt mille florins d'or au compte du roi d'Angleterre, dont la situation n'était pas des plus prospères. Il pouvait cependant se permettre ce luxe, qui n'est possible qu'aux fortunes vraiment grandes et aux esprits qui regardent plus loin que le moment présent, de « perdre de l'argent » : non par sottise, certes, mais en libéralités ; cela renforçait son crédit et le renom qu'il avait d'être l'« homme le plus riche de Florence », et sa banque « la première de toute l'Italie ». À Florence, il aurait voulu qu'elle fût non pas seulement la première, mais la seule : pour y parvenir il absorbait l'une après l'autre les maisons concurrentes, selon que les circonstances politiques et économiques facilitaient cette marche précise et ferme vers l'hégémonie et le monopole.

L'utilité et la gloire marchaient de pair dans l'esprit de Cosme, comme s'épaulant l'une l'autre, se poussant réciproquement à la réussite. Il fallait, pour cela, tirer profit de tous les événements ; le pape a-t-il décidé de rassembler le concile à Ferrare, en 1439, Cosme n'a de cesse qu'il n'ait fait converger les Pères conciliaires vers Florence : le commerce local en tirera un énorme bénéfice, et, par surcroît, les étrangers venus en foule, qui laisseront leur argent dans les boutiques, serviront à l'amusement du peuple par la variété et l'étrangeté de leurs accoutrements et l'incessant mouvement que les allées et venues des religieux et des laïcs entretiennent dans les rues, car les Florentins des classes pauvres ont l'heureux caractère de se plaire à voir les autres se divertir. Aussi les véritables spectacles et les plus appréciés sont-ils ceux qui ont pour scène la rue : entrées de souverains, fêtes religieuses, commémorations civiques, carnavals, processions sacrées et défilés de cirques avec des animaux exotiques. Or, l'exotisme fut un des éléments les plus goûtés de ce concile de 1439 qui amenait en Italie des prélats orientaux, des princes byzantins, avec leurs escortes de Mores et de Mongols, tenant en laisse toute sorte de bêtes bizarres.

Profit et prestige, aussi, dans l'union de Cosme et de Contessina de Bardi, qui faisait tomber dans le patrimoine des Médicis la propriété du palais possédé par cette illustre famille et la direction d'une banque rivale. Mais à mesure que sa richesse augmentait, après que Cosme eut quitté la maison natale pour s'installer dans le beau Palazzo Bardi, il lui fallait avoir mieux, plus riche et plus beau : en 1444 il se fit bâtir alors par Michelozzo dans une rue large, bien aérée et de nobles aspects, la Via Larga, son propre palais. Un problème se posa : Brunelleschi, architecte attitré de la famille, qui édifiait l'église San Lorenzo destinée à devenir la « chapelle palatine » de ces banquiers, et qui manifestait le génie le plus extraordinaire et le plus audacieux en construisant la coupole de Santa Maria del Fiore, avait proposé un projet d'une splendeur et d'une magnificence telles que Cosme conçut des scrupules et des inquiétudes quant à l'opportunité de cette manifestation : il suffisait qu'on aperçût dans la nouvelle demeure des Médicis quelque chose de trop (trop riche, trop grand, trop luxueux, trop beau) pour que ce qui devait servir à la publicité devînt occasion de critique, de blâme, et, plus grave que tout le reste : d'impopularité. Et qui devenait impopulaire payait de son argent, de son pouvoir, de sa liberté souvent, et même de sa vie, un geste innocent, mais maladroit et imprudent. Michelozzo, plus modéré, plus moyen, fut donc préféré à Brunelleschi ; pourtant il y eut encore des mécontents qui répétaient que « les Médicis vivaient maintenant comme des princes ».

On court un grand risque à devenir la cible de la malignité publique : comme ses ancêtres, Cosme s'était toujours fait aimer du peuple et appuyé sur lui pour se défendre contre les nobles. La démagogie qu'il pratiquait pour parvenir à ses fins était d'un grand style : elle reposait avant tout sur ce précepte que, si l'on ne peut expressément et explicitement écarter le peuple du gouvernement, on doit l'empêcher de penser et d'agir politiquement, en détournant ses intérêts vers d'autres objets ; de nos jours ce serait le bien-être matériel, les sports, les loisirs ; à cette époque il suffisait d'occuper les yeux et l'esprit des Florentins par d'incessantes fêtes, pour qu'il ne s'avisât pas de se tourner vers les affaires sérieuses ; infantiliser les masses pour mieux les diriger, fut, dans les mains des Médicis, un excellent instrument de gouvernement.

Cet instrument, quoi que bien agencé, restait à la merci d'un accident. Cet accident, en l'occurrence, fut la guerre déclarée contre Lucques en 1429. Guerre sans noblesse, presque sans nécessité ; Florence voulait seulement faire sentir son autorité à une petite république, qui ne dépendait pas d'elle directement, pour sa prospérité ni sa sécurité, mais vivait dans l'ombre de sa puissante voisine dont elle ne devait pas offusquer l'éclat. Le début des opérations coïncide à peu près exactement avec le moment où Cosme jette les fondations du palais de Via Larga : Brunelleschi, à qui il n'a pas voulu confier la construction de cette demeure, en homme universel qu'il est, comme tous les grands artistes de ce temps, et s'entend aux choses de la guerre aussi bien que Leone Battista Alberti, Michel-Ange et Léonard de Vinci, propose un moyen ingénieux pour hâter la défaite des Lucquois : on devait détourner le cours de la rivière Serchio de telle manière qu'elle vienne inonder la ville. La manœuvre ne réussit pas ; ce furent les régiments florentins qui faillirent être noyés. La guerre traîna donc en longueur pendant quatre ans, et la popularité de Cosme risquait de s'affaiblir en raison des mécontentements provoqués par le coût des opérations, et de la lenteur des capitaines à remporter la victoire. Cosme, cependant, n'avait pas expressément voulu cette guerre ; il avait été poussé à l'accepter parce que le peuple en avait fait, naïvement, une question d'honneur national, mais autant le peuple avait applaudi l'entrée en campagne, autant il murmurait aujourd'hui contre l'augmentation des impôts et la cherté de la vie qui en était la conséquence ; en fait, la guerre, qui se traîna d'une façon dérisoire et n'obtint aucun résultat efficace, vida le trésor public de plus de trois millions de florins.

Il ne restait à Cosme qu'un argument pour regagner, auprès du peuple, la confiance et la sympathie menacées : dire qu'il avait déconseillé ce malheureux projet, qu'il s'y était opposé de toutes ses forces. Le retour à la paix parut donc être son œuvre, quoique ce fût une paix honteuse et sans profit. D'un seul mouvement d'opinion, il regagna ainsi tout le terrain perdu, et il parut plus puissant encore qu'auparavant puisqu'il rejetait sur ses adversaires politiques, les « nobles », la responsabilité et la faute d'une désastreuse maladresse, mais il donna, en même temps, l'alerte à ces nobles eux-mêmes qui se jugèrent perdus si Cosme s'arrogeait, avec le consentement de la masse, des pouvoirs plus étendus et plus absolus que ceux qu'il avait eus jusqu'alors. Chez les extrémistes du parti anti-Médicis, excités d'un esprit belliqueux que ne tempérait plus la prudence de Niccolò da Uzzano, mort pendant la guerre, naquit l'idée de renverser, légalement et par le juste fonctionnement de l'appareil constitutionnel, la

« tyrannie » du Père de la Patrie. Ce fut le plus hardi et le plus enflammé des Albizzi, héréditairement ennemis des Médicis, Rinaldo, qui mit le feu aux poudres en réclamant un châtiment sévère pour l'homme qui voulait « s'élever au-dessus de tous les autres et réduire le peuple à la servitude ».

Tout ce que la République devait à Cosme, la prospérité commerciale et financière, les fêtes magnifiques, de beaux monuments, les dotations pour les filles pauvres, les aumônes aux indigents, les hôpitaux payés par les Médicis, tout fut oublié et le bienfaiteur fit figure d'ennemi public. Rinaldo avait eu l'habileté de faire nommer gonfalonier un homme à sa dévotion, Bernardo Guadagni, dont il avait payé les dettes, et qui avaient, du fait de sa fonction, la haute main sur la police et une grande autorité dans les assemblées. Au lieu de se barricader dans son palais, qui, comme toutes les demeures des notables florentins, aurait pu soutenir un siège, et de faire prendre les armes à ses amis et clients, Cosme accepta de comparaître devant l'assemblée de la Seigneurie qui commença par le faire jeter en prison (1433), puis nomma une commission spéciale chargée d'instruire son procès.

La cellule où on enferma le grand banquier, l'illustre mécène, était une petite chambre nichée tout en haut de la tour du Palazzo Vecchio, que l'on appelait moqueusement la « petite auberge », l'*alberghetto* : c'était là que l'on mettait les prisonniers d'État. Cosme s'accommoda de l'inconfort, mais sachant que tous les moyens étaient bons pour hâter l'issue de la procédure, et que le poison était un des instruments les plus souvent employés pour sortir des cas difficiles, il fit la grève de la faim pendant quatre jours. Durant ces jours-là, il eut de longues conversations avec son geôlier, un certain Federico Malavolti, qui consentit à favoriser certaines tractations avec l'extérieur : notamment la remise de onze cents florins au gonfalonier Guadagni. Ce don généreux eut pour résultat de faire changer d'opinion l'auxiliaire des Albizzi qui se déclara à la dévotion des Médicis et fit, en 1433, accompagner Cosme jusqu'aux frontières de la République florentine, de crainte qu'on ne lui fît, en route, mauvais parti.

Ses partisans utilisèrent ce départ, moitié bannissement, moitié exil volontaire, pour retourner une fois de plus la situation ; Cosme, disaient-ils, était parti pour Venise où il allait installer dorénavant le siège de sa banque et de toutes les innombrables affaires qu'il dirigeait ou dans lesquelles il était intéressé, au détriment de Florence, privée ainsi d'une énorme source de gains dont la collectivité tout entière profitait. Les Médicis avaient fait fortune à Florence, mais ils avaient aussi « fait la fortune de Florence ». Leur départ, considéré sous cet angle, était une calamité publique. Les mêmes assemblées qui l'avaient banni, faute de pouvoir le condamner à mort ou le faire secrètement assassiner, réclamèrent son retour un an à peine après sa fuite de l'*alberghetto*. Il était parti ennemi public, tyran virtuel : on l'attendait aux portes avec des couronnes et des bannières.

Les chroniques et les annales du XVe siècle célèbrent d'une même voix les louanges de Cosme ; à les en croire, jamais le titre de *Pater Patriae*, décerné par les humanistes de son entourage, à défaut de pouvoir l'appeler triomphateur ou *imperator* après son retour victorieux dans la ville reconquise, titre adopté unanimement par le peuple et homologué par les historiens, jamais une

« couronne civique » aussi noble et aussi sobre n'avait été autant méritée. Les peintres et les médailleurs ont souligné à l'envi cet aspect de petit-bourgeois banal que Cosme aimait prendre et qui lui avait si bien réussi ; la tête un peu penchée en avant, ou sur le côté, le corps bien assis dans son fauteuil, évoquant la détente pacifique de l'homme qui a durement travaillé pendant toute la journée et jouit, le soir venu, d'un repos bien mérité, les mains jointes, non pas tout à fait dans le geste de la prière, quoiqu'il soit dévot ; plutôt l'attitude habituelle au commerçant qui, ayant achevé les comptes du jour, frotte ses paumes l'une contre l'autre et dégourdit ses doigts.

Il existe pourtant un portrait de Cosme, moins conventionnel que ceux qui ont été exécutés de son vivant et pour lesquels nous pensons qu'il a posé ; lorsque Pontormo s'est avisé de le peindre à son tour, Cosme était mort. L'artiste s'est donc inspiré de documents véridiques, tableaux, dessins, bronzes sculptés ou gravés, pour reproduire les traits du Père de la Patrie. Il l'a fait, également, avec le recul que donne le passé et la liberté d'appréciation dont l'historien jouit plus que le chroniqueur. Le tableau de Pontormo diffère des portraits exécutés par les contemporains en ce qu'il inclut l'histoire du personnage autant que son apparence physique, la considérable réussite dans le domaine des affaires et sur le plan de la politique ; il interprète la physionomie de l'individu en fonction de ce que celui-ci a fait tout au long de sa vie qui, achevée maintenant qu'il appartient à la postérité et non plus à l'actualité, doit être regardée dans sa totalité et jugée comme un tout.

Le nez long et pendant, l'oreille épaisse, la lippe vulgaire, tout trahit l'origine plébéienne, rustique, mais sur ce « fond peuple », robuste, sain, primitif, encore très près de la glèbe et de l'atelier d'artisan, avec son indissociable amalgame de qualités et de défauts, s'est plaqué le masque de l'« homme du destin », de l'héritier d'une fortune notable qu'il a le devoir de faire fructifier, de la personnalité politique en vue qui tire un profit égal de la situation privilégiée obtenue par ses ancêtres, qui lui vaut de n'être envié et détesté que de ses égaux, c'est-à-dire de ses rivaux en politique et de ses concurrents en affaires, et de garder l'approbation et l'amitié de la foule qui, à Florence comme dans toutes les démocraties, mène le jeu, ouvertement ou en secret, manœuvrée à son insu par les puissances d'argent qu'elle hait, qu'elle tolère, qu'elle suit.

Nous remarquons alors combien derrière les lèvres saillantes et molles la mâchoire se referme dure et serrée, ne lâchant pas ce qu'elle a happé ; combien les yeux regardent droit devant eux, alors que tout le poids de chair de la figure la tire en bas, et ces yeux contestent et nient tout ce que ce visage voudrait nous faire croire du bon citoyen, du bon banquier, du bon ami, du bourgeois sans façons, sans ambitions, sans appétits, qui s'effacent de manière à ne gêner personne (du peuple, bien entendu, car il est impitoyable avec les hommes de sa classe qu'il mène à la ruine, ou jette à la mort, avec une allègre férocité). Ce sont des yeux qui voient loin, les yeux du meneur de foule, du financier avide, du conquérant qui découvre de nouvelles sources de richesses comme l'explorateur rencontre des races ignorées sur des continents dont les cartographes ne parlaient pas. Le dévouement illimité et sans espoir de récompense que supposerait l'appellation de Père de la Patrie n'est pas tout à fait une fiction, peut-être, car l'homme est fait d'aspirations contradictoires et d'une étrange ambiguïté d'actes et de sentiments, mais il ne constitue pas le caractère exclusif de ce « roi sans couronne » : le regard a la faculté de bondir, d'appréhender ce qu'il convoite, et il convoite tout ce qu'il voit, tout ce qu'il imagine aussi, puisque l'homme de désir implique l'homme d'imagination : des domaines, de vastes tractations d'affaires, des œuvres d'art, des livres introuvables, l'admiration que les érudits portent à sa culture, les éloges que les peintres décernent à son goût, la haine même et l'envie, et la volonté d'abattre et de tuer qui sont l'hommage sincère de ses ennemis. Ces yeux dont Pontormo est le seul à avoir inventé le regard, puisqu'il ne l'avait jamais vu, Cosme prendra l'habitude de les fermer, souvent, pendant les mois précédant sa mort. À sa femme qui lui demandait un jour pourquoi il faisait cela, il répondit que c'était afin de s'accoutumer peu à peu à ne plus voir tout ce qu'il aimait.

Cette sagesse et cette résignation sont des traits caractéristiques, non seulement de la personnalité de « Cosimo *Pater Patriae* », mais communs aux représentants éminents de la « dynastie » des Médicis – Laurent le Magnifique, avant d'expirer se retournera le visage contre le mur pour ne plus entendre les haletantes objurgations de Savonarole qui le poursuivait de sa haine et de sa colère jusqu'à son lit de mort –, et à l'ensemble de cette haute bourgeoisie florentine qui puisait chez les auteurs grecs et latins une philosophie de la vie pleine de noblesse et de gravité. Leur politique voulait qu'ils fussent en même temps fastueux et simples, effacés et magnifiques ; un excès de somptuosité, ou, au contraire, un soupçon d'avarice pouvait leur coûter cette popularité qu'il fallait entretenir et mériter de nouveau chaque jour. Le pape Pie II Piccolomini, lui aussi homme de grand savoir et de goût raffiné, écrivait à Cosme : « De la royauté il ne te manque que le nom », mais la puissance du nom était si forte que la domination des Médicis sur Florence dépendait du bon vouloir du peuple et n'avait rien de commun avec l'autorité de l'empereur, du roi de France ou du roi de Naples, qui étaient de droit divin.

Si à Florence, plus qu'ailleurs, la *vox populi* était vraiment *vox Dei*, le dernier mot appartenait à la plèbe qu'un coup de mauvaise humeur rendait capable, du jour au lendemain, de défaire ses favoris et de les renverser. Précaire et fragile trône que celui édifié sur le consentement de la masse ; les politiciens aristocratiques qui prétendaient se passer de ses suffrages tentaient vainement de prolonger un gouvernement d'arrogance et de violence qui ne s'était jamais solidement enraciné en Italie, étrangère à la féodalité, et fermement attachée au système des communes. Il en résultait que seuls pouvaient aspirer au pouvoir ceux qui, assez habiles pour ne pas contraindre le peuple, savaient le convaincre et le pousser à décider lui-même ce que, eux, voulaient obtenir. La propagande, la publicité, constituent, dans toutes les démocraties, le plus utile moyen d'action puisqu'elles persuadent sans ordonner. Dès le début de leur entrée dans la politique (et s'occuper d'affaires dans une ville comme Florence, c'était nécessairement s'occuper de politique, puisqu'elles étaient inséparables dans le succès comme dans l'échec), les Médicis avaient joué la carte populaire conformément à la psychologie d'une époque qu'enfiévrait le mot « liberté ». Ce mot était écrit sur les bannières et les écussons de la cité, comme l'émanation directe et efficace de la volonté de tous, mais sur les armoiries des Médicis, devenus chefs de « tous », on voyait les besants, c'est-à-dire l'emblème même de la puissance financière. D'un côté, la susceptibilité démocratique, ombrageuse, soupçonneuse, de la plèbe, entêtée à se sentir libre (ou à conserver, comme une réalité factice, l'illusion de la liberté) ; de l'autre côté, l'omnipotence, littéralement, de l'argent qui manœuvre à son gré l'opinion publique. La manière dont Cosme orienta et mania cette opinion publique dont dépendait son autorité, et par conséquent aussi sa richesse, démontre le rare génie de cet homme et la méthode tenace et prudente qu'il employa sa vie durant.

Ne pas se faire remarquer comme quelqu'un qui voudrait « s'élever au-dessus des autres », mais aussi ne jamais laisser oublier un seul jour qu'il possédait la plus grosse fortune de Florence et, par là, le moyen d'action irrésistible, furent sa constante pensée tout au long de son règne. Les Florentins, hostiles aux titres nobiliaires, étaient sensibles au prestige bourgeois, conformément à ce goût de l'égalitarisme qui permet aux pauvres de pardonner la richesse aux privilégiés de la vie, car ils savent qu'un coup d'habileté ou de hasard pourrait les rendre riches, eux aussi, mais rien ne ferait d'eux des gentilshommes. Le *popolo grasso* et le *popolo minuto*, les banquiers et les artisans de la plus infime catégorie, seule une question de degré les sépare : un abîme isole le noble du roturier. Abîme moral, certes, et de pure forme, mais les Florentins l'ont ressenti comme une écharde dans leur chair, et, comme toutes les démocraties, ont préféré un bourgeois opulent à un aristocrate désargenté. Être roi, sans droit divin, sans onction sacrée, sans élection, mais seulement parce que le peuple l'accepte et de bonne grâce « ferme les yeux », impose une incessante surenchère de prestige, mais de prestige agréable au peuple, compris et admis par lui.

Jouer de l'appui populaire contre sa propre classe fut une carte majeure de cet homme d'affaires sagace et temporisateur, fidèle en cela aux traditions de sa famille depuis près de deux siècles : *popolano* à l'écart des *ottimati*, contre les *ottimati*, il n'a jamais changé de position quoique parvenu à une autorité « royale », sans titre, sans couronne. Ce fut comme s'il disait à la plèbe : c'est vous qui m'avez permis de devenir ce que je suis, vous pouvez me rejeter et me ruiner demain, n'oubliez pas que je suis des vôtres, que je travaille pour vous. Comment les classes artisanales n'auraient-elles pas été flattées et reconnaissantes envers un chef aussi modeste ? Machiavel avait raison d'écrire, dans son *Discorso sopra il reformare lo Stato di Firenze*, « les Médicis qui gouvernaient alors, élevés et nourris avec leurs concitoyens, les gouvernaient avec une telle familiarité qu'ils la ressentaient comme une grâce. » Chaque mot de cette phrase frappante de vérité doit être retenu et médité. Les Florentins, si ombrageux de tout ce qui paraissait devoir attenter à ce culte absolu qu'ils portaient à l'idée de liberté, plus encore qu'à l'exercice de la liberté elle-même, frappés d'autant de contraintes sous le gouvernement des Médicis que sous aucun autre, leur savaient gré de « n'être pas fiers », de ne pas rendre pénible à un boulanger ou à un cardeur de laine la différence de fortune qui faisait de l'un un magnat de la finance et du commerce, de l'autre un prolétaire. L'aspect débonnaire que l'on voit à tous les portraits de Cosme lui était-il naturel et émanait-il spontanément de sa réelle personnalité, ou n'était-il qu'un masque ? Son amour pour la campagne, le plaisir qu'il avait à travailler de ses mains dans ses jardins de Cafaggiolo, de Careggi, étaient-ils sincères, ou les fréquents séjours dans ses villas rustiques et raffinées en même temps, ne lui permettaient-ils pas, fort opportunément, d'être absent de Florence dans des circonstances où sa présence aurait été gênante pour lui ?

La dure volonté de puissance, l'implacable sévérité qui se lisent en transparence sous l'apparente bonhomie, la faculté de dominer sa mansuétude coutumière pour se montrer cruel à bon escient, l'éclat du geste brutal et même féroce dans les affaires et dans la politique, ressortent singulièrement dans les actes du Père de la Patrie revenant d'exil. Il sait que dans la répression des nobles, il a le peuple avec lui. Il prétend qu'il y a eu complot contre sa vie ; il désigne du doigt les coupables : les plus grands noms de Florence, Albizzi, Peruzzi, Strozzi. Une proscription massive suivit, comparable à celles de Sylla dans la Rome antique, à cette exception près, souligne Machiavel, qu'il y manqua le sang, la déportation et l'exil suffisant à la vengeance du Médicis, sensible à ce vieux précepte de la sagesse politique, dont la validité reste immuable : que les ennemis d'aujourd'hui peuvent devenir les amis de demain, et qu'il ne faut pas laisser se créer l'irréparable. On peut donc croire que Cosme ignora – ou s'il ne les ignora pas – laissa commettre, sous prétexte de justice rendue, des cruautés abominables et souvent inutiles, ou excessives étant donné le degré de culpabilité de la victime. Machiavel reconnaissait qu'il était nécessaire pour un prince « de savoir utiliser la bête et l'homme », qu'il justifiait en prétendant que

« c'était ce que les Anciens avaient voulu dire avec la fable d'Achille élevé par le centaure Chiron ». Guichardin, lui aussi homme de grand savoir et de profonde expérience, instruit également par les chroniques florentines, énonce une opinion semblable : « Tous les États sont violents, et il n'y a pas de puissance qui soit légitime ; ni celle de l'empereur qui est fondée sur l'autorité des Romains, qui fut plus grande usurpation qu'aucune autre ; ni celle des princes dont la violence est double parce qu'à nous tenir sous eux ils usent des armes temporelles et spirituelles. »

Peu d'époques, semble-t-il, autant que celle de la Renaissance, qui atteignit les plus hauts sommets dans la pensée, l'art, le raffinement de la vie de tous les jours, déployèrent autant de brutale sauvagerie et de cruauté savante. Les hommes de ce temps-là avaient un tempérament impulsif et violent, des passions indomptées, et une possibilité d'amour, de désir et de haine portée à l'absolu. Rien n'excuse les horreurs commises après le retour de Cosme par ses partisans, mais il ne faut pas oublier que tous les « tyrans » italiens de la Renaissance agissaient de cette manière ; plus leur pouvoir était précaire moralement, et appuyé uniquement sur la force, plus il était nécessaire que cette force se fît craindre et provoquât une terreur spectaculaire, qui avait valeur d'exemple. Exemplaire fut le châtiment de Ramiro dell'Orco quand César Borgia fit couper en deux le corps de ce gouverneur félon, ou soupçonné de trahir. Le duc de Milan Gian Galeazzo Sforza fit couper les deux mains à un certain Petrino da Castello simplement parce qu'il l'avait vu causer avec sa maîtresse, et enterrer vivant Pietro del Drago dont, justement ou à tort, il se méfiait, et Sforza est assassiné à son tour, dans l'église Sant'Ambrogio de Milan, en 1476, par des conjurés que conduisent Giacomo Girolamo Olgiati et Gianandrea Lampugnani.

Rares sont les « tyrans » qui meurent paisiblement dans leur lit. Le pape Alexandre VI est empoisonné : son fils César Borgia, devenu un obscur soldat de fortune, tombe sur un champ de bataille espagnol. Le prince de Faenza, Galeotto Manfredi, est poignardé par sa femme ; celui de Fermo, Giovanni Frangiani, par son neveu ; celui de Forli, Girolamo Riario, par des conspirateurs. Un de ses familiers empoisonne Sigismondo Malatesta, dont on disait que les crimes ne se comptaient pas, et qui avait violé sa fille et son gendre. Le roi de Naples, Ferrante d'Aragon, fut, au dire de l'historien Commines, qui le connaissait bien, un monstre de méchanceté sadique et de duplicité ironique : il coupait la tête de ses victimes, et la faisait saler. Il embaume et habille les cadavres des gens qu'il tue et les installe ainsi, debout le long des murs d'une galerie où il aime à se promener, ou bien il visite ses prisonniers enfermés dans des cages, et les taquine avec de grands éclats de rire. Pour se venger de la Seigneurie de Venise, avec laquelle il est en procès, il verse un jour du poison dans tous les bénitiers des églises de cette ville. Ainsi mérita-t-il le portrait que Commines traça : « Nul homme n'a été plus cruel que lui, ni plus mauvais, ni plus vicieux, ni plus infect, ni plus gourmand que lui. » Quand les portes de son palais se refermaient derrière les personnes qu'il invitait à souper, on n'était jamais certain de les revoir vivantes. Ainsi, l'historien de la Renaissance italienne, Jakob Burckhardt, avait-il raison d'écrire : « Dans les différents États italiens du XVe siècle, le bien et le mal se trouvent mélangés dans une bien singulière proportion. La personnalité des princes devient si remarquable, souvent si imposante, si caractéristique pour la situation qu'ils ont et pour le rôle qu'ils doivent remplir que le jugement moral risque d'y perdre ses droits. »

Comment, en effet, juger selon l'éthique de valeurs d'une morale absolue les actes accomplis durant des périodes troubles, où la puissance s'appuyait sur l'arbitraire ou la ruse, la violence ou les faux-semblants ? Cosme ne fut ni plus ni moins « moral » que la plupart de ses contemporains : faisons-lui un mérite d'avoir été moins aveuglé par les passions que les Visconti, les Borgia, les Malatesta ou les Sforza, et de s'être laissé conduire par la raison plus que par l'instinct. Derrière toutes les révolutions s'accomplissent, dans la pénombre, les vengeances privées, les « règlements de comptes », les assassinats pour l'intérêt personnel des subalternes. Ainsi la rentrée triomphale du Père de la Patrie fut-elle accompagnée, sans qu'il l'apprît probablement, du meurtre de quelques petites gens, de femmes, d'enfants même, dit-on ; mais les chefs de la faction adverse gagnèrent paisiblement Rome, Venise, ou Gênes : tout au plus peut-on remarquer que les sentences de bannissement étaient à très long terme et qu'aucune ne fut abrégée. Comparé aux autres « tyrans » – encore faut-il rappeler que ce mot n'est pas plus péjoratif qu'il ne l'était quand il désignait les autocrates des cités grecques de l'Antiquité, – Cosme se distingue par sa mansuétude et sa modération ; il n'a pas fait verser le sang, ce qui est tout à fait exceptionnel dans les cités italiennes de ce temps-là où le poignard et le poison étaient des instruments de gouvernement fréquemment employés. Tous les éloges qu'on lui donne, à cet égard sont donc mérités et en particulier celui de

Commines qui le voit exercer « une autorité douce et aimable et telle qu'elle convient à une ville de liberté ». S'il n'opprima pas ses concitoyens par les armes, il les écrasa toutefois sous le poids de son or ; ce qui est une manière moins douloureuse de voir restreindre, ou même abolir, les libertés civiques.

Dans le domaine économique et politique, Cosme entreprit, dès son retour au pouvoir, une série de réformes appelées à renforcer sa popularité. Il modifia une fois de plus l'assiette du *catasto* qui avait été déjà l'objet de la sollicitude de son père ; il le voulut progressif, c'est-à-dire qu'on distinguait diverses catégories sociales qui, d'après leurs revenus réellement constatés ou arbitrairement fixés (ce qui permettait toujours d'avantager ses amis sous l'apparence de l'impartialité), étaient taxées de quatre pour cent à cinquante pour cent. Cette mesure fiscale paraissait équitable puisque, théoriquement, les citoyens les plus riches payaient le plus d'impôts, mais, en réalité, il existait des moyens de se soustraire aux investigations des contrôleurs. Grâce à Cosme, les plus basses classes sociales se virent faciliter l'accès aux hautes fonctions qui, dans cette société démocratique, étaient l'objet de l'ambition de tous, mais il corrigea aussitôt ce que cette mesure pouvait avoir de démagogique et de dangereux, puisqu'on appelait à des postes clefs des hommes n'ayant aucune expérience des affaires et de la politique, en donnant à ce que l'on appelait les *pratiche* une grande part de l'autorité confiée jusque-là aux conseils. Sous les régimes précédents on avait fait un usage exceptionnel des *pratiche*, choisies par le souverain et non élues, composées d'experts, de praticiens, dont la compétence suppléait à l'ignorance des membres des assemblées. Cosme fit de l'exception la règle et institua des *pratiche* à demeure qui l'entouraient d'hommes exclusivement nommés par lui pour une durée indéterminée.

En compensation de ses largesses envers le prolétariat et parce qu'il croyait à l'efficacité d'une politique de balance, d'équilibre des pouvoirs, il fit contrepoids à cette prolétarisation partielle du gouvernement, en permettant à quelques-uns des « nobles » qui ne s'étaient pas gravement compromis contre les Médicis de reprendre part à l'administration de la cité. Cette mesure pouvait être, à bon droit, nommée révolutionnaire puisque depuis un siècle et demi l'aristocratie avait été exclue des fonctions, mais Cosme l'aurait expliquée, – si quelqu'un avait eu l'audace de lui demander de la justifier, – en disant que la leçon avait profité à ces « nobles » qui n'étaient plus à craindre, maintenant, pour la « liberté ». En réalité, il se garantissait un soutien, de la part de cette « droite », contre un revirement d'opinion de la « gauche », et une insurrection possible du prolétariat : on l'avait bien vu lors du tumulte des Ciompi.

Cette habileté à louvoyer entre les partis, en se ménageant des appuis dans toutes les classes, attestait un génie politique d'une rare excellence. Cosme exerça ainsi une véritable dictature sans qu'on lui reprochât jamais un abus de pouvoir. « C'était un simple particulier qui est devenu le souverain de ses concitoyens en les rendant plus heureux », disait Jean-Jacques Rousseau à Bernardin de Saint-Pierre. On lui doit, notamment, l'organisation de ces « assurances au mariage », fréquentes dans les cités italiennes de ce temps-là, qui avaient pour objet de constituer aux filles une dot : à la naissance de la fille on versait une certaine somme, qui était, au moment du mariage, remboursée plus les intérêts composés ; la mortalité infantile étant énorme en ce temps-là, la jeune épousée recevait souvent cinq fois plus que ses parents n'avaient payé. Cosme groupa ces sociétés d'assurances en un organisme d'État, le *Monte delle Doti*, qu'il subventionna généreusement de son propre argent.

Malgré son comportement modeste, la simplicité de ses vêtements, et la facilité que n'importe qui avait de l'aborder, Cosme savait être fastueux quand il fallait, soit qu'il reçût des étrangers de marque, soit qu'il voulût étonner le peuple et le divertir. La sobriété des mets était de tradition sur les tables toscanes, même dans des repas de cérémonie, mais la frugalité de la nourriture était compensée par le luxe extraordinaire du couvert ; la vaisselle, l'argenterie, les surtouts de cristal et de vermeil, les pierres dures gravées décoraient à profusion les buffets, et tout cela était du goût le plus sûr et le plus exquis, sans rien qui dénonçât le « parvenu ». De même, les fêtes populaires, destinées à divertir la foule, car c'était un trait heureux du caractère des Florentins que les plus pauvres prenaient plaisir à voir les riches s'amuser, pourvu qu'ils donnassent le spectacle de leurs amusements. Selon l'habitude italienne, tout se passait dans la rue, et Cosme savait que la plèbe ne se révolterait pas aussi longtemps qu'on la tiendrait en haleine par des fêtes ; c'est la raison pour laquelle les exécutions elles-mêmes s'entouraient d'une pompe lugubre et féroce qui fascinait les assistants, au même titre que les processions religieuses où défilaient les pénitents en cagoule, les flagellants, à la suite des cardinaux vêtus de pourpre et des évêques mitrés. Les « Triomphes » composés par des artistes humanistes conformément aux types fixés par Pétrarque, Triomphe de l'Amour, du Temps, de la Mort, de la Chasteté, provoquent parfois de véritables paniques dans l'assistance, tant la victoire de la Mort, représentée sous l'aspect d'une vieille femme hirsute et décharnée, ou d'un squelette, la faux à la main, s'entoure d'une macabre horreur.

Alternant avec ce « théâtre de la peur » qui devait exciter chez les assistants la terreur de la mort et de l'enfer, et les pousser au remords et à la pénitence, d'autres cortèges, ceux des « entrées royales » à l'occasion des visites de papes ou de princes étrangers, ressemblaient bizarrement à des cavalcades de cirque, suivies d'animaux exotiques. La population florentine tout entière tirait avantage de ces visites qui amenaient dans la ville une foule de personnes, prêtes à dépenser largement leur argent en soieries, orfèvreries, œuvres d'art, bijoux, mais le côté spectaculaire de ces manifestations aurait suffi, déjà, hors de tout bénéfice commercial, à accroître la popularité de l'homme qui en donnait la réjouissance. C'est un phénomène curieux que de voir les Florentins ignorer les sentiments d'envie et de jalousie, si naturels chez les déshérités qui regardent les riches faire ripaille. Au lieu de se cacher à l'intérieur des maisons, toutes portes closes afin d'éviter une curiosité malveillante, les fêtes avaient lieu sur les places et dans les rues, et Giovanni Villani rapporte dans sa *Cronica*, comme un événement normal, que, au printemps de 1283, un millier de jeunes gens et de jeunes filles, vêtus de blanc, et conduits par un personnage figurant l'Amour, avaient deux mois durant festoyé en plein air, dansé, donné des carrousels, des banquets et toutes sortes de festivités. Quand le pape Pie II, qui était l'humaniste Æneas Sylvius Piccolomini, poète de grand talent et mécène d'une extrême prodigalité (il fit construire une ville tout entière, que l'on nomma Pienza en son honneur, à la gloire de sa famille et de lui-même), vint rendre visite à Cosme, on le reçut avec une pompe extraordinaire, en 1459. On lit, dans les *Storie* de Giovanni Cambi, la description d'un bal magnifique, donné sous la colonnade du Mercato Vecchio, entouré, pour la circonstance d'une palissade recouverte d'étoffe, « avec, autour, des bancs recouverts de tapisseries, et il y fut à danser soixante jeunes hommes florentins des premiers citoyens et des plus aptes à danser, richement ornés de perles et de joyaux, et beaucoup de gentilles filles et jeunesses aptes à danser ; et ceux qui dansaient changèrent souvent d'habits pendant la journée, et tous les seigneurs ambassadeurs y assistaient et il y avait beaucoup de cardinaux parmi eux ».

À cette occasion on reprit la tradition des combats d'animaux, hérités des jeux du cirque étrusques dont les Romains s'étaient inspirés et l'on vit combattre en une seule journée dix lions, trois loups, quatre taureaux, deux buffles, une vache, un sanglier, un veau, une girafe, les bêtes exotiques provenant, bien entendu, du zoo personnel des Médicis, la girafe étant un cadeau du sultan Bajazet. Cosme entretenait de bonnes relations avec l'Orient, d'où il faisait venir la soie brute qui étaient travaillés ensuite dans les ateliers florentins. Afin de se libérer, au moins dans une certaine mesure, de la dépendance où il se trouvait pour cette importation de la soie, il essaya d'encourager en Toscane l'élevage des vers à soie, et pour cela il obligea tous les paysans des territoires florentins à planter sur leur *podere*, un certain nombre de mûriers, dont le nombre variait suivant la superficie de la propriété. Parmi les marchandises que l'on faisait venir d'Asie et d'Afrique, on s'étonnera de voir figurer des esclaves. Que l'esclavage fût si bien en usage dans l'Italie du XVe siècle, où une si grande hauteur de pensée avait été atteinte, et que personne, parmi les humanistes, ne le blâmât ni même n'en parût choqué, ou étonné, prouve la vivacité des contrastes qui existaient dans cette société de la Renaissance. On en faisait venir des pays noirs, d'Asie Mineure, mais aussi de Russie ; les Circassiennes étaient particulièrement recherchées, dont on louait la beauté, et ce fut d'une de ses esclaves circassiennes que Cosme eut un fils, Charles, qui occupa d'importantes fonctions à Prato où son portrait a été peint par Filippo Lippi, parmi les personnages qui assistent à la danse de Salomé, et parmi les spectateurs du martyre de Saint Etienne, dans les fresques de la cathédrale de Prato. Ce fut le seul enfant naturel qu'on lui connaisse ; de sa femme, Contessina de Bardi, il eut deux fils : Jean, brillamment doué, dont il souhaitait faire son héritier, qui mourut trop jeune pour lui succéder – il existe un beau buste de lui par Mino da Fiesole au Museo Nazionale de Florence – et le maladif Pierre, que l'on surnomma *il Gottoso*, le Goutteux, et qui fut le père de Laurent le Magnifique.

Qu'un homme aussi pieux, et de mœurs aussi dignes que Cosme eût des concubines ne choquait pas le peuple florentin : l'Italie a toujours été indulgente à l'égard des fautes de la chair. On cite comme un exemple de cette indulgence la bienveillance que le Père de la Patrie conserva au peintre Filippo Lippi (vers 1406-1469), malgré le scandale que celui-ci causa, et dont Florence s'amusa au lieu de s'en indigner. Lippi, dit la tradition, était très amoureux de belles femmes, et il fallait l'enfermer dans son atelier pour l'empêcher de perdre son temps avec elles. Un couvent de religieuses lui ayant commandé un tableau représentant la Vierge, l'artiste demanda que la plus jeune et la plus jolie des nonnes servît de modèle. Il s'éprit d'elle si fort qu'il l'enleva de son couvent, eut d'elle un enfant, qui allait être peintre lui aussi, Filippino Lippi, et l'épousa, Cosme étant intervenu auprès du pape, en sa faveur, afin que la religieuse fût relevée de ses vœux.

Cette tolérance charnelle n'affecte en rien la distinction des mœurs et l'orthodoxie de la foi qu'il montra, sa vie durant. Il avait fait construire, ou agrandir, à ses frais, la Badia de Fiesole et le couvent de San Marco à Florence : il y avait sa cellule, où il se retirait fréquemment pour méditer et se reposer des affaires temporelles. Son assiduité aux entretiens de l'Académie platonicienne qui se réunissait soit dans les jardins de Careggi ou de Cafaggiolo, soit dans le palais de Via Larga, prouve l'intérêt qu'il portait aux choses de l'esprit. L'hospitalité qu'il offrit aux humanistes, aux savants, aux artistes, a fait de lui le type parfait de ce qu'on appellera au XVIIIe siècle, le « monarque éclairé ». Sa libéralité, pour les œuvres d'art et de charité était si large qu'il dépensa en moins de trente ans six cent mille florins d'or : si l'on calcule que cette somme était le double du budget public annuel de Florence, on estime à sa juste valeur la générosité d'un simple citoyen capable de pareilles munificences. Il créa des bibliothèques publiques des auteurs classiques de l'Antiquité que ses agents recherchaient à grand-peine et à grands frais dans toutes les villes d'Europe, et l'on cite comme un admirable exemple de sa dévotion aux manuscrits que de difficiles négociations politiques avec le royaume de Naples, menaçant d'aboutir à une guerre, n'aboutirent que parce que Cosme accepta de se défaire en faveur du roi Ferrante d'Aragon d'un manuscrit précieux de Tite-Live que ce monarque convoitait.

On voit que Cosme avait bien mérité le titre de « Père de la Patrie » par sa politique intelligente et prudente, par son habileté de diplomate et l'adresse avec laquelle il maniait la bienveillance et la sévérité. On a dit de lui qu'il fut le « premier apôtre de la Renaissance » et, par surcroît, un grand homme d'État, prodigue de son argent mais ménager de celui de la République, ennemi de la guerre mais empressé à gager les meilleurs *condottieri* pour intimider et (s'il ne pouvait pas les intimider) vaincre ses adversaires.

Les surnoms, comme les oraisons funèbres, ont leur éloquence. L'opinion publique avait largement ratifié le titre de *Pater Patriae*, décerné à Cosme par les humanistes ; le peuple, en revanche, manifestera le peu d'attachement et le peu de sympathie qu'il éprouve pour le fils qui lui succède, en soulignant ses défauts physiques et son manque de santé. Pierre de Médicis s'est vu accoler cette dénomination avec laquelle il est entré dans l'histoire : le Goutteux, *il Gottoso*. Ses portraits accentuent l'épaisseur lourde du visage, le cou massif qui ferait soupçonner un goitre, les paupières tombantes qui donnent un air endormi et hébété. On ne connaît que ses déficiences : on veut ignorer ses qualités. Ce qu'on lui reprochait surtout, c'était d'usurper la place de celui que, dans son cœur et dans les confidences qu'il faisait à ses amis, Cosme s'était choisi comme héritier : Jean, un homme aimable, brillant, séduisant. Malheureusement, l'élu était mort en 1463, deux ans donc avant son père qui ne s'était pas consolé de sa perte et qui envisageait avec appréhension la lourde succession qu'il laisserait à Pierre. Celui-ci pourtant, en dépit de son apparence désavantageuse, ne manquait ni d'intelligence ni de talents. C'était un homme mûr, âgé de quarante-huit ans, possédant une profonde expérience des affaires, une riche culture nourrie par la fréquentation des humanistes. Sa sensibilité, vive et émouvante, se manifeste particulièrement dans le récit qu'il a laissé de la mort de son père. « Il avait commencé par nous raconter sa vie depuis qu'il avait débuté dans les affaires, il nous avait expliqué comment et pourquoi il avait agi de telle manière dans telle circonstance, exposant l'état de ses affaires domestiques et me donnant des conseils de prudence. Lui-même, disait-il, regrettait deux choses : de n'avoir pas fait tout ce qu'il aurait pu faire et de me laisser une charge si lourde alors que j'étais en mauvaise santé. » Après avoir fixé lui-même le détail de ses obsèques, modestes, recueillies, avec peu de clergé et peu de cierges, Cosme s'éteignit. Son fils avait été si bien réconforté par ces dernières paroles que, Fabroni le rapporte textuellement, il en avait reçu une grande douceur : « Tout cela avait tourné mes espoirs vers Dieu, et, malgré mon grand chagrin, je ressentis une grande joie en voyant combien l'âme de mon père était grande, et bienveillantes ses dispositions à mon égard. »

Malheureusement, Pierre ne savait pas juger les hommes, écouter les uns et se méfier des autres, aussi sagacement que le faisait le Père de la Patrie. Il eut l'imprudence de faire confiance à un Florentin de grande intelligence, mais aussi rompu à toutes les intrigues et plein de ruses : Diotisalvi Neroni. Neroni était un de ces Toscans fins et aigus, tout en pointe, avec des lèvres saillantes et pincées, le nez mince, la bouche ironique, les yeux pétillants de malice, comme nous le montre son buste par Mino da Fiesole. Très cultivé, brillant en affaires, impatient de jouer le rôle politique de premier plan que Cosme ne lui avait pas permis de prendre, Neroni louvoyait entre les deux partis qui se disputaient le pouvoir, la Montagne et la Plaine. La Plaine rassemblait les partisans des Médicis : on les appelait ainsi parce que le palais médicéen de Via Larga était placé dans la partie basse de Florence : Luca Pitti s'étant fait construire une demeure magnifique sur l'autre rive de l'Arno, sur une hauteur d'où on dominait la ville, ses amis avaient pris le titre de Poggio, montagne, colline, élévation. La banque Pitti redoutait la concurrence de la banque Médicis, et ne craignait pas d'utiliser des sources de richesses assez suspectes pour accroître son prestige et sa puissance. Aussi longtemps que Cosme avait vécu, les entreprises des Pitti s'étaient déroulées dans une ombre protectrice, évitant tout éclat. Elles avaient gagné à la cause du Poggio des hommes éminents et respectés comme Niccolò Soderini et Agnolo Acciaiuoli, dont on connaissait le patriotisme civique et dont on pouvait penser que leur hostilité au règne de Pierre venait de la crainte que l'on avait de son impuissance à gouverner aussi fermement que son père. Les Pitti parvinrent aussi à circonvenir Neroni, quoique, s'il faut en croire Machiavel, et nous n'avons aucune raison de douter de lui, Cosme ait expressément chargé Diotisalvi de veiller sur Pierre et de le guider, et le soutenir, au moment même où il allait rendre le dernier soupir.

La première erreur de Neroni, de connivence avec Pitti et le gonfalonier Soderini, fut de pousser le Goutteux à agrandir ses domaines immobiliers ; la terre, disait-il, est plus stable et plus solide que l'argent. La banque devait se faire rembourser ses créances et en convertir le rapport en immeubles et en champs ; cette mesure, maladroite et impopulaire, mécontenta les débiteurs des Médicis, auxquels jusqu'alors on avait toujours laissé de longs délais. Certains, lourdement endettés, risquaient la faillite s'ils étaient obligés de réaliser immédiatement tout leur avoir. Les familles les plus considérées, dont l'honorabilité et le crédit étaient reconnus par tous, couraient à la ruine. Pendant que Neroni poussait, traîtreusement, la banque Médicis à sa perte, le gonfalonier Soderini, se réclamant de cette liberté, au nom de laquelle tous les tyrans, aristocratiques ou plébéiens, ont opprimé Florence, et dont le nom décorait en lettres rouges les écus de la Seigneurie, amenait aux principales fonctions des hommes à lui, réunissait des *balie* qui votaient sur ordre et truquaient les *bourses* lors des élections. Évincés du gouvernement, privés du pouvoir par les manœuvres politiques de Soderini, abandonnés par leurs partisans et leurs clients qui annonçaient le proche effondrement de la banque, les Médicis couraient tous les dangers qui menacent un homme sous un régime démocratique : les conséquences immédiates de l'impopularité, la proscription, la confiscation des biens, le bannissement, peut-être même la mort.

Pierre le Goutteux évita la catastrophe avant qu'elle devînt inévitable ; il suspendit la réclamation des créances, gagna quelques alliés dans les familles qui hésitaient encore à marcher avec la Plaine ou avec la Montagne. Pitti et ses conjurés voyant que la ruse échouait décidèrent d'employer la force : ils firent entrer dans Florence des bandes armées, composées pour la plus grande partie de mercenaires étrangers, et tentèrent de compromettre les Médicis dans des conflits avec les États étrangers. La République florentine, on le sait, était toujours exposée à la malveillance de Venise, de Gênes, de Sienne, de Naples ; on avait gardé de bons rapports avec Milan en donnant à son duc, François Sforza, une riche *condotta*. Mais François venait de mourir ; fallait-il reconduire avec son fils, Galeazzo, le contrat passé avec le père ? Les Médicis refusant la reconduction, les Pitti se décidèrent en sa faveur. La guerre civile allait éclater, quand Pierre montra tout à coup une extraordinaire énergie et un génie politique qu'on ne lui connaissait pas. À force de cadeaux, de promesses, d'intimidations et d'exhortations, il fit passer dans la Plaine de nombreux soutiens de la Montagne ; la bourgeoisie commerçante lui rendit sa confiance. On célébra des cérémonies commémoratives en l'honneur du Père de la Patrie, qui rappelèrent tout ce que la cité devait aux Médicis. La chance amena à la fonction de gonfalonier un homme intègre, Roberto Lioni, qui n'était inféodé à aucun des partis. Constatant que les Pitti et leurs associés aspiraient à exercer une hégémonie antilibérale et que se dessinait ainsi, dans un avenir peut-être proche, la résurrection d'un gouvernement aristocratique, Leoni prit les devants. Il remplit de soldats le palais de la Seigneurie, fit sonner la grosse cloche qui appelait le peuple à se rendre sur la place, et obtint d'une *balia* bousculée, gagnée à ses projets et terrorisée, des mesures d'urgence : il n'y aura plus d'élections pendant dix ans, les fauteurs de troubles seront punis. Pierre le Goutteux prit l'initiative des opérations de protection civique, il fit fermer les portes de la ville pour empêcher les suspects de s'évader ou de faire entrer en fraude des complices ; on lui remit les clefs qu'il plaça sur sa table. Le peuple lui avait restitué en un seul jour toute l'affection qu'il portait depuis des siècles aux Médicis, et dont sa faiblesse l'avait privé. Quand la foule apprit que le fils de Cosme avait failli être victime d'un attentat, alors qu'il revenait en hâte de Careggi à Florence pour se mettre à la disposition de la patrie en danger, elle réclama la mort des coupables.

Le Goutteux n'en demandait pas tant ; l'expérience de ses ancêtres lui avait appris qu'une cruauté excessive « ne paie pas ». Exilés, les gens de la Montagne ne seraient pas inoffensifs, mais, privés du contact avec le peuple, ils ne pourraient plus manœuvrer celui-ci. Bannis pour vingt ans, Diotisalvi Neroni en Sicile, Niccolò Soderini en Provence, Agnolo Acciaiuoli dans les Pouilles, le complot antimédicéen avait fait long feu. Quant à Pitti, qui était à l'origine des désordres, il vint faire amende honorable et battre sa coulpe : il en fut récompensé en recevant son pardon, en échange duquel il promit fidélité au nouveau maître de la ville.

Pierre le Goutteux mourut le 4 novembre 1469, laissant deux fils : Laurent, qui avait seize ans et qui fut appelé plus tard Laurent le Magnifique, et son cadet de quatre ans, Julien. Quoiqu'il fût encore très jeune, Pierre le Goutteux avait pris la précaution de marier l'aîné, cinq mois avant qu'il mourût lui-même, avec une princesse romaine, Clarissa Orsini. Les Florentins voyaient d'un mauvais œil les « mariages étrangers » ; s'allier à une famille aristocratique, comme l'était la vieille dynastie romaine des Orsini, c'était manifester cette ambition de

« s'élever au-dessus des autres » que l'égalitarisme toscan ne pardonnait pas. On n'en tint pas trop rigueur à Pierre, pourtant, considérant que son règne était bienfaisant. Il avait rendu la paix à l'Italie après une année de guerre au cours de laquelle les États ennemis de la République s'étaient associés pour tenter de l'écraser, excités contre elle par les intrigues que menaient les bannis impatients de rentrer en vainqueurs et en maîtres dans la ville d'où la proscription, consécutive à la conjuration des Pitti, les avait chassés. Venise, naturellement – la grande rivale dans le domaine du commerce et des affaires extérieures, – Pesaro, Forli, Ferrare, Faenza, avaient rassemblé leurs régiments sous le commandement d'un *condottiere* illustre, Colleone, auquel la Sérénissime fit élever par Verrocchio un monument commémoratif qui est la plus belle statue équestre de l'Antiquité et des Temps modernes. Jamais, disent les contemporains, on n'avait vu des troupes aussi nombreuses conduites par un capitaine aussi valeureux.

Florence répondit à cette coalition en s'attachant Milan et Naples que, fin diplomate, Pierre, à force d'habileté, finit par convaincre de s'unir à lui. La guerre fut longue et dure ; ce fut sur le champ de bataille de Montefeltro qu'elle prit fin, le 23 juillet 1467, quoique l'issue de la rencontre restât indécise, les deux adversaires ayant couché sur le champ de bataille. Les chroniqueurs font honneur à Colleone d'avoir, à cette occasion, employé pour la première fois ce genre de pièces d'artillerie assez légères et mobiles appelées espingardes, au grand scandale des *condottieri* de la vieille école qui jugeaient déloyales et déshonorantes les armes à feu. Il ne semble pas, toutefois, que cette artillerie ait été très meurtrière, s'il faut en croire Machiavel, puisqu'il n'y eut pas un homme tué. Cette assertion paraît plus vraisemblable à qui connaît la discrétion que les *condottieri* apportaient à ménager le « matériel humain » de leurs confrères engagés dans l'armée ennemie, que les exagérations d'historiens comme Ammorati et Sabellico. Si les soldats s'étaient jetés les uns sur les autres en criant : « Massacre, massacre ! » ce n'était là qu'une figure de rhétorique, une coutume traditionnelle, qui n'impliquait pas un désir véritable et effectif d'anéantir l'adversaire. Cela est si évident que, la bataille finie, on vit les chefs se rendre visite amicalement, d'un camp à l'autre, et les hommes qui quelques heures plus tôt se juraient de s'entre-tuer fraterniser sans aucun scrupule.

Les vrais perdants, en cette aventure, furent les opposants du clan des Pitti qui virent augmenter de dix ans la durée de leur bannissement, la confirmation de la privation de leurs biens et de l'interdiction qui leur était faite de n'occuper aucune charge publique quand ils rentreraient à Florence leur temps d'exil achevé. Le calme revenu dans la ville, la prospérité assurée, la dynastie solidement assise par le mariage du « prince héritier », Pierre pouvait avoir la fierté de constater que, malgré son mauvais état de santé, il avait agi pour le bien de la communauté citadine en digne fils du Père de la Patrie, et mourir paisiblement, laissant entre les mains d'un garçon de seize ans l'opulent patrimoine de la famille et l'héritage politique, magnifique mais pesant dont, depuis Cosme, les Médicis portaient le fardeau.

Chapitre IV

L'HUMANISME À LA COUR DES MÉDICIS

La Renaissance est l'époque où les hommes de génie, de talent ou simplement même de goût et d'esprit se réjouissent le plus d'être au monde. Au « Quel plaisir c'est de vivre ! » de l'Allemand Ulrich von Hutten, les Italiens répondent par un chœur de voix enthousiastes et chaleureuses. Le *taedium vitae* des Anciens, le « mal de vivre » qui affectera les Romantiques, sont ignorés de ces hommes du XVe siècle, le splendide et bienheureux Quattrocento italien, pleins de curiosité, d'audace et d'impatience de découvrir des continents nouveaux dans tous les domaines de la science, de l'art, de la pensée philosophique, de la culture. C'est un pharmacien florentin, Matteo Palmieri (1405-1475), qui déclare : « Que celui qui a de l'esprit soit reconnaissant à Dieu d'être né en ces temps qui fleurissent de plus d'excellents génies qu'il n'y en a eu depuis mille ans. » La condition de Palmieri est caractéristique de l'évolution de la société florentine au temps des Médicis. Par sa profession il est *speziale*, c'est-à-dire littéralement : marchand d'épices, mais le *speziale* vend aussi toutes sortes de drogues pharmaceutiques, ce qui l'associe aux médecins, aux botanistes, aux chimistes et même aux alchimistes. Dans la boutique de Palmieri au Canto delle Rondine, autrement dit : au « Coin des hirondelles », à l'angle de deux rues très fréquentées, on rencontre de doctes personnages, et aussi des artistes puisque chez le *speziale* on peut acheter tous les produits nécessaires aux peintres. Matteo Palmieri, qui a un gros visage généreux et réjoui, est devenu l'ami des érudits et il est bien en cour auprès des maîtres de Florence. La porte du palais de Via Larga s'ouvre très largement devant quiconque possède un talent, et un boutiquier, comme l'épicier Palmieri qui sait bien son latin et discute de problèmes littéraires, est le bienvenu à la table des Médicis où s'asseyent aussi les jeunes artistes protégés par le grand mécène, en attendant leur gloire future.

L'illustre Philelphe (1398-1481) que, de Naples à Milan, les princes se disputent, loue, lui aussi, cette capitale des lettres et des arts. Il décrit en latin dans des lettres émerveillées, le luxe et le savoir des citoyens. « Florence me charme infiniment. C'est une ville à laquelle rien ne manque pour la grâce et la magnificence des édifices et pour la grandeur et la richesse des citoyens. Tous me chérissent, tous m'honorent, tous me portent au ciel en des louanges suprêmes. Mon nom est dans la bouche de chacun. Lorsque je me promène dans la ville, non seulement les premiers citoyens, mais encore les très nobles dames me cèdent le pas pour me rendre honneur. On me montre une telle déférence que j'en suis gêné. J'ai jusqu'à quatre cents auditeurs par jour, peut-être davantage, et pour la plus grande part, hommes d'importance et d'autorité. » Et pourtant, Philelphe avait pris parti contre les Médicis dans les querelles de partis, il avait quitté la ville quand Cosme y rentra en triomphe ; il va d'une cour à l'autre, flagornant les seigneurs de Milan, arrogant et provocant. « Cosme, lui arrivait-il de dire, a besoin du poignard et du poison contre moi ; contre lui mon génie et ma plume me suffisent. » Cosme , pourtant, ne prend pas au tragique les diatribes de Philelphe ; il n'y a pas une ville d'Italie, ni probablement même d'Europe, où l'on pratique une aussi large tolérance, et où les hommes d'esprit aient le droit de dire librement tout ce qu'ils pensent. Critiquer les « rois sans couronne » n'est pas un crime de lèse-majesté. Cosme et Laurent son petit-fils exerceront une très large tolérance à l'égard des satiristes qui se moqueront d'eux. Quand la puissance et la beauté atteignent à une pareille hauteur, dans la Florence de la Renaissance, la raillerie est sans effet.

Ces humanistes qui passent toute leur vie dans des livres anciens, scrutant les vieux textes, interprétant le grec et le latin, sont des intellectuels purs, dont le souci majeur est de se donner un protecteur riche qui leur procurera un abri, de l'argent, et les moyens de travailler. Ils ne se soucient pas d'autre chose. Philelphe en est un exemple frappant, qui écrivait à Palla Strozzi : « Je me suis entièrement consacré à écrire, de telle sorte qu'il me semble que je suis né non seulement pour les vivants, mais aussi pour la postérité. » Ignorant les troubles publics, les querelles des États, et les tensions de la politique étrangère, « tout notre zèle est avec les muses et avec ces arts et ces disciplines qui, éloignés du fracas des armes, tendent à vivre bien et à vivre heureux ».

Il y a cependant un revers à cette médaille : le danger, pour ces intellectuels de se détacher de la vie active, de ses joies et de ses chagrins, de ses difficultés et de ses réussites. L'humaniste risque ainsi de se déshumaniser, de devenir indifférent aux sentiments, aux émotions qui atteignent le commun des mortels, de se hausser au-dessus des passions, hors d'atteinte de tout ce qui peut troubler la quiétude de l'esprit et du cœur. La vie des lettrés du Moyen Âge, et celle de Dante en est la meilleure preuve, n'était pas consacrée uniquement aux délices des livres qu'on lit et des livres qu'on écrit ; ces hommes savaient vivre dangereusement. L'humaniste de la Renaissance, lui, comblé de ce confort benoît qu'on trouve auprès des Médicis, assuré des moyens de subsister, auquel on ne demande que d'instruire et de distraire des gens de goût, finit par ressembler, trop souvent, au portrait que trace de lui Vergerio (1370-1444), dans le *De ingenuis moribus* : « L'homme absorbé par les spéculations et la jouissance des lettres sera peut-être cher à lui-même, mais qu'il soit prince ou simple particulier, il sera peu utile à la cité. » Vergerio lui fait grief, en outre, de ce qu'« il n'entend rien à l'économie domestique, vit follement sans se soucier de ce qu'est l'honneur paternel et le bienfait des enfants, il ignore quel est le gouvernement le meilleur, de celui d'un ou de plusieurs, ou de celui de beaucoup ou de peu, il fuit la fatigue, affirmant que qui sert la commune ne sert personne, ne défend pas la République dans les conseils, ni ne la détend avec les armes. »

Il peut y avoir quelque excès et un abus des ombres dans ce portrait. Tous les humanistes ne sont pas aussi ignorants de la chose publique, mais ils ont tous, plus ou moins, tendance à vivre dans leur tour d'ivoire, et à Florence, il faut bien le dire, cette tour d'ivoire, c'est le palais de Via Larga et les villas toscanes, Poggio a Caiano, Careggi. On ne peut nier cependant qu'il y ait souvent une incontestable noblesse dans le détachement de ces hommes « qui entrent en érudition », comme on « entre en religion », et qui, leurs besoins immédiats satisfaits, sont généralement exempts d'ambitions vulgaires et de cupidité. Ainsi se forme une véritable aristocratie de l'esprit, en face de l'aristocratie de l'argent qui rassemble les familles riches de Florence, grands propriétaires terriens, banquiers, négociants, industriels, et qui se sait l'égale de l'aristocratie de sang, dont l'Italie, républicaine, démocratique ou soumise à la « tyrannie » des *condottieri* et des aventuriers qui se font princes à la pointe de l'épée, ne veut plus. Chacun d'eux, du plus humble des professeurs au génie le plus éminent, disons : Ficin (1433-1499) ou Pic de La Mirandole (1463-1494), loue Dieu – ou les dieux selon qu'il incline plus ou moins au paganisme – d'avoir fait de lui un « homme de la Renaissance » : le mot n'est pas encore en usage, *Rinascimento* ne deviendra commun qu'au XVIe siècle pour désigner ce qui s'est fait d'exceptionnellement grand en ce siècle et pendant le précédent. Toutes les voix s'accordent pour célébrer les louanges de ce Quattrocento florentin, médicéen, et c'est dans l'entourage de Cosme, d'abord, puis de Laurent, que s'élève ce concert d'éloges. « Ce siècle est un siècle d'or, qui a remis en lumière les disciplines libérales presque éteintes – écrit le grand philosophe Marsile Ficin, le plus parfait exemple de l'humaniste, – la grammaire, la poésie, l'éloquence, la peinture, l'architecture, la sculpture, la musique, l'art de chanter sur l'antique lyre d'Orphée, et tout cela à Florence. » Un marchand florentin, très riche et cultivé il est vrai, Giovanni Ruccellai (1475-1525), tient le même langage que l'illustre Ficin, et l'épicier Palmieri, pour remercier Dieu de « lui avoir donné l'être à l'âge présent, âge que tous ceux qui s'y entendent peuvent regarder comme le plus grand qu'ait eu notre cité ». On reconnaîtra donc comme une conjonction particulièrement favorable la rencontre d'un siècle promis au plus grand éclat, d'une ville de vieille tradition cultivée, des hommes les plus remarquables en tous les domaines de la création et du savoir, et d'une famille de « princes » exceptionnellement doués pour faire d'une ville marchande la capitale de l'esprit.

Comme de nombreux souverains qui ont souhaité illustrer leur règne par le généreux patronage qu'ils accordaient aux choses de l'art et de l'érudition, les Médicis auraient pu être de simples mécènes, des protecteurs des architectes, des philosophes, des peintres qu'ils subventionnaient ; ils ont voulu davantage : s'élever à leur niveau, dans la mesure où le permet l'immense écart qui sépare le créateur de celui qui aime et admire sa création ; on devrait dire l'« amateur », au sens littéral du mot, si ce mot n'avait pris à l'usage et par le mauvais emploi qu'on en fait un sens péjoratif et assez méprisant. Cosme et Laurent, surtout, parmi tous les « princes » de leur dynastie ont acquis une science et une culture assez grandes pour avoir le droit de traiter d'égal à égal avec leurs protégés, en ce qui concerne principalement les poètes, les philosophes, les érudits, car pour ce qui est des artistes créateurs, musiciens, sculpteurs, peintres, le problème est moins facile à résoudre. Ils ont acquis, eux-mêmes, assez d'humanisme pour tenir leur place dans les discussions savantes, autour de la grande table à dîner de Via Larga, ou sous les ombrages, platanes, pins et cyprès, de Careggi, et essayé, avec le concours des hommes les plus savants et les plus subtils de ce temps-là, de définir l'humanisme dont l'Europe cultivée de ce siècle commençait à faire si grand cas.

Que l'humanisme soit avant tout une science de l'homme, son nom le dit assez, et cela suffit déjà à montrer que le centre des préoccupations intellectuelles et spirituelles, qui, au Moyen Âge, était Dieu, s'est déplacé maintenant et se rassemble autour de l'homme et de tout ce qui le constitue, sa nature physique et morale, l'univers qui l'entoure, les problèmes de l'être et du devenir qui sont au foyer de sa pensée. Cet homme est conçu, également, en tant qu'individu : c'est l'individu qui compte, qui affirme ses particularités et les qualités qui le rendent singulier, au sens étymologique du mot, unique, irremplaçable. L'humanisme, dans sa fonction majeure – et c'est surtout ainsi qu'on le conçoit dans la Florence des Médicis, – c'est pousser aussi loin que possible la culture de l'individu, faire de lui une œuvre d'art, souligner, exalter et intensifier son unicité, ce qui le distingue des autres, au lieu de l'uniformiser dans une collectivité, serait-ce même la communauté chrétienne telle qu'elle proclamait son idéal au Moyen Âge.

C'est un artiste, mais un artiste complet qui est aussi philosophe, écrivain, et, par surcroît homme excellant dans tous les exercices du corps, Leone Battista Alberti (1404-1492), incomparable architecte, dévot de l'Antiquité, mais d'une audace de pensée et d'action incroyable, qui enseigne cette première leçon, destinée à servir de règle générale à tous les créateurs de ce siècle : « Celui qui cultive ses dons personnels rend assez de services à l'État » ; autrement dit, l'humaniste qui tend à l'humanisme total, parfait, rend les plus grands services à l'humanité, et l'on ne doit pas lui demander autre chose. Et le grand philosophe néo-platonicien, une des gloires de Florence et un des familiers les plus aimés des Médicis, Marsile Ficin, grave dans sa *Theologia platonica* (et que ce titre déjà en dit long...) cette extraordinaire silhouette de l'homme humaniste, c'est-à-dire de l'homme parfait, de l'homme idéal, de l'homme en soi : « Il mesure la terre et le ciel, scrute les profondeurs du Tartare, et le ciel ne lui paraît pas trop haut, ni le centre de la terre trop profond. Et puisqu'il a connu l'ordre des cieux et ce qui fait mouvoir ces cieux, et où ils vont, et leurs mesures et leurs produits, qui niera qu'il a presque le même génie que l'auteur de ces cieux et qu'en une certaine façon il pourrait lui-même les créer. L'homme ne veut pas de supérieur ou d'égal : il ne tolère point qu'il y ait au-dessus de lui quelque empire dont il soit exclu. Il s'efforce partout de commander, d'être loué partout. Il s'efforce d'être partout comme Dieu. Comme Dieu, il s'efforce d'être toujours. » Le penseur qui affirme cette égalité entre l'homme et Dieu, ou, plutôt, qui démontre la constitution divine de l'homme, n'a pas conscience de blasphémer ou d'être sacrilège ; si bons chrétiens que puissent être les humanistes, ils ne sont pas éloignés de croire qu'il leur est possible, théoriquement, dialectiquement, de s'égaler à Dieu.

Aussi, les vertus chrétiennes vénérées et pratiquées, et données en exemple au Moyen Âge, ont-elles perdu de leur prestige et de leur pouvoir avec l'avènement de la Renaissance. Au-dessus de tout, les humanistes placent ce qu'ils appellent la vertu de l'âme, la *virtù dell' animo*, dit Landino (1424-1498), qui est le moyen de porter à leur plus haut degré d'efficacité les mérites personnels de tel ou tel individu. Les latinistes ne manquent pas de souligner l'analogie qui existe entre cette *virtù* des hommes de la Renaissance avec ce que les Romains appelaient *virtus* et l'on commettrait un contresens en traduisant par vertu, au sens chrétien du mot. La *virtù* italienne du Quattrocento, réside dans le développement total, plénier de l'individu ; jusqu'à la limite de l'impossible, et le talent qu'il déploie à faire de sa vie même l'équivalent d'une œuvre d'art : ainsi le *condottiere*, le stratège, le savant manifestent, dans leur domaine spécial, autant de *virtù*, sinon exactement la même, que l'érudit, le philosophe, ou l'artiste.

Intellectuellement, spirituellement, l'humanisme hausse au-dessus de tous les hommes celui qui le pratique, puisque Ficin prétendait même qu'il le rendait l'égal de Dieu. Pratiquement, sur le plan des activités sociales et même de la réussite professionnelle, c'est un moyen d'entrer dans cette suprême aristocratie des hommes qui sont au service de l'esprit et cultivent la religion de leur propre génie. Ils occupent les places d'honneur à la table des Médicis, ils reçoivent d'eux prébendes, pensions et subventions, et si, pour une raison quelconque, ils se querellent un jour avec le maitre, ils sont sûrs de trouver chez un autre prince le gîte et le couvert, car l'humaniste est chez lui dans toute l'Europe. S'il exista une véritable « Internationale », pendant la Renaissance, ce fut, authentiquement, cette « Internationale humaniste », à laquelle appartenaient les plus brillants esprits d'Italie, d'Allemagne, de France, des Flandres, d'Espagne, d'Angleterre, que leur renom de science élevait au-dessus de tous les autres hommes, et qui avaient en commun, pour se distinguer d'eux et parler, un autre langage, les langues que l'on appelait « mortes » : le latin et le grec.

La passion du latin est si grande que, paradoxalement, on traduit dans le langage de Virgile et d'Horace les œuvres des écrivains italiens du Moyen Âge, qui pratiquaient le *volgare*, c'est-à-dire composaient en italien, comme Dante Alighieri, Boccace et Pétrarque. Quand des érudits, Bruni (1374-1444) et Vespasiano (1421-1498), déclarent dédaigneusement que certaines choses ne peuvent pas être dites dans le *volgare idioma*, ils oublient que la plus haute métaphysique et la plus sublime poésie de la *Divina Commedia* se sont contentées de l'italien, ou, pour mieux dire, ils refusent de reconnaître ses mérites éminents, et Monnier a assez exactement résumé l'humaniste florentin type, étant entendu que ce type est généralement italien, et plus largement encore européen, quand il a dit que « l'humanisme n'a pas que le goût de l'Antiquité, il en a le culte, culte poussé si loin qu'il ne se borne pas à adorer, qu'il s'efforce de reproduire. Et l'humaniste n'est pas que l'homme qui connaît les antiques et s'en inspire ; il est celui qui est tellement fasciné par leur prestige qu'il les copie, les imite, les répète, adopte leurs modèles et leurs modes, leurs exemples et leurs dieux, leur esprit et leur langue », cette langue étant le latin, on l'a dit, mais plus encore le grec.

Deux phénomènes contemporains ont concouru à cet extraordinaire prestige qu'acquiert, dans la Florence du XVe siècle, la langue de Platon et d'Homère. D'abord le retour à Platon, amorcé, dans les cercles humanistes et pré-humanistes avant même le Quattrocento. Le platonisme, ou néoplatonisme, enseigné par les philosophes, imprégnera toute la pensée de cette époque, et les périodes successives de la Renaissance seront également irriguées par un courant métaphysique qui inspirera l'œuvre des artistes eux-mêmes ; un chef-d'œuvre « chrétien » par excellence comme les fresques de Michel-Ange à la Chapelle Sixtine est construit selon de purs schémas platoniciens. Le second événement qui a favorisé la diffusion du grec en Italie, est la prise de Constantinople par les Turcs (1453) ; les savants et les érudits chassés d'Orient, ou qui l'avaient fui de leur plein gré, avaient trouvé un asile dans les cours italiennes où ils apportèrent leurs livres, leur savoir, leur enseignement. Ajoutons à cela la fameuse tentative de rapprochement des deux Églises, d'Orient et d'Occident, au cours du concile que, on l'a vu, Cosme *Pater Patriae* avait eu l'habileté d'amener à Florence.

Les humanistes se reconnaissaient entre eux à ce qu'ils parlaient latin et s'écrivaient dans cette langue, et aussi à la vénération qu'ils portaient au grec : il en résulta un engouement prodigieux, on l'enseigna aux enfants dès leur plus jeune âge, et même aux petites filles. Discourir en grec devint une mode élégante, même pour ceux qui ne faisaient pas profession d'érudition. Le célèbre imprimeur vénitien Alde Manuce poussait cette religion si loin qu'à sa table il était défendu de s'exprimer dans une autre langue, sous peine de payer une amende. Ainsi la pensée d'Aristote et de Platon influença-t-elle toute la philosophie du XVe siècle, et valut-elle aux hellénistes qui s'en faisaient les interprètes un grand renom. Gémiste Pléthon, Giovanni Argyropoulo, Manuel Chrysaloras, sont à la tête de cette foule de Grecs qui ont soit accompagné l'empereur Jean Paléologue au concile de 1439, soit fui les persécutions des Musulmans après la chute de Byzance. Tout naturellement ils se sont retrouvés à Florence où vit et règne le grand banquier érudit Cosme de Médicis. Selon Ugolino Verino, qui assiste à cette invasion, tout ce qu'il y a de savant s'est réfugié à Florence après le naufrage de la Grèce comme dans un port à l'abri des tempêtes. À quoi répond le délicieux poète admiré de Laurent le Magnifique, Politien, qui, avec quelque exagération peut-être, déclare qu'on ne croirait pas qu'Athènes a été détruite et occupée par les Barbares, mais plutôt qu'elle a émigré à Florence avec son sol et son bagage et que Florence l'a complètement et totalement absorbée.

L'institution de l'Académie platonicienne s'est faite sans solennité, sans formalités, sans statuts ; elle fut toujours une libre assemblée d'hommes animés d'une même passion, épris de culture, impatients d'apprendre, et dans le cercle desquels était reçu quiconque possédait le même idéal, les mêmes admirations. Tout naturellement, et non parce qu'il aurait pris l'initiative de la fonder, cette « académie » s'est réunie chez Cosme *Pater Patriae*, d'abord, puis chez Laurent le Magnifique, parce qu'ils étaient les promoteurs et les protecteurs enthousiastes de tous les mouvements de culture, qu'aucune étiquette de cour ne paralysait, dans leurs demeures, le franc-parler, et, enfin, parce qu'une royale hospitalité était offerte à ceux qui la sollicitaient ; hospitalité sans faste, toutefois, car les Médicis, comme l'ensemble des Florentins – dans les premières générations du moins : avec les grands ducs de Toscane tout changera… – étaient de mœurs bourgeoises et de goûts simples, mais aucune dépense ne paraissait excessive s'il s'agissait de faire exécuter une œuvre d'art, d'acquérir un manuscrit ancien ou un ouvrage précieux, et d'héberger des lettrés, assemblés par « la communion des disciplines libérales », comme disait Marsile Ficin.

Ce fils de médecin, destiné par la volonté de son père à l'exercice de cette science et qui avait commencé d'en apprendre les rudiments à Bologne, en fut détourné par Cosme qui, l'ayant pris en amitié, l'amena à Florence et le poussa à se consacrer à la philosophie. Homme de petite taille, de corps faible et de constitution débile, un peu bossu et parfois bègue, Ficin abritait une âme de feu. Dès qu'il se fut voué à la métaphysique, son ambition fut de jeter un pont entre la théologie et la philosophie, et de réconcilier la religion païenne et le christianisme. Il étudiait aussi la kabbale hébraïque, et dut se défendre auprès du pape Innocent VIII de l'accusation de magie lancée contre lui. Le syncrétisme pagano-chrétien prêché par Ficin trouvait des échos parmi les meilleurs esprits de ce siècle qui souhaitaient marier ainsi leur dévotion pour l'Antiquité et l'orthodoxie chrétienne. Le néo-platonisme de la Renaissance tend à démontrer qu'il n'y a ni contradiction ni opposition entre la doctrine du Christ et les leçons de Platon, et qu'il suffit de faire ressortir l'unité et l'harmonie qui existe entre elles pour que se crée une sorte de « platonisme chrétien » ou de « christianisme platonicien ». L'œuvre tout entière de Marsile Ficin visait à rendre irréfutable cette vérité, à laquelle adhérait pleinement un autre des hommes les plus incontestablement et universellement géniaux de ce temps-là, Pic de La Mirandole. Marsile Ficin mourut la dernière année de ce siècle à l'illustration duquel il avait si fort collaboré, le 3 octobre 1499.

« Rois sans couronne », les Médicis, grâce à leur énorme fortune, à leur puissance politique et au prestige que leur valait le titre de « patrons des arts et des lettres », donnaient le ton dans Florence ; il devint évident à tous ceux, banquiers, négociants, industriels, qui ne voulaient pas se laisser rejeter dans l'ombre par l'éclat qui rayonnait de Via Larga, et éclipser leur renom par celui de leurs concurrents, de rivaliser avec ceux-ci sur le plan même où ils triomphaient. Et aussi parce que cette population de Florence dont on pouvait presque dire ce qu'Oscar Wilde disait du peuple athénien, qu'il était « un peuple d'amateurs et de critiques d'art », aimait sincèrement la beauté sous toutes ses formes, et allait d'instinct aux chefs-d'œuvre. Les représentants des grandes familles s'adonnèrent au grec avec zèle, la Seigneurie estima comme un de ses plus riches trésors quatre évangiles grecs ouverts, en permanence, dans la salle du Conseil et les Pendectes d'Amalfi qu'elle enleva à Pise après sa victoire en 1405, et les citoyens notables voulurent égaler le mécénat des Médicis. Niccolò da Uzzano, un des libéraux les plus convaincus et les plus attachés au bien public, et, par-là inquiet d'assister à l'ascension politique des Médicis, qu'il combattit, avait institué un collège, intitulé *Casa di sapienza*, maison de science, où l'enseignement et le logement gratuits étaient donnés à des jeunes gens pauvres qui n'auraient pas eu les moyens de poursuivre des études à leurs frais. Un des grands banquiers Strozzi, le beau Palla, réunit dans un de ses palais de Santa Trinità une bibliothèque, ancienne et moderne, librement ouverte à tous.

Quoique le goût de la culture ait toujours été inné chez les Florentins, on peut penser que cette lutte à coups d'érudition qui remplaçait les querelles des Guelfes et des Gibelins, des Blancs et des Noirs, et les batailles de quartiers, avait son origine dans l'attitude adoptée par les Médicis et l'exemple qu'ils donnaient ainsi à leurs concitoyens. Certains de ceux-ci étaient tellement férus de l'Antiquité qu'ils affectaient de vivre à la manière des Anciens, ainsi que Niccolò Niccoli, qui n'était pas un « intellectuel » de profession, mais seulement un riche marchand, numismate, collectionneur de manuscrits antiques (il en avait acheté huit cents), vêtu à l'antique et ne buvant que dans des vases grecs, et qui se ruina vite à mener ce train-là, si bien que, pour lui permettre de vivre, Cosme lui acheta cette prodigieuse bibliothèque qu'il installa dans le couvent de San Marco, pour le libre usage de tous les citoyens. Vespasiano a rencontré chez lui une assemblée de dix ou douze jeunes gens, tous de noble origine, qui, livre en main, lisaient. De temps en temps, Niccoli leur demandait ce qu'ils lisaient et ce qu'ils en pensaient, si bien, déclare le témoin, que chez lui on ne perdait pas de temps et on ne faisait pas comme dans les autres maisons où, aussitôt réunis, on se met à jouer.

Toute la société cultivée de cette époque, les peintres, sculpteurs, poètes, musiciens, mêmes s'ils n'ont pas étudié les œuvres de Platon et de ses descendants de l'École d'Alexandrie, adhèrent implicitement à la définition de la beauté instituée, pour leur instruction, par Ficin qui la fait résider « non dans l'ombre matérielle, mais dans la lumière et la forme, non dans la masse ténébreuse du corps, mais dans une lucide proportion, non dans la paresseuse lourdeur de la chair, mais dans le nombre et la mesure ». Et l'on croirait entendre Plotin lui-même, ressuscité, attester le vieux credo des néoplatoniciens de l'Antiquité, adapté à la sensibilité et à la pensée chrétiennes : « Comme l'oreille remplie d'air entend l'air, comme l'œil rempli de lumière voit la lumière, c'est Dieu qui dans l'âme voit Dieu. » Rien n'explique mieux les tendances, les aspirations et les créations de la Renaissance florentine que les préceptes énoncés par Ficin, et répétés par ses disciples de l'Académie médicéenne. Ce n'est pas tant l'audace de sa pensée ni l'originalité de son système métaphysique qui rend Ficin immortel et si précieux à qui veut comprendre la nature particulière du génie de cette époque, sous quelque forme qu'il s'explique, le *Triomphe de Flore* de Botticelli, peint vers 1475 pour la Villa de Castello, ou le Plafond de la Sixtine de Michel-Ange, ou même *La Vierge aux Rochers* de Léonard de Vinci (1483) que cette direction qu'il a donnée à tout l'art italien de ce siècle. Non pas en formulant des préceptes esthétiques, mais en faisant découvrir aux artistes en eux-mêmes, les lois essentielles et éternelles d'une esthétique de l'âme en même temps que des formes. Et c'est le même Ficin que, au témoignage de ses propres lettres, nous voyons accompagner Cosme le Vieux à sa villa de Careggi et jouer de la lyre à côté de lui pendant qu'il taille sa vigne. Au culte de la beauté s'associe le sentiment passionné de l'amitié, qui apparaît, à cette époque et dans cette société, aussi intense souvent que l'amour, et qui est fondée sur l'admiration des deux aspects de la beauté, beauté du corps et beauté de l'âme.

Si Ficin était petit, laid et plutôt contrefait, la splendeur physique parait celui des humanistes italiens qui partage la célébrité de Ficin : Pic de La Mirandole. Mort à trente et un ans, en 1494, enfant prodige, élève éblouissant des universités de Padoue, de Ferrare et de Paris, il avait vingt ans quand il survint dans le cercle des familiers de Careggi. Il avait étudié toutes les sciences, tous les systèmes philosophiques, toutes les religions ; il proposait des thèses sur tous les sujets imaginables, et ce n'était pas vantardise. Sa virtuosité intellectuelle est si grande qu'il offre dans son *Heptaplus* sept interprétations différentes du récit de la Création dans la Genèse. En plus du latin, naturellement, et du grec chéri des humanistes, il sait l'hébreu et il s'est familiarisé avec les religions et les philosophies orientales dont on est mal instruit dans les cercles platoniciens de Florence ; quand il établira le programme iconographique du plafond de la Sixtine, Michel-Ange se souviendra de cet *Heptaplus* que, grand liseur, il connaît bien. Pic, qui débuta dans l'aristotélisme des doctrines universitaires, converti à Platon par Ficin, ambitionne de réconcilier les deux maîtres antiques de même qu'il recherche un syncrétisme pagano-chrétien, cette doctrine ambiguë qui, on le sait, permet de vénérer les dieux de la Grèce sans s'écarter de l'orthodoxie de l'Église. Et le radieux Pic, exemple parfait du mariage sublime de la beauté du corps et de la beauté de l'intelligence et de l'âme, mourut pieusement et se fit ensevelir dans le froc d'un moine. On sait qu'il s'enthousiasma pour ce cœur enflammé que fut Savonarole, et s'il était, lui-même, hostile à toute intransigeance dans le domaine des choses de l'esprit, il respecta le Dominicain d'avoir été jusqu'au bout fidèle à son idéal de pureté, si excessif et si désastreux dans le plan de l'art que pût être, à l'expérience, cet idéal.

Ficin proposait que chaque prêtre qui célébrait la messe ajoutât aux formules traditionnelles de la liturgie un texte de Platon, ses dialogues méritant autant que les évangiles de conduire les fidèles vers le vrai, le juste et le beau. Et Plotin venait immédiatement après Platon dans la nomenclature des « Écritures » de l'humanisme. Pic de La Mirandole, lui, est l'apôtre de la réconciliation universelle ; selon lui toutes les religions auraient eu pour origine la même révélation divine que chacune d'entre elles aurait interprétée à sa façon, et chacune possède un élément également commun à toutes les autres. Synthèse et syncrétisme forment le ressort majeur de sa pensée, et reparaissent dans les neuf cents sujets de thèses qu'il se fait fort de défendre, à vingt-quatre ans, sur lesquels cinq cents sont des opinions personnelles touchant la métaphysique et la théologie.

À aucune époque et dans aucun pays, autant que dans la Florence des Médicis, la création des artistes et le comportement des individus et de la société n'ont été aussi totalement inspirés et commandés par le principe même de l'harmonie, édifié sur une substructure philosophique capable de diriger tous les actes de la vie. Pic de La Mirandole trouvé dans la kabbale la démonstration évidente du mystère de la Sainte-Trinité, et fouillant les livres sacrés de l'Orient, il offre un inépuisable trésor de symboles, plus mystérieux et plus profonds, semble-t-il, que les mythologies des Latins et des Grecs dont le vocabulaire plastique était devenu d'usage courant. Mais il y a un autre phénomène, digne de remarque, c'est que cette profusion et cette variété de connaissances n'accablent pas les hommes qui les possèdent. À Florence, il n'y a ni cuistres ni pédants ; chacun porte avec grâce et discrétion son savoir, et, tout érudit qu'il est, sait ne pas renoncer aux agréments de la beauté des formes, de la jouissance physique, des plaisirs, serait-ce même ceux du carnaval. Dans le milieu humaniste des Médicis, cette suprême aristocratie de l'art et de l'intelligence, on ne dédaigne pas les divertissements populaires, les « facéties » auxquelles se complurent toujours les Toscans, et qui n'étaient pas toujours d'un goût raffiné. Les mauvaises plaisanteries dont on accable un prêtre, à demi bouffon, à demi comédien (ou simple d'esprit, la chose n'est pas sûre) et qui font rire si fort l'assistance, à Careggi ou dans Via Larga, gardent une rusticité de saveur et de ton qui ravit les spectateurs, les humanistes comme les autres. On se tromperait si l'on croyait que cette passion intellectuelle poussée à l'extrême pour toutes les régions de la connaissance isolait ceux qui la pratiquent de l'ensemble de la population. Les hautes couches de la société florentine sont humanistes, comme les Médicis, ou aspirent à l'être. La pensée ne se sépare pas de la vie quotidienne : elle lui donne un sens nouveau et plus haut. Aussi voit-on se multiplier, à cette époque, le « poème de circonstance », qui a pour fonction de commémorer un événement : non pas un événement héroïque, car c'est chose rare dans la vie des grands bourgeois florentins, qui se gardent bien de faire la guerre et en laissent à des mercenaires les risques, la gloire et le profit, mais un mariage, une fête, une soirée à la campagne, un tournoi. Loin d'être banal, ce poème, surtout lorsque c'est une *Giostra* de Pulci (1432-1484) ou de Politien (1454-1494), est une œuvre exquise de proportions et de formes, pleine d'inventions raffinées. On peut craindre que la « grande poésie » n'ait rien gagné à ces jeux d'humanistes qui ne perdent jamais de vue les illustres exemples de l'Antiquité. Elle est à la fois naturelle et artificielle, mais parfois on y entend un accent unique dans la lyrique européenne, comme dans le poème latin des *Violettes*, de Politien, qui se souvient des vers dédiés par l'empereur Hadrien à son âme, *Animula vagula, blandula…*, qui en reprend le rythme, les accents, la musique, avec la précision d'une gemme gravée, et, à l'arrière-plan, la mélancolie romantique : ce qui incitait Carducci, le puissant romantique italien, à découvrir dans les œuvres de Laurent et de Politien les préfigurations de la « poésie moderne ».

Originaire de Montepulciano, d'où son surnom latin, Politianus, et italien, Poliziano, le poète des *Violettes* incarne le type le plus parfait de l'humanisme lyrique : l'équivalent, dans ce domaine, de ce que sont en philosophie Marsile Ficin et Pic de La Mirandole. Si Planude n'avait pas publié son recueil d'épigrammes grecques, l'Anthologie palatine, peut-être Politien n'aurait-il pas été aussi fortement marqué par l'empreinte d'un passé dont il ne semble pas, d'ailleurs, avoir cherché à se débarrasser. Grammairien, latiniste, helléniste, il professe pour les langues antiques le culte que tout le monde pratique autour de lui ; il compose de petits thèmes latins pour les enfants de Laurent ; il célèbre la nature comme le faisaient Virgile et Théocrite. Tiré de sa studieuse misère par le Magnifique, Angelo degli Ambrogini da Montepulciano, prolonge dans ses œuvres en *volgare* le *dolce stil novo* inauguré par Dante, Guinicelli et Cavalcanti, avec la même grâce élégante et souple. On peut regretter que ses descriptions latines des mœurs paysannes de la Toscane ne soient plus que des exercices de style incapables de nous toucher, alors que son *Orfeo* italien déploie une beauté immortelle qui aujourd'hui encore nous émeut et nous ravit. Cette mythologie qu'il fait revivre devient aussi actuelle, aussi présente, fraîche de couleurs, et, en un sens, moderne malgré sa référence à l'Antiquité, que la *Naissance de Vénus* de Botticelli ou son *Allégorie du Printemps* : il décrit, comme le fait Botticelli, mais au-delà de cette netteté de lignes et de couleurs, on devine déjà cette nostalgie à laquelle la Renaissance se refuse d'ordinaire et qui s'épanouira dans le baroque. Quoiqu'il ne fût pas tendre pour les astrologues qui exerçaient leur art jusque dans la raisonnable et rationnelle Florence, Politien a gardé des superstitions médiévales : il rapporte, sans sourire, et avec le sérieux de la conviction, qu'un des Pazzi compromis dans la conjuration avait vendu son âme au diable, avant d'être exécuté, pour se venger *post mortem* de ses ennemis. Des pluies torrentielles, noyant toutes les récoltes, étant tombées peu après, le peuple des campagnes y vit l'œuvre du Malin et de son associé ; on déterra son corps, ensuite de quoi les pluies cessèrent, et Politien conclut : « preuve évidente que le ciel donnait raison au peuple », et afin que le déluge ne recommençât pas, on jeta le cadavre dans l'Arno.

Il est caractéristique de cette époque, si éclairée, si savante, si moderne dans plusieurs de ses formes de penser et de créer, mais encore accrochée au Moyen Âge si proche, dont la Renaissance sort à peine, que ces mêmes humanistes croient aux signes célestes, présages de calamités, aux statues qui pleurent. Ainsi, l'humanisme, au lieu de constituer une rupture absolue entre le passé et le présent, constitue-t-il au Quattrocento une période de transition entre le Moyen Âge théologique et théocentrique et la pleine Renaissance du XVIe siècle, ouverte aux inventions scientifiques, aux explorations et aux découvertes. Les érudits et les grammairiens du XVe siècle furent trop fascinés par l'Antiquité pour épanouir une culture résolument moderne : il leur semblait qu'on ne pouvait faire mieux qu'imiter et essayer d'égaler les Grecs et les Latins. C'est pourquoi la littérature italienne est-elle, à ce moment-là, si fort en retard sur l'architecture et les arts plastiques où l'esprit de renouvellement est total, d'une hardiesse sans précédent, si bien que pour les peintres et les sculpteurs de ce temps, il ne s'agit pas de Renaissance, au sens littéral du mot qui aurait impliqué seulement la résurrection de l'Antiquité, mais d'une véritable « naissance ».

Chapitre V

LA RENAISSANCE FLORENTINE

À la différence des humanistes qui pratiquent le culte et la culture de l'Antiquité grecque et latine, avec un zèle et une ferveur appliqués aux textes aussi bien qu'aux idées, les artistes italiens de la Renaissance s'orientent vers une conception neuve de l'univers des sentiments et des formes. Les uns et les autres, il est vrai, poursuivent la recherche d'une beauté exemplaire, d'une beauté en soi, exempte des variations du goût, dont la perfection serait attachée à la nature même de l'objet où se réaliserait le mariage heureux de la matière et de l'esprit. Cette perfection, à la fois idéelle et formelle, résulterait de sa consonance à un certain prototype existant sur le plan des Idées, comme le voulait Platon, dont l'esthétique des Anciens, dans le domaine de la théorie et dans celui de l'action créatrice, aurait donné une fois pour toutes les modèles éternellement et immuablement valables, en fonction des lois fondamentales de structure dont il faut que les « modernes » dégagent les éléments et rendent à ceux-ci une actualité vivante.

Le mot même de Renaissance, qui définit aujourd'hui cette époque dans ses composantes principales et ses caractères universellement reconnus, n'a commencé d'être employé qu'au XVIe siècle, c'est-à-dire à un moment où on pouvait la considérer, presque rétrospectivement, comme un phénomène historique, définissant un passé proche dont le présent s'inspirait encore, quoique Vasari qui, le premier, a prononcé ce nom, appartienne déjà au Maniérisme : comme si les grandes époques esthétiques scandant l'histoire des civilisations ne pouvaient véritablement être isolées dans le déroulement du temps, et désignées avec leur physionomie particulière, qu'après que leur processus constructif s'est achevé.

Les artistes partagent avec les humanistes cette idée maîtresse que, avant que les « ténèbres » du Moyen Âge descendent sur l'Europe, un âge d'or s'était épanoui, dans lequel la culture et l'art auraient possédé la certitude de toutes les vérités connaissables, et qu'il leur était commandé comme une mission sacrée de retrouver ces vérités, dans le passé ou dans l'avenir, peu importe, en dépit de cet « obscurcissement ». Leur conviction que les Anciens avaient tout dit de ce qu'il était nécessaire de connaître et d'énoncer poussait les architectes à étudier les plus minimes fragments des édifices romains et à les mesurer afin d'y décompter les chiffres de ces proportions idéales, que l'on disait « divines » – *de divina proportione*, écrivait le frère Luca Pacioli –, avec le même enthousiasme qui portait les érudits à rassembler dans leurs bibliothèques tous les textes des sages et des historiens d'autrefois sur lesquels on pouvait mettre la main, convaincus d'y lire les révélations majeures capables de dissiper toutes les difficultés de la connaissance et de la réflexion.

Les artistes autant que les philosophes croient à cette révélation transcendante des lois divines sur lesquelles s'est établi l'univers et qui l'entretiennent, et qui sont inscrites dans les structures de la matière, dans les mouvements de l'esprit humain, et souverainement, ineffaçablement, dans les nombres mathématiques et les figures de la géométrie, condensé hermétique de la plus haute science. Ce fut, parmi les arts, l'architecture qui en fut le plus directement et le plus fortement impressionnée, puisqu'on se trouvait à un carrefour où, le gothique ayant épuisé toutes les métamorphoses possibles, arrivait à cette exaspération de la période flamboyante qui, à vrai dire, a moins touché l'Italie que les pays du Nord, Pays-Bas, Allemagne, ou France. L'esprit italien tend, spontanément et, pourrait-on dire, en suivant sa pente naturelle la plus simple, vers un classicisme dont l'exemple lui a été laissé par ses ancêtres romains. Aussi, à quelques exceptions près, l'Italie n'a-t-elle accepté que ce gothique sobre, empreint de classicisme, adopté pour leur architecture religieuse par les grands Ordres, dominicain et franciscain. Mais le passage de ce gothique aux figures et aux proportions réellement classiques, dans l'acception où classicisme est synonyme d'Antiquité, ne devait pas s'opérer sans une profonde cassure. Alors que l'étude des auteurs grecs et latins s'était perpétuée tout au long du Moyen Âge dans les bibliothèques et les *scriptoria* des monastères, même si une partie considérable de leurs œuvres s'était perdue, que les agents des Médicis et des autres princes ou grands bourgeois humanistes cherchaient en Orient, le sentiment plastique qui alimente la sensibilité et l'intelligence de l'art avait délibérément opté pour une attitude esthétique qui n'avait reçu de l'Antiquité qu'un pauvre aliment.

Il y avait eu entre cet art antique et la pensée médiévale une sorte d'incompatibilité et d'antinomie, même, la construction théocentrique de la société du Moyen Âge subordonnant la beauté charnelle à la dévotion religieuse et préférant l'élévation de l'âme à la joie des corps. La Renaissance, au contraire, apprenait de Platon que la beauté extérieure pouvait être en harmonie avec la beauté intérieure, au lieu de lui faire obstacle et d'entrer en conflit avec elle. Si le Moyen Âge se posait la question : qu'est-ce que la Beauté ? il y répondait en arguments philosophiques ; la Renaissance, au contraire, laissant aux philosophes l'élaboration des concepts esthétiques, inventait sa propre image de la chose belle en soi, indépendamment de toutes les théories, très nombreuses et très érudites qui s'efforçaient de fixer en nombres impeccables les raisons d'être telle, indiscutables, de la Beauté en soi. Aucune époque peut-être, dans l'histoire des idées, ne s'est préoccupée avec autant d'obstination et d'ingéniosité de préciser quelle chose était belle et pourquoi elle l'était, et, pourtant, aucune n'a été aussi immédiatement, sensoriellement et intellectuellement, perméable à la Beauté, convaincue de l'existence de celle-ci et certaine de la posséder. Aucune époque n'a eu une volonté de créer aussi impulsive, aussi spontanée, aussi exubérante, et l'instinct d'une nouvelle manifestation de la Beauté, comblant également les sens, le cœur et l'intellect.

L'art de la Renaissance, tout encombré qu'il paraît de traités dogmatiques sur l'idée de Beauté, la nature de la Beauté et ses hypostases concevables, suit, avant tout, comme un guide infaillible, l'expérience concrète des sens, avec l'appropriation visuelle et tactile d'un univers dont la substance intime ne semblait pouvoir être approchée que par l'intellect. On voit, en cela, coïncider les deux impulsions du caractère florentin, sa tendance à normaliser les idées et son réalisme objectif. Quoique le large et solide faisceau de ses idées directrices soit généralement représenté dans la totalité des États italiens, chacun d'entre eux a reçu et a appliqué dans les modes qui lui sont personnels le « fait » de la Renaissance. Qu'il y ait eu des différences et des variantes en Lombardie, en Vénétie ou en Sicile n'entame pas l'évidence de son unité et de son unicité ; quant à ce qui se passe hors d'Italie, les tempéraments nationaux en sont responsables et expliquent, par exemple, que, dans les Flandres et en Allemagne, la Renaissance ait eu moins de signification propre que de valeur de passage du gothique flamboyant à un pré-baroque maniériste. Pour cette raison d'abord que ces pays n'étaient pas ancrés sur une tradition classique faisant partie intégrante de l'héritage latin dont on peut dire que l'Italie, et l'Italie centrale surtout, était encombrée et alourdie en même temps qu'enrichie.

Le mot Renaissance peut être source de graves erreurs, cependant, si on l'aggrave de la signification abusive de résurrection ou de réhabilitation de l'Antiquité ; en vérité, peu d'époques furent aussi « modernes » que celle du Quattrocento qui, malgré sa référence respectueuse à l'Antiquité, dont on peut penser qu'elle s'en servit pour justifier et légitimer ses audaces, porte à l'extrême de la hardiesse une « avant-garde » dont Donatello (1386-1466), Masaccio (1401-1428), Paolo Uccello (1397-1475), Piero della Francesca (vers 1420-1492) tenaient la tête. Que cette vive, séduisante et courageuse modernité, ait vu le jour à Florence et y ait été encouragée plus qu'ailleurs, est, sans doute, une conséquence du mécénat des Médicis qui étaient, eux aussi, à leur façon et brillamment, des « hommes modernes », d'instinct et de réflexion conscients de ce que réclamait leur époque et prompts à s'adapter à ses réclamations. Ainsi, voit-on Cosme *Pater Patriae* et Laurent le Magnifique pratiquer simultanément, avec autant d'intérêt intellectuel et de libéralité, les recherches d'une érudition acharnée à exhumer tout ce qui pouvait être trouvé du passé, et les encouragements prodigués à de jeunes artistes auxquels ils s'attachaient en raison même de l'audace de leur imagination et de la nouveauté de leur style. Au même moment où l'Académie platonicienne rassemblait en un corps de confrontation de pensées ce qui pouvait devenir à son tour un corps de doctrines philosophiques, les Médicis approuvaient et subventionnaient les réalisations esthétiques les moins « académiques », les plus résolument individuelles. Qu'ils aient toujours agi, dans cette branche de leur mécénat, avec une infaillibilité qui tenait à la sûreté de leur goût personnel, alors que certains des poètes et des philologues de leur entourage ne paraissent pas avoir été toujours dignes de leur munificence, prouve parfaitement que ces « hommes modernes » avaient besoin d'un « art moderne ».

Nouveaux venus à la possession de la puissance et de l'argent, les Médicis n'avaient pas derrière eux la longue tradition aristocratique des grandes lignées royales ou princières des dynasties européennes. On pouvait, sans les calomnier, les traiter de parvenus : issus d'une souche plébéienne, paysans du Mugello, artisans ou marchands, ils s'étaient élevés sur les degrés de la politique et des affaires ; attentifs aux exigences du présent et aux possibilités de l'avenir, ils représentaient une société sortie du Moyen Âge au même moment où les valeurs héroïques glissaient vers le crépuscule et où la noblesse, hier féodale, enserrée maintenant entre des monarchies qui aspiraient à devenir absolues et les puissances d'argent qui tenaient sous leur dépendance les gentilshommes impécunieux, se voyait menacée de disparaître ou, au moins, de reculer dans l'ombre après avoir occupé la première place sur la scène. Cette nouvelle classe de privilégiés ne s'encombrait pas de souvenirs ou de préjugés : les Médicis avaient conscience d'inaugurer une époque où la supériorité des moyens matériels et intellectuels assurerait la domination sur la vie sociale et sur la vie de l'esprit, une époque où l'emploi de l'artillerie allait transformer radicalement l'art de la guerre et l'éthique des combats et marquer le recul des vertus chevaleresques au bénéfice du « technicien ».

Le peuple florentin avait, avec le renvoi du duc d'Athènes, répété sa ferme volonté de ne plus se soumettre à aucun gouvernement autocratique ou aristocratique ; non pas pour la durée d'une brève insurrection, mais pour le développement de toute son histoire, et, effectivement, jusqu'à ce que les grand-ducs de Toscane abolissent le régime démocratique, seules les assemblées ont légiféré et administré, et l'idée même du « pouvoir personnel » est tombée dans l'oubli, quoique l'autorité d'un homme comme Cosme le Vieux sur les Conseils ait été assez impérieuse et assez sûre d'être obéie pour faire tout plier devant ses désirs. Le siècle prenait une physionomie imprévue avec cette catégorie sociale jusqu'alors ignorée ou agissant modestement dans l'ombre. Il est vrai que l'art de la Renaissance aurait, vraisemblablement, suivi le même cours si l'appui des grands bourgeois et des hommes d'argent lui avait fait défaut, mais sa floraison aurait été moins rapide et moins aisée s'il s'était heurté à une société acharnée à conserver les idées et les formes du passé, comme l'est, ailleurs et longtemps, le monde féodal germanique et français. La coïncidence d'une prodigieuse explosion esthétique bouleversant les traditions gothiques et de l'avènement au pouvoir d'une classe sociale qui est, et plus encore se veut, délivrée de toute attache traditionnelle, apparaît comme une sorte de hasard providentiel. Peu importe, alors, que les jeunes Médicis jouent les grands seigneurs en joutant dans des tournois calqués sur les décors et les fêtes des romans de chevalerie : Florence sait bien qu'ils le font uniquement pour offrir au peuple un de ces brillants spectacles dont les prolétaires eux-mêmes ont toujours été friands : personne ne prend au sérieux ce spectacle, ni ceux qui le regardent, ni ceux qui en sont les acteurs ; pour ces derniers, principalement, c'est du « théâtre » et c'est de la « littérature » ; le côté dramatique du combat singulier en est effacé et même l'arrière-plan mythique, le contenu symbolique, l'élément liturgique et sacral des « vœux », jurés sur le Paon ou sur le Héron, qui seraient des parodies des grands engagements sacrés du haut Moyen Âge ou de l'époque des croisades si, à la cour des ducs de Bourgogne, par exemple, on ne gardait un respect religieux du rituel de l'ancienne chevalerie.

Le tournoi n'est pas une anormale contradiction de l'esprit moderne des Médicis et de leur libre ouverture sur l'avenir : le véritable et authentique sport des Florentins, c'est le *calcio*, ce jeu de ballon qui a, lui aussi, ses règles, ses lois, ses rites reliés aux fêtes, religieuses ou nationales, qui en sont l'occasion. Jeu d'équipe, semblable au football actuel, il adopte, comme le football, un caractère démocratique : c'est une collectivité qui lutte contre une collectivité, non une personne contre une personne comme dans le tournoi. La prépondérance du collectif sur l'individuel, l'abaissement de la personne devant le groupe, résultent du principe majoritaire des assemblées qui, à Florence, groupent tous les pouvoirs : législatif, exécutif, judiciaire. L'homme qui ambitionnera d'être, même s'il n'en porte pas le titre, le maître de la ville, devra toujours se soumettre aux décisions d'une majorité ; dans le cas des Médicis, il dépend de lui de constituer les assemblées électives de telle manière qu'il soit certain d'obtenir d'elles ce consentement de la majorité chaque fois qu'il en aura besoin. Dans le domaine de l'esthétique, il doit en aller de même : l'art préféré des Médicis ne sera accepté que si le goût populaire le ratifie : heureusement les Florentins ont toujours eu bon goût.

Il se rencontre aussi que les Médicis ont eu l'habileté de n'aller jamais à contre-courant des opinions sociales et politiques du peuple, si bien qu'aucun obstacle n'entrave la libre avance de cet art nouveau, affranchi de la dévotion populaire ou n'en gardant que le minimum nécessaire pour contenter la masse toujours pieuse. Dans l'inconscient collectif, le classicisme, qui est l'objet d'une vénération superstitieuse de la part des humanistes, ne se heurte à aucune opposition de principe, parce que la Toscane n'a jamais été, physiquement, organiquement gothique, comme le fut l'Allemagne. Descendants des Étrusques, les Florentins retournent d'instinct vers cet héritage ancestral dès que l'impératif gothique clérical-médiéval ne le tyrannise plus (s'est-il, même, jamais laissé tyranniser ?).

La Renaissance est une manière de sentir, de penser, de créer, commune au peuple et à ces classes privilégiées qu'on appelle l'élite ; personne ne s'étonne des caractères franchement « révolutionnaires » d'une architecture qui retourne aux ordres romains, calque les façade d'églises sur l'étagement des arcs de triomphe antiques, adopte la coupole au détriment de la voûte, adapte les symboles des religions païennes à un très authentique sentiment chrétien : l'ange devient un *amorino*, les génies psychopompes étrusques abaissent leurs torches aux pieds des statues funéraires, les thèmes ornementaux sont empruntés aux vestiges des temples du Forum et Vitruve impose son empire indiscuté en matière de structures et de proportions.

La Renaissance florentine, férue d'antique, se met à l'école de Rome qui, elle-même jadis, avait reçu les leçons des Étrusques ; elle fait de la jouissance artistique une satisfaction intellectuelle, puisque les édifices nouveaux, d'Alberti, de Brunelleschi ravissent l'esprit sans émouvoir le cœur, mais non sans qu'une curieuse plénitude de bien-être sensoriel, que l'on peut dire cénesthésique, accompagne les délices de l'intellect. Parce qu'il s'adresse à un peuple plus intellectuel de nature qu'affectif – car tel est le Florentin, – cet art est accepté et applaudi sans discussion et sans effort : la révolution esthétique promue par les Médicis s'accomplit dans un consentement unanime. Le peuple sanctionne leur choix artistique d'aussi bon gré qu'il approuve leurs actes politiques. Si l'acceptation politique a, assez souvent, été obtenue par la ruse ou l'habile déguisement de la force, la pression exercée par la Banque sur l'opinion et la décision dans les conseils de tous ceux dont le succès dans les affaires dépend du bon vouloir de Cosme, l'unanimité artistique est spontanée et sincère : cela se voit aussi à ce que les artistes choisis par les Médicis, architectes, peintres ou sculpteurs, sont employés également par les Strozzi, les Albizzi, les Pitti, les Tornabuoni, les Sassetti, qui semblent se plier, eux aussi, au goût du maître du jour.

Ces grandes familles pratiquent, chacune de son côté, un mécénat qui, quoique n'étant pas aussi fastueux que celui des Médicis, donne son empreinte à l'art florentin du Quattrocento : cette empreinte, quel que soit le sceau qui la marque, est d'une saisissante homogénéité. Que les traits originels doivent être inscrits au mérite des Médicis, ou non, il reste évident que ces Médicis sont inséparables de tout ce qui se fait à Florence à cette époque-là – et pour longtemps encore, – qu'ils l'aient commandé et payé, ou non. Leur influence sur la Renaissance italienne, et par là sur toute cette partie de la Renaissance européenne qui restera, partiellement du moins, d'obédience italienne, est incontestable, et dépasse énormément toute énumération que l'on peut faire de ce qu'ils ont commandé, églises, palais, fresques, statues, orfèvreries, et dans l'immense champ de ce qu'on appelle les arts décoratifs. Ils ont donné à la Renaissance leur esprit, leur notion du beau et de l'utile, le sens de la fonction et de la délectation, la volonté d'harmoniser les élans physiques et les impulsions intellectuelles, l'économie d'une perfection faisant part égale aux sens et à l'esprit, quitte à laisser à l'écart des passions vulgaires et des émotions faciles. L'instinct des Médicis, cet infaillible instinct du beau et de l'excellent, perpétuellement exercé et affiné dans le contact quotidien des chefs-d'œuvre, et, chose plus méritoire encore chez les *connoisseurs*, les collectionneurs, les amateurs, uniquement des chefs-d'œuvre, aperçoit dans le petit Buonarroti auquel on a permis de tailler la pierre dans le cloître de San Marco, qui deviendra le commensal attitré de la table des « princes », le surhumain génie des statues funéraires de San Lorenzo, l'architecte du Capitole et de la Bibliothèque Laurentienne, le peintre de la Sixtine. Ce don de la découverte qu'ils ont, est, transposé sur le plan du mécénat artistique, le même probablement qui leur faisait retenir, parmi les opérations de la banque, les affaires qui méritaient d'être renflouées, ou refuser celles qui étaient promises au naufrage.

L'œil de Cosme, tel qu'on le voit sur ses portraits véridiques, et l'œil de Laurent, jusque dans les effigies idéalisées, appréhendent, saisissent, embrassent de la même manière un fait politique, une option financière, et une œuvre d'art. Ce fut une des raisons majeures du succès des « grands Médicis », au XVe siècle, que leur aptitude à répondre, immédiatement et spontanément, et sur tous les plans où s'exerçaient leurs talents, à ce que voulait l'« esprit du temps ». Ils sont une création de leur époque, qu'ils ont comprise et assimilée et sur laquelle, en retour, ils ont marqué leur influence. Les différences mêmes, que l'on remarque dans la nature du mécénat de Cosme et de celui de Laurent révèlent dans quelle mesure le premier est un ancêtre, c'est-à-dire un fondateur, et le second un « héritier » qui n'a eu qu'à recueillir la puissance et la fortune de son grand-père. Leurs goûts artistiques sont aussi exacts, raffinés et parfaits, mais ils portent leurs choix vers des activités différentes, Cosme étant épris par-dessus tout des grands ouvrages d'architecture alors que son petit-fils est, davantage, un collectionneur dont la curiosité et l'intérêt vont aux verreries précieuses, aux pierres taillées – ses vases de jaspe, d'agate, de calcédoine, de cristal de roche, décorés d'orfèvreries sont célèbres, – aux gemmes et aux intailles antiques. Il a le goût grand, mais il sait appliquer aussi cette grandeur aux petites choses. Il aime les manuscrits plus pour les miniatures qui les ornent que pour la rareté du texte ; il semble, aussi, avoir plus d'inclination pour la poésie que pour la philosophie et l'érudition pure.

On peut voir là une différence de nature entre le grand-père et le petit-fils, et la conséquence de ce fait que Cosme avait eu une tâche énorme à achever, en politique, dans les affaires, pour l'embellissement de Florence et l'accroissement des œuvres d'assistance, et que Laurent n'avait plus eu qu'à continuer ou même à recevoir terminé ce que son grand-père avait commencé. Les inventaires des collections médicéennes que l'on possède, les trésors de l'Argentaria au Palazzo Pitti, et les reliques des collections de Laurent éparpillées dans les différents musées de Florence et d'ailleurs, nous permettent d'avoir une impression précise et véridique de leurs préférences esthétiques, qui correspondaient, elles aussi, aux variations du goût de la première à la seconde moitié du XVe siècle. N'oublions pas le rôle qu'avait joué, déjà, Giovanni di Bicci, tout au début de ce siècle, dans l'organisation du concours pour l'édification de la coupole du dôme de Sainte-Marie-de-la-Fleur, et l'ingénieuse idée qu'il avait eue d'inviter tous les représentants de la banque Médicis dans les pays étrangers à se mettre en rapport avec des architectes d'Allemagne, de France, des Pays-Bas, pour les pousser à prendre part à ce concours. Donatello, qui aura tant profité des encouragements et des largesses du Père de la Patrie, témoignera sa reconnaissance en demandant d'être enterré aux pieds de celui qu'il appelle son bienfaiteur. Quant à Michelozzo, il avait refusé de se séparer de Cosme quand celui-ci avait passé à Venise son temps d'exil, et il en avait profité pour édifier, aux frais de son patron et sur ses conseils, la bibliothèque de San Giorgio.

Le qualificatif de « Magnifique », décerné à Laurent par ses contemporains et ratifié par la postérité, tendrait à laisser croire qu'à lui reviennent, plus qu'à son grand-père, les mérites d'avoir provoqué et stimulé la croissance de la Renaissance ; il y a une sorte d'éclat fascinateur dans la cadence même de ce nom, Laurent le Magnifique, et ceux qui ne sont pas instruits des efforts de l'un et de l'autre en faveur des arts et de la culture pourraient être portés à désigner comme le « siècle de Laurent le Magnifique » une époque sur laquelle rayonne avec plus d'éclat la figure de Cosme. Pendant les trente années de son règne, de 1434 à 1464, le Père de la Patrie a fait, pour l'architecture, principalement, plus que ne feront ensemble ses successeurs : Michelozzo avec le palais Médicis, en 1444, Alberti avec la façade de Santa Maria Novella commencée en 1456, achevée six ans après la mort de Cosme, Brunelleschi avec Santo Spirito en 1436, jalonnent la carrière du banquier d'étapes glorieuses, et permettent de discerner dans toutes les œuvres qu'il a inspirées, ou encouragées, ou admirées, cet esprit de grandeur simple, de majesté et de gravité qui définit son esthétique propre et, également son éthique, ainsi que ce sentiment de *commoditas* et de *voluptas* comme disait Leone Battista Alberti, reconnaissable dans toutes les actions, en tant qu'individu et homme public, de Cosme, qui recherche cette dignité modeste propre aux Florentins, cet amour de l'intimité confortable, et de ce plaisir raffiné que l'on prend à l'excellent que Alberti résume dans le mot *voluptas*, de cette satisfaction cénesthésique et, en même temps, esthétique, que procure l'architecture, ainsi que le dit l'auteur de *De Re aedificatoria* : « De même que sur la cithare ou la lyre les notes graves s'accordent aux aiguës et aux moyennes, produisant une harmonie qui est une joie pour l'oreille, de même existe-t-il un rythme des autres choses et surtout des édifices ; car, ordonnés et situés suivant un juste mode et une juste proportion, ils émeuvent et ils ravissent les yeux de ceux qui les considèrent. »

Les noms des artistes les plus magnifiques et les plus illustres de cette époque où le génie fut plus abondant, plus riche en éléments novateurs, et plus admirable qu'à aucune autre époque, doivent être associés à celui de leurs « patrons » ; parmi les sculpteurs, Ghiberti (1381-1455), Verrocchio (1436-1488), Donatello (1386-1466), Desiderio da Settignano (1428-1464), Benedetto da Maiano (1442-1497), bientôt aussi Michel-Ange. C'est au Quattrocento qu'ont été posés les grands principes de l'analyse spatiale, le problème de la position, matérielle et spirituelle, de l'homme dans l'univers, la représentation de la lumière et de l'atmosphère dans laquelle baignent les corps ; par Masaccio (1401-1428), Paolo Uccello (1397-1475), Piero della Francesca (1420-1492). L'idée dominante de la « proportion divine », de la « section d'or », de la métaphysique des nombres régnant sur l'esthétique avait été familière au Moyen Âge, et l'art gothique en avait fait un large usage, mais il vient à l'esprit des artistes de la Renaissance de la codifier, d'en bâtir le soubassement d'une science exacte pour la définition et la description de l'univers. La construction géométrique abstractisante qui visa à sous-imprimer, sous les formes visibles, un schéma idéel valable pour tout et partout, se développe en même temps, et au même rythme que la prospection de la nature sensible, l'amour de la réalité tangible, l'introduction de l'information sensorielle concourant avec la construction intellectuelle pour une connaissance totale de l'humain et de son environnement.

Des techniques nouvelles naissent, qui prêtent l'éclat de la polychromie et du brillant aux bas-reliefs en terre cuite, dus à l'ingéniosité des Della Robbia : ce fut le père, Luca Della Robbia 1400-1482, qui, sculpteur, eut l'idée de substituer au marbre et au bronze la terre cuite qu'un revêtement d'émail protégeait contre les « injures du temps », comme dit Vasari. Luca avait inventé cet émail composé de *terragheta*, de sable et d'étain, et bientôt les édifices florentins se couvrirent de chatoyantes décorations exécutées de cette manière, les *putti*, ces pittoresques bébés emmaillotés qui ornent l'Hôpital des Enfants Trouvés, ou Ospedale degli Innocenti, dû à la généreuse initiative de Cosme, et à son argent, et au génie de Brunelleschi.

De l'Antique, on hérite un sentiment très vif et très caractéristique de la beauté corporelle que le Moyen Âge théocentrique avait sous-estimée, redoutée, comme si la volupté était un piège du démon, et effacée ou, au moins subordonnée à la beauté spirituelle. La louange du nu, représenté dans sa vérité objective et, en même temps, idéalisé par le rayonnement que répandait, sur l'expérimenté, le rêvé, l'imaginé, court à travers la sculpture et la peinture de la Renaissance italienne comme l'affirmation d'une perfection contemplée et pensée, œuvre des sens et de l'intellect conjugués. Que les souvenirs du Moyen Âge soient encore actifs dans la Renaissance médicéenne, la prédilection de Cosme *Pater Patriae* pour Fra Angelico (1387-1455) l'atteste pleinement. Par l'idéalisation des formes, le symbolisme des couleurs et, surtout, par la tendre et délicate dévotion qui empreint toutes ses œuvres, ce religieux appartient au Gothique dont il prolonge en plein Quattrocento la prédominance du Sacré chrétien sur le Paganisme qui lance ses assauts, si importants que puissent être chez ce disciple de Masaccio un sens tout à fait nouveau – et qui n'a plus rien de médiéval – de la disposition des figures dans l'espace, de l'air qui les environne, et de l'application aux proportions d'un esprit pythagoricien. Dans ce siècle où l'amour de la réalité s'impose de plus en plus – réalité des corps, réalité du paysage, réalité de l'atmosphère et de la lumière… – la piété de Fra Angelico transporte en plein Paradis les moines du couvent de San Marco dont il décora les cellules.

Sous le règne de Laurent le Magnifique, le rêve païen voisine avec le rêve chrétien et tend à le refouler dans un passé qui paraîtra désormais archaïque et périmé. Le passage de la peinture gothique à Fra Angelico s'opère suivant cette tradition toute naturelle que l'on remarque aussi chez les humanistes de l'entourage de Cosme ; les formes évoluent plus vite que le sens de la spiritualité ; malgré tout ce qu'il y a de moderne dans sa construction, l'esprit d'Angelico adhère encore au XIVe siècle. La ferveur religieuse des Florentins sera, d'ailleurs, peu entamée par le Paganisme, seulement effleurée. Quoique Laurent le Magnifique ait proclamé, dans son célèbre chant de

Bacchus et Ariane, sa prédilection pour les Dieux d'autrefois, il écrit avec le même zèle des *Laudes* à la Vierge et, dans tous les actes de sa vie pieuse, il n'a rien changé à la foi et aux cérémonies de ses ancêtres. Cette coexistence d'une sensibilité chrétienne et d'une sensibilité païenne pourrait faire douter de la sincérité de celle-ci, et la faire soupçonner d'être aussi artificielle, aussi affectée que celle des poètes de la Pléiade française, et le sacrifice au bouc accompli par Ronsard et ses amis.

Il n'y a pas de raison de douter, cependant, de l'authenticité du sentiment païen chez Botticelli (1444-1510), puisque, après la crise de conscience subie par lui après avoir écouté les sermons de Savonarole et son adhésion sans réserve aux idées des *piagnoni*, ce peintre est revenu à une foi chrétienne absolue. Il ne serait pas excessif de discerner une sorte d'ambiguïté pagano-chrétienne dans sa *Vierge à la Grenade* ou la *Vierge au Magnificat*, et le Christ de sa *Mise au tombeau* est un Adonis imberbe, contrairement à la tradition évangélique, ambiguïté qui révélerait une alternance ou une confusion entre des tendances antagonistes : *La Calomnie d'Apelle*, *Le Triomphe de Flora*, au contraire, *La Naissance de Vénus*, *Pallas et le centaure* (qui est une allégorie de la victoire des Médicis sur leurs ennemis), appartiennent, si l'on veut la définir ainsi, à la « période paganisante » de Botticelli, et peu importa qu'il ait peint à la même époque des tableaux de dévotion. Il nous suffit qu'il ait éprouvé et exprimé, avec ce singulier mélange d'allégresse et de mélancolie que l'on voit dans ces tableaux, comme dans les fresques de la Villa Lemmi, un élan d'attachement et de ferveur à l'égard des divinités antiques. Il est caractéristique aussi que, plus d'une fois, il se soit inspiré, pour composer ces allégories païennes, de poèmes de Laurent ou de Politien.

Si l'on voulait analyser les nuances particulières de ce conflit entre le christianisme traditionnel et ce paganisme suscité par l'enthousiasme nouveau, spontané et loyal, que suggère la redécouverte des dieux antiques, à Florence et, plus qu'ailleurs, dans cette « cour » des Médicis qui donne le ton aux autres principautés italiennes, on devrait noter combien, chez Michel-Ange, ces forces qui restent antinomiques et alternées chez Botticelli, s'efforcent d'atteindre, à grand effort et douloureusement, une harmonie qui ne leur est pas naturelle. Dans son art et dans sa pensée d'artiste, le sculpteur des tombeaux Médicis à San Lorenzo s'instruit également auprès des prophètes de la Bible, des évangélistes, et de ces syncrétistes de l'entourage de Cosme, Ficin et Pic de La Mirandole, qui aspiraient à la réconciliation, et l'on a dit déjà à quel point ils la souhaitaient et la préparaient, sans se douter de l'inévitable échec de ce beau rêve.

Dans le cercle humaniste des Médicis, Michel-Ange (1474-1564) s'est formé cette philosophie de la vie et cette foi métaphysique qui sous-tend son œuvre tout entière, et qui s'appuie simultanément sur les livres saints et sur Platon, prolongeant ainsi les initiatives d'un Ficin, fixant en images ce qui restait virtuel et idéel dans les cercles érudits. Ce dont on parlait, à Poggio a Caiano, à Careggi, a pris forme, bien des années plus tard dans la structuration théologique du Plafond de la Chapelle Sixtine et le *Jugement Dernier*. À la différence de Botticelli dont il semble que la différence d'option philosophique ait partagé la vie en deux moitiés, la pensée et la passion de Michel-Ange sont allées, des extrêmes de la volupté païenne, aux extrêmes de la volonté d'ascèse chrétienne, sans jamais pouvoir se détacher complètement de l'une ou de l'autre, et, en cela, il offre le meilleur exemple du platonisme célébré à Florence, sous le patronage de Cosme, cent ans plus tôt.

À Florence, le mécénat individuel, tel que l'ont exercé, naturellement, les Médicis, mais aussi les autres grands bourgeois toscans qui ne voulaient pas paraître moins riches ou moins généreux qu'eux, se fond dans une homogénéité, significative parce qu'elle est la conséquence du fait que ces mécènes n'exigent pas l'exclusivité des artistes qui travaillent pour eux : un Ghirlandaio, un Lippi, mettent leur talent au service des Tornabuoni, des Strozzi, des Sassetti, des Pazzi. Le fait que leurs concurrents donnent des commandes à des architectes et à des peintres qu'eux-mêmes ont découverts et « lancés » flatte davantage leur amour-propre et sert leur popularité. De tout temps, enfin, il y a eu, à Florence, et jusque dans la couche la plus humble de la population, une société à peu près unanime attentive à l'art. Les chroniques ont conservé le souvenir de grands mouvements d'enthousiasme collectif, authentiquement populaire, qui accueillaient certaines œuvres d'art, et la tradition veut que le nom de *Borgo allegro*, quartier joyeux, ait été donné à l'occasion du transport d'une magnifique Vierge peinte dans l'église paroissiale où tous les habitants l'avaient accompagnée en cortège au milieu d'une liesse générale.

Le fait qu'il existait, depuis le Moyen Âge, une société capable de recevoir et d'encourager les artistes, car un individu, si riche et si intelligent soit-il, comme les Médicis, n'y suffit pas, et le « siècle d'Auguste » fut aussi le siècle de Mécène, a fourni le terrain favorable à l'ensemencement et à la floraison. Les peintres du XIIIe et du XIVe siècle qui travaillaient pour les évêques et les abbés florentins, prêtaient aussi leur talent aux familles riches ; les Bardi, les Baroncelli, les Perruzzi tinrent à honneur d'avoir leurs chapelles funéraires dans les églises peintes par Giotto et, après lui, les Gaddi, qui avaient alors le plus de renom. On ne remarque aucune interruption dans cette collaboration très large et très chaleureuse entre les artistes et la société à laquelle s'adressent leurs œuvres si « modernes » qu'elles fussent, c'est-à-dire étrangères aux habitudes esthétiques du plus grand nombre, et bien faites pour surprendre et parfois même choquer le goût commun. Le mot Renaissance, ordinairement employé pour désigner cette période de l'histoire de l'art qui s'étend entre le Gothique et le Baroque, ne peut pas être étroitement délimitée, chronologiquement parlant ; il n'y a eu aucune rupture, les phénomènes esthétiques étant l'objet de longues transformations intérieures et extérieures, et non pas de créations *ex abrupto*. On a pu, à ce sujet, parler d'autres « renaissances », précédant celle du Quattrocento italien : la Renaissance dite carolingienne, par exemple, et on sait que bon nombre d'aspirations, de tendances, d'idées que l'on croit avoir été inventées ou inaugurées par ce Quattrocento existaient déjà, en germe ou même en floraison, dans la pensée médiévale.

Quand on parle de Renaissance, cependant, on met, consciemment ou non, l'accent sur l'événement qui avait ébloui davantage l'ensemble des hommes du XVe siècle, et qui en était devenu la définition et la synthèse : la redécouverte de l'Antiquité grecque et romaine, et les prodigieux enseignements qu'en avaient tirés les érudits et les artistes. Quand Vasari emploie, en parlant de ce temps-là, le mot *Rinascimento*, qui lui-même est une nouveauté, et des plus caractéristiques, il désigne principalement le zèle et l'enthousiasme qui suivent le retour à l'Antiquité. Cela est très vrai. Architectes et sculpteurs du XVe siècle étudient les vestiges des monuments romains, les analysent et les mesurent. On scrute les livres des philosophes et des historiens, la mythologie se met à la mode, et cette passion que beaucoup apportent à vivre « comme les Anciens » paraît être un effort touchant et un peu naïf pour ressusciter un monde irrévocablement défunt. Cette passion, pourtant, est un vif stimulant à la création originale, car, même lorsqu'ils croient imiter les Anciens, les artistes véritablement doués d'une personnalité authentique et vigoureuse la laissent se développer, et ce qu'ils font, alors, est réellement neuf. Mais cette nouveauté est accessible à tous, justement parce qu'il n'y a pas de rupture, de cassure profonde, entre le passé et le présent ; on constate, au contraire, un enrichissement, un affinement, un approfondissement incessants, qui ne brisent pas la continuité. Il ne se manifeste aucune forme de divorce entre l'esthétique des artistes et celle du grand public, comme on l'a vu se produire et s'aggraver à la fin du XIXe siècle et depuis le début du XXe, où la nouveauté revêtait des formes si extrêmes qu'elles n'étaient plus intelligibles qu'à une petite élite, alors que le grand public, désorienté, rebuté, n'avait plus qu'hostilité, ou, à tout prendre, indifférence à l'endroit des tentatives révolutionnaires.

À bien des égards, l'art de la Renaissance quattrocentesque fut une suite de révolutions, mais ces révolutions mêmes se firent avec l'acquiescement du public, et non pas malgré lui ou contre lui. Les architectes, qui délaissent le gothique, empruntent aux monuments antiques des combinaisons structurales, des systèmes de proportions et des techniques, des thèmes ornementaux, mais ils ne s'abaissent pas jusqu'à copier des temples romains : ils inventent des organisations nouvelles, des solutions imprévues. Le génie d'un Brunelleschi ou d'un Alberti est nourri de culture, et nul n'a, aussi éloquemment qu'eux, affirmé qu'un artiste sera d'autant plus grand qu'il sera plus cultivé, c'est-à-dire plus complètement informé de ce qui s'est fait avant lui. Pétrarque, déjà, avait dit : « Après que l'obscurité se sera dissipée, nos petits-fils seront capables de retourner en arrière dans le pur rayonnement du passé. » Les novateurs les plus audacieux savent qu'on ne crée pas *ex nihilo* ; ils écoutent volontiers les leçons de leurs devanciers, et parmi ceux-ci, de préférence les plus anciens, les Grecs et les Romains. Le mot humaniste, qui décrit si bien la civilisation florentine de l'âge d'or médicéen, n'a commencé d'être employé qu'à partir de 1460, mais, depuis longtemps, on savait ce que réclamait l'idéal de totalité et de perfection humaines qui stimulait les artistes, les érudits, les connaisseurs d'art et d'érudition. Ceux-ci ne sont pas des maniaques du passé, ni des archéologues : ils font place égale, dans leurs collections, aux œuvres modernes et aux objets antiques, quoiqu'on tende aujourd'hui à diminuer le rôle actif et robustement créateur d'un parfait humaniste comme Laurent le Magnifique, en alléguant l'intérêt qu'il porte aux vases étrusques, trouvés dans les tombes que l'on commence à fouiller, autrement que pour en dérober des trésors. Le portrait qu'a tracé de lui l'auteur de la *Storia fiorentina*, Guichardin, nous apprend comment et pourquoi il fut le « maître du goût », à son époque, que les princes enviaient, parce qu'il possédait « les plus beaux objets venus de l'univers entier », et, plus encore, parce qu'il montrait l'éclectisme le plus complet, s'intéressant en *connoisseur*, « autant à la musique, à l'architecture, à la peinture, à la sculpture, à tous les arts de talent et d'industrie, de telle sorte que la ville était extrêmement riche de toutes sortes de splendeurs, lesquelles naissaient d'autant plus que lui-même, étant universel, savait en juger et apprécier les hommes, de telle manière que tout le monde pour lui plaire rivalisait. »

L'originalité et l'esprit d'invention des maîtres de la Renaissance sont attestés par leurs œuvres. De Brunelleschi, dont Vasari disait qu'il avait été envoyé par le Ciel pour doter l'architecture de formes nouvelles, après qu'elle s'était égarée pendant plusieurs siècles (le bon Vasari rejetant ainsi, dans son aveuglement, tout le Moyen Âge gothique), avait étudié les techniques et le style des Romains, et il en déduit le souple et sévère classicisme des églises de San Lorenzo, de Santo Spirito, et l'hôpital des Enfants trouvés que les Della Robbia décoreront de bas-reliefs composés suivant la méthode inédite et ravissante de la terre cuite émaillée.

Toutes les tendances esthétiques et intellectuelles qui paraîtraient antinomiques si l'on ne savait pas que leur réunion est nécessaire pour atteindre cette parfaite totalité qui est l'esprit même de la Renaissance florentine se rassemblent en faisceau : fidélité aux doctrines de l'Antiquité et audace d'invention moderniste, culte de la beauté idéale et du réalisme objectif, sensibilité vibrante et sensorialité affinée jusqu'à l'extrême acuité des perceptions visuelles et tactiles. Donatello qui vénère le classicisme grec est aussi passionnément attaché à un naturalisme qui serait tout au plus hellénistique : on connaît son apostrophe à la fameuse statue du Zuccone – le chauve – du campanile du *duomo* de Florence, « Favella, favella » (« Parle, parle »), comme s'il se sentait capable de contraindre à la parole un personnage dont il a rendu déjà avec une prodigieuse minutie toutes les particularités corporelles.

Ce fut, précisément, un des éléments de la suprême grandeur de cette Renaissance que de ne s'être jamais immobilisée dans une doctrine, un système ; la liberté plénière reconnue à chaque artiste d'exprimer sa personnalité dans ce qu'elle a d'unique, abolit l'« esprit d'école ». Il existe des ateliers, dans lesquels des élèves forment leur talent et leur métier auprès d'un maître, qui, dès leur plus jeune âge, leur enseigne les rudiments de la technique picturale ou sculpturale – et, souvent, les deux ensemble, puisque l'homme de la Renaissance est, par définition, un artiste complet qui ne dédaigne pas de délaisser pour un moment le tableau ou la statue afin de peindre un bouclier, ciseler un bijou, esquisser le dessin d'un arc de triomphe, composer des costumes pour un ballet ou une mascarade. Léonard de Vinci, (1442-1519), le plus savant et le plus érudit de tous les hommes de son siècle, brodait des devises pour les vêtements d'apparat, fabriquait des automates ingénieux, dans les loisirs que lui laissaient les plans de balistes et de chars d'assaut équipés de canons, de vaisseaux sous-marins, d'écluses de canaux, de machines à voler ou à plonger, et ses méditations sur les lois secrètes de la nature, les mystères de la physiologie humaine, de la vie végétale et des astres.

L'édification d'une dogmatique des lois de la beauté, la poursuite d'une beauté à la fois conforme à l'Idée et expressive dans son individuation, tout cela est commun à la Grèce antique et à la Toscane moderne, mais celle-ci regarde la nature avec des yeux différents, et c'est à cette nouveauté du regard et de la sensation que nous devons une conception tout à fait nouvelle du paysage. Déjà chez les Pollaiuolo (Antonio, 1429-1498 ; Piero, 1433-vers 1495), chez Piero di Cosimo, chez Piero della Francesca, nous voyons se lever une aube inconnue. La société gothique, si attentive qu'elle ait été à la réalité objective des choses, les considérait encore comme subordonnées à l'homme qui était lui-même subordonné à Dieu. L'anthropocentrisme de la Renaissance, succédant au théocentrisme médiéval, accorde une signification et une valeur concrètes à la nature ; en attendant le moment où le paysage deviendra, avec Léonard de Vinci, l'incarnation d'un immense mythe cosmique, où la perception sensible est emportée dans le vol impétueux de l'esprit, les images de la campagne toscane cesseront d'être un décor, plus ou moins vaguement stylisé, synthétisé, rarement identifiable par une localisation précise : ce sera tel lieu de colline ou de plaine à telle heure de la journée, identifiée par le rassemblement des sensations de lumière, de chaleur, de moelleux ou d'aridité, avec la musique des arbres et des eaux, le souffle du vent, le mouvement des nuages. Cette intégration du mouvement à une figuration qui était jusqu'alors restée immobile, statique, bloquée dans l'ataraxie de la matière, favorise une considérable ouverture sur l'être et sur le devenir, sur la communion de l'homme avec tout ce qui l'entoure, tout ce qui possède sa vie propre et ne dépend plus de lui – ni de Dieu. En cela aussi les artistes, dans la traduction spontanée et intuitive qu'ils font de l'âme du monde et de ses formes visibles, sont très en avance sur les philosophes et les humanistes encore pétrifiés dans les schémas de la pensée antique ou de la scolastique médiévale, ou ne s'en délivrant que par un effort à la fois inquiet et passionné, audacieux et intimidé.

Telle est la position de l'esthétique florentine dans l'entourage des Médicis, avec l'inflexion des particularités qu'apportent les puissantes personnalités du Père de la Patrie et du Fils du Soleil, puis, après eux et malgré l'intermède iconoclaste du règne de Savonarole, la reprise du mécénat, sous d'autres formes, avec d'autres intérêts intellectuels et d'autres ambitions, dans la seconde période du « triomphe médicéen », sous l'autorité de Cosme Ier et de ses successeurs, et, à Rome, sous le pontificat de Léon X et de Clément VII, quand le centre d'attraction et d'action se déplace de la Toscane vers les États pontificaux. Les époques changent, les hommes aussi : il arrive, en même temps, que le pouvoir et l'influence passent d'une « branche » de la famille Médicis à une autre « branche », mais les souches de l'arbre généalogique (voir page 14) restent les mêmes, qu'il s'agisse de descendance directe ou collatérale, et le même aussi, avec des variations inévitables, cet « esprit Médicis » que diffusèrent en Italie et qu'introduisirent jusque en France tous les membres de cette glorieuse Maison.

humanistes encore pétrifiés dans les schèmes de la pensée antique ou de la scolastique médiévale, ou ne s'en délivrant que par un effort à la fois inquiet et passionné, audacieux et [illegible].

Telle est la position de l'esthétique florentine dans l'entourage des Médicis avec l'affection des particularités qu'apportent les puissantes personnalités du Père de la Patrie et du Fils du soleil, puis, après eux et malgré l'intermède iconoclaste du règne de Savonarole, la reprise du mécénat sous d'autres formes, avec d'autres interprétations intellectuelles et d'autres ambitions, dans la seconde période du « triomphe médicéen », sous l'autorité de Côme Ier et de ses successeurs, et, à Rome, sous le pontificat de Léon X et de Clément VII, quand le centre d'attraction et d'action se déplace de la Toscane vers les États pontificaux. Les époques changent, les hommes aussi : il arrive, en même temps, que le pouvoir et l'influence passent d'une « branche » de la famille Médicis à une autre « branche », mais les sources de l'arbre généalogique (voir page 14) restent les mêmes, qu'il s'agisse de descendance directe ou collatérale, et le mécénat, avec des variations inévitables, est « esprit Médicis » que diffusèrent en Italie et qu'introduisirent jusqu'en France tous les membres de cette glorieuse Maison.

Chapitre VI

LAURENT, FILS DU SOLEIL

Le qualificatif de « Magnifique », que la tradition, suivant l'usage des contemporains, attache au nom du petit-fils de Cosme, était, à cette époque, non pas commun certes, mais fréquemment donné à des personnages notables que l'on voulait honorer ; l'Italie moderne perpétue cet usage en décernant à un recteur d'université le titre de « Recteur magnifique ». L'épithète qui aurait mérité davantage d'être adoptée par la postérité est celle que Marsile Ficin lui adressa, dans un élan d'enthousiasme : « Fils du Soleil ». Il y a, en effet, autour du visage physiquement laid mais si attachant par tous les éclats du génie qui l'illuminent, un rayonnement solaire, l'éblouissante fraîcheur d'une jeunesse vive et joyeuse, que peu de peintres ont su exprimer. Le portrait de Laurent par Benozzo Gozzoli dans la fresque des *Rois mages* de la chapelle du Palazzo Medici, est purement idéalisé. Le buste de Verrocchio et le tableau de Vasari sont plus proches de la réalité attestée par le masque moulé sur le cadavre, d'une grandeur solennelle, farouche, et presque terrible ; le Fils du Soleil est revenu à la Terre qui a repris possession de lui.

Le talent du poète s'ajoute à cette sorte d'auréole « solaire », et l'art prodigieux, aussi, qu'il avait de vivre en beauté que le plus célèbre des Médicis a porté à son plus haut degré de perfection. Ce culte de la divine beauté, dont il a parlé dans sa lettre à Niccolò Michelozzo, répond à l'idéal général de la Renaissance ; il se répand dans toutes les actions de la vie, conformément à un canon psychologique tout autant qu'esthétique ; il s'y mêle un élément d'étrangeté, d'excellence en soi (dans le bien comme dans le mal), d'intrinsèque perfection et même d'efficacité pratique. Machiavel n'hésite pas à qualifier de très beau (*bellissimo*) et les contemporains indifférents aux valeurs morales lui donnent raison, le stratagème par lequel César Borgia attire dans un château isolé pour les y faire assassiner ceux de ses propres *condottieri* dont la fidélité lui paraît suspecte. La Renaissance dissocie totalement les critères de beauté matérielle et de beauté morale, qui, dans la pensée du Moyen Âge, était inséparable – ou ne devait pas être séparée – de la première. Ce nouveau concept de beauté, attribut parfait et intégral d'un objet, d'un être ou d'un acte, para cette époque d'une atmosphère d'esthétisme, d'hédonisme, qui est, évidemment, quelque chose sans précédent dans l'histoire de la civilisation chrétienne puisqu'on doit aller en chercher les antécédents chez les Romains et les Grecs. Cette vénération toute platonicienne de la Beauté en soi, évidente dans la philosophie de Ficin, la poésie de Politien et de Laurent le Magnifique, et poussée au paradoxe et à l'absurde dans le crime par le « tyran » de Rimini, Sigismondo Pandolfo Malatesta, colore la Florence du Quattrocento des nuances les plus délicates et les plus ravissantes, et entoure les péripéties de l'« existence inimitable » que les hommes de ce temps-là enviaient à l'Antiquité, et que Laurent s'efforça de réaliser dans tous les domaines avec une splendeur dont les cours les plus raffinées et les plus riches de ce temps-là s'efforcent d'égaler le renom. Destiné à ressusciter l'âge d'or d'autrefois, Laurent possédait les trois grâces que Politien déclarait nécessaires à l'individu parfait : la splendeur de l'esprit, la joie de la volonté, la verdeur du corps et de la fortune (César Borgia, lui aussi, vantait sa « chance » verte, et c'est lorsque celle-ci s'est assombrie et éteinte qu'il a compris que sa fin était proche).

Chez le Magnifique, les dons naturels de l'intelligence et la formation reçue des érudits les plus renommés de ce temps avaient fait de lui un humaniste complet et, plus encore, un chef-d'œuvre humain : ce genre de chef-d'œuvre que rêvaient, à cette époque, de construire les grands éducateurs de la Renaissance, Vittorino de Feltre, Guarino de Vérone, qui aspiraient à produire dans leurs écoles des têtes bien faites autant que bien remplies, avec une harmonie plénière du corps et de l'esprit. Modelé par Gentile d'Urbino, Argyropoulo, Cristoforo Landino, et, bien entendu et au premier rang, le familier du palais Médicis : Ficin, Laurent reçut une culture large et éclectique, à laquelle ne manqua même pas une formation religieuse due à sa mère Lucrezia Tornabuoni. La dualité de caractère à laquelle les contemporains ont souvent fait allusion, se retrouve ici dans l'harmonieuse coexistence d'une esthétique paganisante et d'une morale et d'une métaphysique rigoureusement chrétiennes. La longue patience qu'il aura envers les insultes et les menaces de Savonarole prend sa source dans l'authentique respect et la sincère admiration qu'il avait pour le moine de Ferrare, cet orateur prophétique qui aurait voulu ramener l'Église à la pureté et aux vertus des premiers siècles. Il était aussi capable de comprendre et, dans un certain sens et une certaine mesure, d'approuver, ce « fléau de Dieu » que de platoniser avec ses érudits ; il était assez perspicace, en effet, pour reconnaître dans ce Dominicain véhément une incontestable qualité de grandeur qui, tout antipathique qu'elle était aux adorateurs de la Beauté, éveillait dans sa conscience de profonds échos.

On remarque aussi, parmi les complexités de cette nature si riche, l'accord des habitudes simples et du goût du faste et du luxe. Laurent donnait l'hospitalité, dans son palais de Via Larga, à une cinquantaine de convives, qui, tous, mangeaient à sa table, sans distinction de rang, d'origine sociale : le talent était le seul passeport qui donnât accès auprès du maître de Florence, et l'on voit celui-ci accueillir et traiter en fils un jeune garçon, issu du peuple, gauche et pauvre, dont il devine le génie futur et qu'il fait asseoir à sa droite : Michel-Ange. On rapporte aussi ce trait qui témoigne de sa bienveillance envers les plus modestes : un paysan étant venu, un jour, lui montrer un échantillon de minerai, Laurent causa longtemps avec lui, puis l'accompagna au-dehors, et se promena avec lui dans les rues de la cité, oubliant les hôtes qui l'attendaient chez lui. Sa table, on le sait, était frugale, et ses manières pleines de bonhomie. Tantôt on part tous ensemble pour la campagne, vers les villas de Careggi, de Cafaggiolo, de Poggio a Caiano, où ne règne aucune étiquette, chacun faisant ce que bon lui semble. Mais quand il est nécessaire pour son prestige et, certainement aussi, pour satisfaire ses goûts d'esthète princier, de donner une réception fastueuse, il éblouit les plus prodigues et les plus opulents. On peut regarder comme une protection nécessaire chez un homme très menacé par ses adversaires, et les complots des Pazzi et de Frescobaldi montrent à quel degré de férocité et de ruse ils pouvaient atteindre, le fait d'emmener derrière lui une dizaine de gardes armés, ce qui fut jugé par certains un symptôme de tyrannie. Luigi Pulci a décrit la Giostra, le tournoi, – les Florentins n'ayant conservé des habitudes aristocratiques que ces jeux chevaleresques –, de 1468, où se dépensa une richesse extraordinaire, et trois ans plus tard, les fêtes célébrées en l'honneur du duc de Milan, Galeazzo Maria Sforza, coûtèrent deux cent mille florins d'or.

On reconnaît dans tous ces traits les effets du plus puissant moteur psychologique des hommes de la Renaissance : l'amour de la gloire, la volonté de survivre dans la mémoire de la postérité. Dans les *Triomphes* décrits par Pétrarque et si souvent représentés par les artistes, graveurs, peintres, décorateurs de *cassoni*, le Char de la Renommée est le plus magnifique. Ce besoin, presque organique, de posséder une immortalité glorieuse est un des éléments les plus significatifs de ce culte voué par la Renaissance aux individualités éminentes qui, à n'importe quel titre et par n'importe quel moyen, se distinguent du commun des hommes, se détachent de leur masse anonyme et amorphe. Les louanges données par les humanistes, premier état des poètes de cour des siècles suivants, aux princes qui les protègent, assoient cette certitude de survie posthume, de même que les portraits peints par les artistes, même sous des prétextes religieux – la famille Médicis assistant à la visite des Rois mages dans *L'Adoration* de Botticelli –, les statues érigées par les sculpteurs. Le portrait, dans ce cas, n'est pas seulement un mémento, mais aussi, et surtout, un acte de quasi-déification ; considéré dans sa nature particulière et essentielle, le monument équestre, celui de Colleone par Verrocchio, celui de Gattamelata par Donatello, sont le prolongement des *Apothéoses* célébrées par les représentations équestres des empereurs romains, le cheval étant ici, comme dans les mythes antiques, l'animal psychopompe qui emporte l'âme glorifiée dans le paradis des héros divinisés.

Une statue équestre aurait mal convenu à ce grand bourgeois érudit qu'était Lorenzo, quoiqu'il montât volontiers à cheval et qu'il se fût distingué dans ces *Giostre*, ces tournois dans lesquels les notables florentins donnaient au peuple le spectacle de leur adresse à jouer de la lance et de la splendeur de leurs équipements. La joute n'est pas un divertissement italien ; elle a été importée d'Allemagne par les seigneurs du Moyen Âge ; elle conserve, par là, un caractère chevaleresque, féodal, contraire à l'esprit toscan. Dans ce jeu typiquement florentin, et démocratique, qu'est le *calicio*, partie de ballon disputée sur une place, entre deux équipes rivales, on doit probablement voir une survivance des guerres civiles entre factions ennemies, Guelfes et Gibelins, Blancs et Noirs. Le tournoi, aristocratique, héroïque, perpétue une tradition médiévale mais il a certainement beaucoup perdu de son contenu guerrier, dangereux, éventuellement même meurtrier ; ce n'est plus qu'une représentation théâtrale, comparable aux défilés du carnaval, destinés à immortaliser dans la mémoire des spectateurs et de leurs descendants, la magnificence des jeunes princes qui y ont participé. Afin que ce souvenir reste complet, exact, précis, les poètes décrivent minutieusement les détails et les péripéties de ces fastes théâtraux ; ainsi devons-nous à Luigi Pulci un rapport fidèle du tournoi du 7 février 1468, où s'illustra le Magnifique, et celui du 28 janvier 1475, qui vit les victoires de son jeune frère Julien qui devait, trois ans plus tard, mourir dans la conjuration des Pazzi.

Les carnavals, qui sont, chaque année, l'occasion de défilés somptueux, originaux et d'une beauté raffinée, répondent à la très antique tradition de la victoire du Printemps sur l'Hiver, de la Résurrection sur la Mort. Toutes les civilisations européennes, de tout temps, en ont fait à la fois une fête agraire destinée à entretenir la fécondité des récoltes, une liturgie religieuse rendant hommage aux divinités bienveillantes, particulièrement celles qui président à la fertilité de la Terre, et une liesse populaire où la foule, qui a oublié – ou ignore même – la signification réelle du mythe, manifeste sa joie du retour de la belle saison. Les artistes collaboraient à la confection et à la décoration des chars, des costumes, des accessoires portés par les personnes qui figuraient dans ces spectacles. Les poètes et les musiciens y participaient aussi en ce qu'ils composaient les chansons et les airs de ces sortes de représentations théâtrales ; le goût que l'on avait pour l'Antiquité faisait préférer les thèmes mythologiques : Laurent en choisissait les sujets et écrivait les poèmes que les musiciens de son entourage, Squarcialupi, par exemple, qui était son luthiste de prédilection, confiaient aux instruments et aux voix. Les *Triomphes* dont Pétrarque avait fixé le type étaient utilisés à cette occasion, et, pour cette raison, on voyait jusque dans ces fêtes joyeuses un Triomphe de la Mort : il semble que son aspect funèbre devait glacer la gaieté des assistants et des participants, dont l'allégresse tombait quand ils apercevaient les buffles noirs attelés au *carroccio* macabre. Au Moyen Âge, cette représentation des fins dernières de l'homme avait une fonction d'édification, invitant chaque individu à faire un retour sur lui-même et à se repentir : la Renaissance n'y verra plus qu'un thème de rhétorique ; le Baroque, profondément troublé et inquiet, reprendra les figurations funèbres, les solennisera, les amplifiera, comme pour en nourrir son angoisse de l'être et du devenir au lieu de l'apaiser. Il arrive toutefois qu'en pleine Renaissance et dans la Florence des Médicis reparaisse une résurgence des terreurs médiévales. Cela advint en 1511, quand ce peintre plein d'une bizarrerie géniale et fantastique, Piero di Cosimo (1462-1561), composa un *Char de la Mort* si saisissant que Vasari en a laissé une description, et où l'on peut voir un écho des prédications effrayantes dont Savonarole terrorisait ses auditeurs, et dont on retrouve un autre écho dans les gravures sur bois de son traité *Sur l'art de bien mourir.* Cette exaltation de la mort à une époque où poètes, artistes et musiciens proclamaient à l'envie la joie de vivre exprime si bien les contrastes intérieurs de cette Renaissance que l'on simplifie exagérément en n'y voyant qu'hédonisme et paganisme voluptueux, qu'il n'est pas inutile d'en rappeler les détails caractéristiques.

Piero di Cosimo avait travaillé en secret à l'ornementation de ce char dans une dépendance de l'église Santa Maria Novella où personne n'avait le droit d'entrer, si bien que l'effet de surprise et d'épouvante fut complet quand on vit s'avancer dans les rues ce monumental catafalque semé d'ossements et de croix blanches, traîné par les buffles noirs de tradition depuis Pétrarque : les licornes appartenaient au *Triomphe de la Chasteté*, les éléphants à celui de la *Renommée*, les cerfs à celui du *Temps*, les quatre animaux du tétramorphe à celui de la *Divinité*. Une Mort de taille gigantesque, tenant une faux, trônait au milieu du char, entourée de tombeaux fermés. À chaque arrêt de la procession ces tombeaux s'ouvraient et il en sortait des squelettes qui chantaient une complainte déchirante, alors très réputée : « *Dolor, pianto e penitenza* ». Derrière le char venaient des hommes déguisés en squelettes, montés sur les chevaux les plus décharnés qu'on avait pu trouver, portant des bannières et des torches noires, répétant sans interruption les strophes du *Miserere*. Les contemporains racontent que cette invention terrifiante valut à Piero di Cosimo une grande renommée.

En revanche, le fameux Char de Bacchus et d'Ariane, inventé par Laurent le Magnifique, nous a conservé l'hymne composé à cette occasion par lui, et on en retiendra le célèbre quatrain où se résume toute la philosophie de la vie de la Renaissance : « Qu'elle est belle, la jeunesse, qui, hélas, s'enfuit si vite. Que celui qui veut être heureux se hâte, car nul n'est sûr du lendemain. » Cette invitation à jouir promptement des plaisirs de ce monde, car la vie est brève et personne ne sait quand elle s'achèvera, a été répétée par de nombreux poètes, jusqu'à Ronsard et à Marvel ; les Grecs en avaient déjà donné l'idée et le ton, et on peut lire dans l'Anthologie palatine de Planude, que Laurent connaissait certainement ce poème grec de Palladas d'Alexandrie : « Voici la vie, ce n'est que cela : la vie, c'est le plaisir ; loin de nous les soucis. L'existence humaine est de si courte durée. Vite du vin, vite des chœurs de danse et des couronnes de fleurs, vite des femmes. Aujourd'hui soyons heureux, car demain n'est connu de personne. » Telle est la devise des jouisseurs qui ne songent qu'à épuiser les plaisirs sensuels ; pour eux la pensée de la mort n'est, comme chez Horace et son *carpe diem* et comme dans *le chi vuol esser lieto sia* du Magnifique qu'une incitation à jouir plus vite et davantage. Plus noble est l'attitude de Pic de La Mirandole, qui donnait à l'existence un but plus haut, plus grave, et une finalité digne de Faust : « Là où il y a vie il y a âme, là où il y a âme il y a esprit. » C'est donc à la victoire de l'esprit sur la matière, mais dans la concorde et l'harmonie de ces deux composantes de l'homme, qui doivent être associées et non ennemies, que cette philosophie de l'existence doit aboutir. C'est pourquoi nous trouvons dans l'œuvre poétique du Fils du Soleil, à côté des chants carnavalesques, comme celui de Bacchus et d'Ariane, les églogues rustiques de la *Nencia de Barberino*, les vers de circonstance de la *Chasse au faucon*, et l'allégorie mythologique du fleuve amoureux d'une rivière, l'*Ambra*, un débat philosophique, l'Altercation, et des Laudi à la Vierge extrêmement émouvantes, et d'une touchante sincérité, bien différentes du refrain tristement voluptueux du chant d'Ariane.

Le talent poétique du Magnifique n'est pas aussi grand que l'ont cru et dit ses contemporains. Il n'a inventé ni formes originales ni thèmes nouveaux. Dans ses poèmes italiens et, plus encore, dans ses poèmes latins, Politien déploie un génie plus personnel, plus puissant et plus délicat. Quand il est profondément inspiré, comme dans le chant carnavalesque de Bacchus et d'Ariane, Laurent atteint une qualité d'émotion et de grâce rare dans la lyrique italienne de ce siècle, mais trop souvent il s'attache à des poncifs, tels que la louange, moitié comique moitié sincère, de la vie des champs, et il reste alors dans le sillage de Virgile et des églogistes grecs et latins, que suivent, de leur côté, Sannazaro et Pontano ; il est sincère toutefois dans ces *bergeroes*, puisque nous le voyons délaisser très souvent et pour de longs séjours à la campagne, le palais de Via Larga. Careggi, Poggio a Caiano, Cafaggiolo ne sont pas des châteaux, mais des établissements agricoles, de grosses fermes d'exploitation, et la villa elle-même construite et décorée avec une grande simplicité est un modèle d'harmonie sobre, presque nue, qui ne ressemble pas aux châteaux français de la Renaissance. Ce banquier, ce manieur d'argent connaît la terre ; il aime la tenir entre ses mains ; il surveille l'élevage de ses porcs calabrais à Careggi, à Poggio a Caiano des faisans dorés siciliens et il fait venir d'Espagne une race particulière de lapins qu'il va acclimater en Toscane. Pendant une période où les affaires financières périclitent, il compte sur le rendement de ses domaines ruraux pour compenser un éventuel déficit de la banque. Il aurait pu écrire, comme l'a fait Leone Battista Alberti, l'éloge de la vie aux champs : « La villa est toujours fidèle et bonne ; si vous vivez dans la saison convenable et avec amour, elle ne vous satisfera pas seulement, mais elle ajoutera récompense à récompense. Au printemps, les arbres verts et le chant des oiseaux. En automne, un travail modéré vous donnera des fruits au centuple ; et tout le long de l'année la mélancolie sera éloignée de vous. » Il manque aux Italiens le sentiment panique de la nature habituel aux Allemands ; ils préfèrent un paysage modéré, policé, aux sites sauvages qu'aiment Dürer, Grünewald, Altdorfer et l'École du Danube, ou l'École des lansquenets suisses : ce paysage toscan, sans vertus pathétiques, mais d'une perfection tout intellectuelle, exempt de drame, harmonieux dans ses proportions, de lignes nobles, pures et simples. Ainsi entre-t-il autant de description poétique de la vie véritable des paysans, dans la *Nencia*, que de fidélité aux prototypes antiques.

C'est d'ailleurs un des caractères les plus curieux de ce siècle où les arts plastiques accomplissent leurs inventions les plus neuves, les plus audacieuses, que la littérature humaniste se traîne à la remorque des Anciens. La fable des amours de l'Ambra et de l'Ombrone, deux rivières voisines de Poggio a Caiano, est empruntée à Ovide ; elle deviendra presque un lieu commun mythologique quand l'Espagnol Pedro Espinosa la reprendra dans sa *Favola del Genil* et le Portugais Sa Miranda l'adaptera au fleuve de son pays, le Mondego. En quoi réside alors le génie si particulier et si admirable de Laurent ? Dans cet accord, justement, entre la vie et l'œuvre, l'une et l'autre consacrées au culte exclusif de la beauté. Plus qu'un poète, le Magnifique est un poème, un chef-d'œuvre de poésie, une œuvre d'art aussi parfaite en soi qu'une statue de Donatello ou une peinture de Botticelli : un maître de l'art de vivre, qui a aimé le splendide, le rare, l'exquis, la pureté parfaite des formes dans tous les domaines ; dans le domaine des sens comme dans celui des idées. Les coupes et les flacons taillés merveilleusement dans les pierres semi-précieuses, le jaspe, le lapis, l'améthyste, la topaze, le cristal de roche rose sont de la même qualité d'excellence que les volumes que l'on copie pour lui et qu'on enlumine magnifiquement aux armoiries des Médicis. Politien voyant passer un jour, dans une allée de Careggi, Pic appuyé sur l'épaule de Laurent, disait en souriant : « Un phénix perché sur un laurier ». Quoique laid, avec sa mâchoire lourde, son front bosselé, ses yeux enfoncés, Laurent a la beauté d'un arbre : une harmonie naturelle, qui n'a rien d'affecté ni d'artificiel, cette harmonie entre toutes les facultés de l'homme qui est l'idéal suprême de l'humaniste. En cela vraiment il est à peu près unique, car ce fut sans effort, sans systématisation volontaire, qu'il atteignit très tôt cet admirable et rare équilibre des sens, de l'intelligence et de l'affectivité. Grand politique, homme d'affaires sagace et prévoyant, amateur d'art attentif à toutes les formes de beauté dans toutes les provinces de la création esthétique, épris de beaux corps et de nobles idées, princier dans le faste de sa vie publique et, en même temps, enclin à l'économie campagnarde, toujours vêtu très simplement, bourgeoisement et mangeant à une table frugale, mais cette table est recouverte des vases les plus rares, des vaisselles ciselées par les artistes les plus en renom : chaque page de son Livre d'Heures est une miniature merveilleusement dessinée et enluminée, chacun de ses familiers est un maître en son art, même ses bouffons qui le délassent de ses hauts soucis en l'amusant de leurs facéties. Ainsi, la Florence des Médicis est-elle de plus en plus le sommet de la culture et de l'esthétique, et des raffinements quotidiens qui font la vie inimitable.

La complexité du caractère du Magnifique se reconnaît encore dans la manière dont il conduit sa politique, avec une infinie variété d'aptitudes et de talents, toujours parfaitement en accord avec ce qu'exige la situation présente ; on ne peut pas dire qu'il ait d'idées politiques, ni de système, sinon le but commun à tous les hommes de la Renaissance, quelles que fussent leurs disciplines : une entière efficacité. Il se plie aux circonstances avec la bonne grâce du pragmatiste que ne dirige aucune doctrine et qui agit en fonction de l'utilité immédiate, en employant les moyens exactement appropriés au résultat que l'on veut obtenir. Tantôt souple, insinuant, conciliant ; tantôt autoritaire, violent, brutal. Il n'a qu'un principe politique, le succès, et il n'en connaît aucun autre dans les affaires. Ces délicats, ces raffinés que sont les Médicis n'hésitent pas à ruiner leurs concurrents, à mener au bord de la faillite les banques rivales, pour les racheter à vil prix, et, une fois qu'ils en sont propriétaires, les renflouer et leur restituer leur prospérité. Les hommes de la Renaissance ont pratiqué, et justifié comme légitime, une morale des affaires et de la politique qui jusqu'alors n'avait été mise en application que par des cyniques auxquels on reprochait leur mauvaise foi. Une époque qui voit l'avènement des puissances d'argent ne connaît inévitablement que la morale de l'argent, c'est-à-dire de la réussite dégagée de toute préoccupation éthique. Les maximes d'un Guichardin et d'un Machiavel sont sur toutes les bouches et dans toutes les consciences ; elles deviennent les règles de la vie publique ; elles façonnent des hommes d'État brillants, heureux dans leurs entreprises, sur la finalité et les moyens desquels ils ne veulent pas s'interroger. Ce n'est pas une immoralité qui s'instaure, comme le croient des moralistes tels que Savonarole, mais une autre morale, qui a d'autres fondements et d'autres lois que la morale chrétienne. Savonarole est un homme du Moyen Âge, un archaïque, un attardé ; en cela sa défaite est inévitable puisqu'il s'appuie sur des valeurs morales qui n'ont plus cours et qui ne séduisent les Florentins que pendant une période assez brève ; encore peut-on se demander si leur adhésion à la « dictature de Dieu » n'était pas inspirée surtout par leur hostilité à la dictature des Médicis, Dieu devant, à tout prendre, être un maître moins encombrant. Mais les Médicis, eux, sont des hommes modernes, des hommes de leur temps, qui ne reviennent à l'Antiquité que dans le domaine de la pensée, de la création esthétique, qui ont répudié également l'éthique et l'esthétique du Moyen Âge, et qui vivent pleinement, exclusivement dans le présent et pour l'avenir. Si la puissance de leur dynastie a pu, avec des éclipses et des modifications inévitables, durer du XIIIe siècle jusqu'à la veille de l'âge des Lumières, c'est en vertu de la faculté qu'elle a toujours eue de s'adapter aux nécessités du moment afin de les dominer : ce qui caractérise le véritable homme d'État.

Les actes politiques de Laurent ne sont jamais inspirés par autre chose que par la technique du succès, et parce qu'il n'est ni un théoricien ni un doctrinaire, il ajuste cette technique aux exigences de l'heure. Les moralistes – justement parce qu'ils placent les vertus morales, dont le Fils du Soleil ne se soucie pas, au-dessus de tout, – condamnent la brutalité, et la férocité même, dont il fit preuve envers les habitants de Prato et de Volterra, mais ils oublient que le réseau compliqué des affaires, de l'administration, de la politique ne permettait has l'hésitation ou l'indulgence, et qu'il y a des cas où il vaut mieux frapper très fort la première fois, pour éviter d'avoir à frapper plusieurs fois et plus longtemps : principe élémentaire de la volonté de puissance de cette époque qui a fourni ses exemples et ses modèles à toutes les philosophies du surhomme, y compris celles de Nietzsche et de Gobineau.

Les conjurés de Prato (1470) avaient été poussés à la révolte par des bannis, Diotisalvi Neroni, des partisans des Pitti, et des agents du duc d'Este, Borso, tous ennemis des Médicis. Lorenzo réprima la révolte avec une rapidité et une sévérité exemplaires. Le cas des Volterrans de 1471 est plus complexe, car les questions commerciales se mêlent à la politique et la commandent. Quelques habitants de cette vieille cité étrusque avaient découvert des gisements d'alun que les autorités de la ville leur allouèrent ; la banque Médicis fournit des capitaux pour l'exploitation de la mine qui apparut bientôt si florissante que les autorités, regrettant d'en avoir concédé la propriété à des particuliers, prétendirent faire annuler le contrat, ce qui aurait fort embarrassé les banquiers qui exerçaient un quasi-monopole de fait sur l'alun italien. Volterra était en principe indépendante, mais elle avait un podestà donné par Florence et un « homme influent », Inghirami, qui était le propriétaire de l'alun. Le procès qui aurait dû demeurer de nature commerciale, tourna au conflit politique quand on assassina Inghirami et renvoya le Podestà à Florence. Cela se passait en 1471 : Laurent était encore très jeune et inquiet de ses responsabilités, mais il affirma qu'il fallait châtier Volterra de son insubordination, contre l'opinion du parti de la paix, conduit par Tommaso Soderini qui préconisait qu'un mauvais accord vaut mieux qu'un bon procès, textuellement : un maigre accord qu'une grasse victoire. Laurent brusqua les choses ; ses amis et ses clients fermèrent la bouche à Soderini et aux pacifistes : il engagea comme *condottiere* le duc d'Urbino, Frédéric de Montefeltro, un très grand homme de guerre. Devant cette menace, Volterra capitula, mais les troupes étaient déjà entrées dans la ville et commencèrent le pillage et le saccage. Le remède était radical ; on avait atteint son but : les villes vassales ne bougeraient plus et les bannis avaient perdu tout prestige et toute influence.

Même la dangereuse guerre préparée l'année suivante par le pape, allié à Ferrante d'Aragon, roi de Naples, n'excéda pas les limites de l'habileté et du pouvoir de Laurent. Dès la fin de 1479, il apparaissait certain que Florence allait être livrée à l'invasion et au pillage des soldats du duc de Calabre, fils de Ferrante, et humiliée à jamais. Il y avait peu d'espoir d'obtenir grâce de la part de Ferrante, dont la ruse et la brutalité étaient bien connues. Laurent décida au cours de cette crise de juger des effets d'une diplomatie personnelle ; il ne se rendit pas sans condition ; il demanda en revanche à être conduit à Naples, afin de discuter en personne de la guerre avec son adversaire. Il se livra à la merci du roi et entreprit alors de le persuader de reconsidérer son alliance avec Sixte IV. La logique et la patience de Laurent – il séjourna à Naples de décembre à avril, – son geste quasi chevaleresque de faire confiance à Ferrante, en dépit de sa réputation, amenèrent finalement le roi à changer d'avis et à arrêter la guerre. Le roi, déconcerté par l'appel direct que Laurent dans sa propre cour faisait à son honneur, à son intelligence, à sa générosité, et par-dessus tout à son bon sens (car Laurent pouvait fournir des raisons convaincantes pour Naples d'abandonner le parti du pape et de rejoindre Florence), accepta les propositions de son interlocuteur. Laurent rentra chez lui triomphalement, pour recevoir le tribut d'hommages et de respect de ceux-là mêmes qui avaient redouté son plan lorsqu'il s'était mis en route. Cette victoire scella définitivement sa position à Florence et en Italie.

Florence, cependant, eut un ennemi dont la dialectique, pas plus que la force, l'intimidation ou la ruse, ne put avoir raison : le pape Sixte IV. Celui-ci était monté sur le trône de saint Pierre l'année même où le sac de Volterra avait eu lieu. Apparemment, le souverain pontife apportait à Laurent sympathie, bienveillance et appui, mais la politique des deux monarques différait. Sixte IV ambitionnait de plier l'Italie à la domination des États pontificaux. Laurent, lui, pensait que cette Italie ne pouvait être sauvée des menaces que les puissances étrangères faisaient peser sur elle que si elle renonçait à ses rivalités, à ses rancunes et querelles de clochers ; il était trop perspicace pour croire l'unification possible, mais une fédération n'aurait pas été improbable, si chaque État avait accepté de faire des concessions. Ces oppositions de vues et de programmes condamnaient le pape et Laurent à être ennemis déclarés ; chose que le caractère entêté, absolu et batailleur de Sixte IV rendait dangereuse pour Florence. La fiction d'un accord et d'une harmonie, à laquelle croyaient les autres souverains et même le roi de France qui priait le Médicis d'intervenir en sa faveur auprès du souverain pontife, dura jusqu'au jour où ce dernier repoussa la requête du Magnifique qui, appuyé par Naples et Milan, demandait un siège dans le Sacré Collège pour Jean. Celui-ci n'était qu'un enfant, auquel on pouvait répondre qu'il était scandaleux de donner le chapeau de cardinal, mais il y avait des précédents ; le refus du pape, et les termes dans lesquels il était formulé équivalaient à une sorte de déclaration de guerre. D'une Italie pontificale, ou d'une Italie où les États pontificaux ne seraient qu'un membre de la fédération, qui aboutirait ?

L'« épreuve de force » s'engage entre les deux rivaux. Sixte IV a remporté une victoire en humiliant les Médicis dans l'affaire du chapeau, mais il fallait aller plus loin : isoler diplomatiquement Florence en s'alliant à de fortes puissances, l'affaiblir en lui enlevant par l'intrigue ou la guerre des villes vassales ou satellites ; pourquoi, enfin, puisque les Médicis étaient l'ennemi numéro un, et que, eux abattus, Florence retomberait dans une république véritablement démocratique, à la merci des conflits des partis, ne les assassinerait-on pas ? Parmi les familles florentines opposées aux Médicis, mais dont l'importance même en ce temps était considérable (et qui étaient même alliées par mariage aux Médicis) il y avait les Pazzi : certains membres de cette famille étaient disposés à travailler à l'élimination de Laurent et de son frère, afin de renforcer par ce moyen leur propre position. Sans eux Florence serait devenue, en fait, une proie facile pour les ambitions des autres familles. Ainsi, les vues de Sixte IV et de Francesco Pazzi coïncidaient.

À l'époque de ce complot, qu'on appelle communément la conspiration des Pazzi les armées pontificales étaient sous le commandement d'un neveu de Sixte IV, Girolamo Riario, que l'on peut voir avec son cousin le cardinal Raffaelo Riario aux côtés du pape sur la fameuse fresque de Sixte IV de Melozzo da Forli au Vatican.

Girolamo devint l'un des principaux instigateurs du complot. Un autre Florentin, Francesco Salviati, archevêque de Pisé, se joignit à eux, car il s'irritait de ne pouvoir établir à Florence le siège de son archevêché, à cause de l'opposition du gouvernement de cette cité à sa nomination. Ces principaux conspirateurs, à l'exception de Girolamo Riario, se rendirent à Florence en avril 1478, où Montesicco, un soldat de fortune à la solde du pape, vint les rejoindre. Francesco de Pazzi, qui vivait à Rome et qui était étroitement mêlé aux affaires financières de Sixte IV, vint aussi à Florence à ce moment, ouvertement pour visiter les siens ; il persuada son père et d'autres membres de la famille de se tenir prêts pour le meurtre de Laurent et de Julien, afin d'ameuter le peuple dans les rues au moment opportun. On retint les services de deux *condottieri* à Todi et à Imola avec leurs troupes, pour venir à la rescousse des conspirateurs le cas échéant.

L'heure choisie est celle du dîner ; les assassins se grouperont derrière les chaises des deux Médicis et frapperont au moment fixé ; dans l'esprit des organisateurs de l'attentat il est nécessaire que les deux frères soient tués ensemble ; si l'un d'eux échappe au traquenard il sera beaucoup plus difficile de se défaire de lui, et l'effet de surprise et de peur sur la population florentine ne sera pas aussi fort. Or, au repas du 25 avril, Julien, malade, n'assiste pas. On décide alors de remettre le crime au lendemain, et, pour qu'il soit plus facile à exécuter, on tuera les deux frères dans l'église, pendant la messe, puisque ce jour tombe un dimanche ; c'est ainsi que les choses se sont passées tout récemment encore à Milan quand on a poignardé Galeazzo Maria, duc de Milan. Mais alors Montesicco se récuse ; l'homme sans scrupule, pour lequel aucune vie humaine n'a de valeur, ne veut pas être coupable de sacrilège : tuer, oui, mais pas dans une église. On engage alors quatre *bravi*, qui n'auront pas de pareils troubles de conscience : Francesco de Pazzi, de la grande famille florentine, qui n'hésitera pas à se couvrir de sang pourvu que disparaissent ces Médicis détestés, son complice Bernardo Bandini et deux prêtres que la profanation de la cathédrale de Sainte-Marie de la Fleur n'inquiète pas, Antonio Maffei de Volterra et Stefano da Bagnone. Tout en marchant vers l'église, Francesco de Pazzi passe amicalement son bras autour de la taille de Julien pour s'assurer qu'il ne porte pas de cuirasse ni de cotte de mailles : de toute façon, on frappera à la tête, quand les victimes s'inclineront au moment de la consécration.

Ainsi fut fait ; Bandini et Pazzi ouvrent à coups d'épée le crâne de Julien, qui tombe mort. Les deux prêtres ont eu moins de succès avec Laurent ; leurs poignards l'ont atteint seulement à l'épaule. Échappant aux assassins massés autour de lui, son manteau enroulé autour de son bras en guise de bouclier, l'épée à la main, il court vers la sacristie où le rejoignent quelques amis, Politien, Ridolfi, Nori qui se jette sur l'épée de Bandini, afin de sauver le Magnifique, et meurt. Tandis que les conjurés essaient de forcer les lourdes portes de la sacristie, le cardinal Riario, incertain du succès de l'affaire, se précipite vers l'autel dont il saisit le crucifix entre ses bras. Quant à l'archevêque Salviati, suivant le plan d'action qui a été fixé, il marche sur le Palazzo Vecchio afin d'informer les seigneurs de la mort des Médicis et de les inviter à remettre le pouvoir entre ses mains. Quoique ces événements se fussent déroulés très vite, le peuple n'a pas tardé à en être averti ; il prend les armes et brûle de venger la mort du beau Julien, si aimé de tous et du Fils du Soleil dont on ne pense plus aujourd'hui qu'il est un tyran. Le gonfalonier Petrucci, entendant les rumeurs et les cris de la rue, prie l'archevêque Salviati et ses hommes d'attendre, pour être reçus, que la Seigneurie ait fini de délibérer et referme les portes derrière eux ; quand il connaîtra l'attentat il tuera lui-même l'archevêque et abandonnera ses sbires à la foule qui se livre, spontanément, à un grand carnage de *pazzeschi*, dont on suspend les cadavres aux fenêtres de leurs maisons.

Partout la réaction populaire a été immédiate et implacable. Francesco de Pazzi, qui s'était réfugié dans la campagne aux environs de Florence, fut capturé par les paysans, ramené dans la ville et égorgé devant le palais de la Seigneurie. Montesicco ne fut pas épargné, malgré son refus de participer au crime, les deux prêtres furent torturés et étranglés. Bernardo Bandini, seul, semblait avoir échappé à la vengeance des *palleschi*, auprès desquels les Médicis étaient plus populaires que jamais : il gagna Venise et de là Constantinople où il se croyait désormais en sûreté. Mais lorsque le sultan apprit les tragiques événements, il rembarqua le coupable pieds et poings liés, qui fut jugé dans la cour du palais du Podestà, le Bargello, et pendu. Le cardinal Riario s'en tira sans aucun mal : Lorenzo l'avait ramené avec lui dans son palais de Via Larga où il était à l'abri de la fureur de la foule. Ainsi s'acheva, au grand avantage de la politique du Magnifique, cette conjuration si méthodiquement organisée qui aurait pu causer sa ruine et sa mort, comme elle avait causé celle de Julien.

Riario ne fut pas reconnaissant d'avoir été épargné ; trois années plus tard, en 1481, il combina un nouvel attentat, encore dans une église, celle du Carmine, célèbre pour les admirables fresques de Masaccio et de Masolino da Panicale, le jour de la fête de l'Ascension. L'exécuteur, Battista Frescobaldi, avait représenté les affaires des Médicis à Constantinople : c'est lui qui avait obtenu du Sultan Mahomet II l'arrestation et l'extradition de Bandini. L'attentat ayant été découvert à temps, Frescobaldi fut arrêté avant le crime et mené à l'échafaud. Sixte IV, déçu de l'échec de ces conspirations, avait répondu au massacre des Pazzi par l'arme majeure de l'Église : l'excommunication, qui frappait la ville tout entière et privait le peuple des sacrements, en punition de l'exécution de l'archevêque Salviati.

Heureusement, la puissance des Médicis était plus solide que jamais. Lorenzo savait protéger la ville de tous les périls extérieurs, soit par des victoires militaires, soit par des succès diplomatiques. En politique intérieure, il avait introduit dans la Constitution et l'administration de la cité quelques réformes avantageuses. Ses rapports avec le Saint-Siège s'améliorèrent lorsque le pape Innocent VIII, ami des Médicis, succéda à Sixte IV après la mort de celui-ci en 1484. Par exemple, il s'ingénia à écarter des Conseils et des fonctions les plus importantes les membres des familles notables, pour les remplacer par des hommes d'humble origine ; ainsi se gagnait-il la gratitude des commis qui lui devaient tout et privait-il d'action efficace les représentants de cette sorte de « féodalité marchande », parmi lesquels se recrutent toujours les opposants à la « dynastie » : les Albizzi, les Pitti, les Pazzi, les Nicolini, les Guicciardini, les Ridolfi, les Neroni, qu'il réduisit ainsi à l'impuissance politique, de la même manière qu'un monarque absolu se débarrasse d'une aristocratie encombrante.

Laurent eut l'habileté de cimenter peu à peu, jusqu'à les rendre inébranlables, les assises de ce pouvoir absolu, qui lui paraissait nécessaire pour bien gouverner ; mais il fallait, cependant, ne pas effaroucher la susceptibilité populaire, attachée à l'égalité et à la liberté. Il imagina, très adroitement, des mesures qui, en apparence, ne blessaient pas la démocratie ; en fait il dépouilla de leur autorité les symboles mêmes de cette constitution démocratique, le Podestà, et le Bargello, le Capitaine du Peuple, qui, comparable à ce qu'avait été à Rome le tribun du peuple, défendait les intérêts des petites gens, devint inefficace, en même temps que les arts mineurs étaient réduits de quatorze à cinq, ce qui permettait de les manœuvrer plus aisément. La modification des Conseils introduite par la réforme de 1480, frappait les prérogatives du peuple ; elle instituait un emploi nouveau des *pratiche* traditionnelles, destiné à ne mettre aux leviers de commande que les hommes des Médicis, *richiesti* convoqués par les prieurs en tant que spécialistes. Les dix *accopiatori* qui, en fait, désignaient la Seigneurie, étaient à leur dévotion. On comptait obtenir ainsi une politique durable appuyée sur des institutions permanentes, qui ne seraient plus exposées à la ridicule précarité des deux mois prescrits par la tradition. Effectivement le pouvoir fut remis par la Constitution de 1480, magistralement voulue, pensée et dessinée par Laurent, entre les mains d'un Conseil de trente membres. Ce Conseil fut, à l'épreuve, jugé trop exclusif ; on lui adjoignit quarante assesseurs. Les Médicis firent reconnaître à cette commission des Soixante-Dix le droit, antidémocratique, de remplacer par cooptation et non par élection les membres défunts, ce qui permettait de substituer les créatures du Magnifique à ceux qui manifestaient leur indépendance. Malgré ces modifications à la constitution traditionnelle, dont il aurait pu prendre ombrage, le peuple florentin resta attaché aux Médicis par ce lien irrationnel : la confiance. C'est sur ce sentiment développé en profondeur pendant le règne de Cosme, réellement, effectivement démocrate, que s'appuyait ce singulier accord entre une foule qui s'inquiétait de la moindre ambition de pouvoir personnel et un « prince » qui, en fait, gouvernait seul, ayant asservi les Conseils à sa volonté. L'opposition, d'ailleurs, ne venait pas des masses artisanales et ouvrières, mais de la grande bourgeoisie dont les Médicis faisaient partie, et qui avaient, plus que les membres des corporations, à craindre du gouvernement autocratique d'un des leurs. Lorsque Pietro lo Sfortunato – Pierre l'Infortuné – émettra la prétention de se faire duc, ce ne sera pas pour impressionner les foules mais pour se distinguer de sa propre classe, s'isoler des autres banquiers et industriels, aussi riches que lui et peut-être même plus riches, par un changement de nature : celui qui fait passer de la roture à la noblesse. Tout pouvoir de fait, afin de se légitimer, tend à se faire prendre pour un pouvoir de droit. Hommes d'État, gouvernant une république, traitant avec les monarques européens, les maîtres de Florence devaient pour leur propre prestige et dans l'intérêt de leur ville être parés d'un titre : la qualité implicite de « prince » ne suffisait pas. Voilà pourquoi Laurent tenait tant à pousser un de ses fils au cardinalat, dans l'espoir de le hausser ainsi jusqu'à la tiare, et c'est ce qu'il adviendra en effet à Jean devenu le pape Léon X. Ce prince de l'esprit est incapable de la moindre vanité nobiliaire : il sait à quel point la bourgeoisie florentine dépasse en véritable luxe, celui de la culture et du goût, l'aristocratie européenne en général, mais il faut à sa politique intérieure et extérieure une consécration ; celle-ci ne lui viendra pas de l'octroi d'un titre – celui de duc que souhaitera l'Infortuné, celui de grand-duc dont se glorifiera Cosme Ier, à partir duquel les numéros interviennent dans les étapes de la dynastie : Cosme Ier, Cosme II, Cosme III : le premier Cosme du nom, le grand-père de Laurent, ne portait pas de chiffre, simplement un surnom : le Vieux, ou une épithète laudative, Père de la Patrie.

Si peu démocratiques que soient les nouvelles institutions du Magnifique, elles n'altèrent pas cette atmosphère de confiance, d'adhésion implicite ou explicite qui règne entre Laurent et ses sujets ; la spontanéité et la violence de la réaction populaire après l'attentat des Pazzi l'a bien montré. Cette confiance ne pourra être ébranlée que le jour où un homme parlera contre les Médicis, non pas avec les arguments de la raison politique et de la sagesse de la terre, mais en prenant Dieu pour allié et en tirant ses flèches de l'Ancien et du Nouveau Testament. Ainsi, Savonarole (1452-1498) pourra-t-il tenter de réaliser, du vivant même du Magnifique, et réalisera-t-il après sa mort, ce que n'ont pu faire ni les papes, ni le roi de France, ni l'empereur d'Allemagne, ni les coalitions des princes italiens, ni les complots des grands bourgeois florentins.

Pour souligner le haut-relief de la beauté et de la puissance du règne de Laurent, il faut placer devant lui ce « repoussoir », l'éloge des vertus chrétiennes primitives proclamées du haut de la chaire par un moine d'une extraordinaire laideur et d'une éloquence dont les églises florentines n'ont encore jamais retenti. Depuis son installation à Florence, en 1482, Savonarole, venu de Ferrare, ville âpre, dure, sévère et cruelle, habite le couvent dominicain de San Marco, objet de la prédilection et de la protection des Médicis qui ont coutume d'aller y faire retraite dans ces cellules décorées de fresques exquises et pures par Fra Angelico où Cosme le Vieux faisait séjour volontiers. Nous sommes, dans ces vingt dernières années du siècle d'or appelé le Quattrocento, parvenus à ce moment de la vie religieuse, où la volonté de réforme jaillit sporadiquement un peu partout dans la Chrétienté, à Florence comme à Wittenberg, chez les Dominicains comme chez les Augustins.

Les dates ont leur éloquence : en 1483, Savonarole prêche le Carême, pour la première fois, à San Lorenzo, considéré comme la chapelle palatine des Médicis qui y ont leurs tombeaux de famille. Le Magnifique meurt en 1492, le 9 avril. Neuf années se sont donc écoulées pendant lesquelles le Médicis n'a pas manifesté de violence, ou même d'intimidation envers un prédicateur qui n'a cessé de le critiquer, de l'insulter, de le menacer de la vengeance divine, et même de l'invasion française qui accomplirait en cette circonstance les œuvres du châtiment céleste. À l'exception des désagréments que lui causent les partisans fanatiques de la Maison régnante, les *palleschi*, Savonarole parle librement, injurie qui il veut, excite le peuple à l'insurrection, et provoque dans la conscience des Florentins un retournement complet. Pendant ces neuf années, Laurent aurait pu se débarrasser du gêneur, dont il sait qu'il est l'adversaire le plus dangereux qu'il puisse rencontrer, puisqu'il est seul capable d'ébranler et de saper la confiance sur laquelle se fonde l'accord du peuple et du prince. Le Magnifique a invité Savonarole à lui rendre visite, ce qu'il devait faire suivant le protocole traditionnel quand il a été nommé prieur de San Marco ; le moine n'a pas répondu. Il a repoussé les avances que Laurent lui faisait en demandant à le voir au couvent. Leur seule rencontre fut la dramatique entrevue au chevet de Laurent moribond ; encore l'intransigeance du moine, qui imposait son arrogance, sa colère et sa haine fanatique à cette heure dernière, fut-elle pour le malade une suprême souffrance. Obstinément, le moine commandait à Laurent de confesser et d'expier ses péchés d'individu, l'impudicité, l'orgueil, la cupidité, et d'accomplir un acte de souverain : rendre la liberté au peuple, répétait Savonarole.

La chronique rapporte que le Magnifique ne répondit rien à ces invectives et à ces exigences, et qu'il se contenta de tourner le dos au fanatique, silencieusement, dédaigneusement. Cette scène dramatique qui a inspiré plusieurs peintres montre qu'aucun dialogue ne pouvait s'établir entre les deux hommes puisque, moralement, ils parlaient deux langues différentes : l'un la langue de la Renaissance platonicienne, d'une haute et transparente sagesse, l'autre la langue des prophètes fanatiques, illuminés et soulevés par une éloquence surnaturelle, de la Bible. Le livre le plus admiré de Savonarole était l'Ancien Testament, celui de Laurent *Le Banquet* qu'on relisait solennellement chaque année, le 7 novembre, pour célébrer dans un esprit de communion pieuse, la fête du divin Platon. Ces deux livres s'excluaient, s'annulaient respectivement, mais si loin que fussent l'un de l'autre, spirituellement, intellectuellement, le Ferrarais et le Florentin, la supériorité de celui-ci consistait en ce qu'il comprenait son adversaire et, à un certain degré et dans un certain domaine, partageait ses convictions religieuses, alors que Savonarole accusait aveuglément de paganisme et de tyrannie un homme qui était, en somme, l'esthète le plus raffiné et le politique le plus prudent. L'animosité naturelle de la laideur contre la beauté, de la vertu puritaine contre le plaisir, et même le plus innocent, d'un idéal chrétien ascétique et étroit à cet espoir de syncrétisme pagano-chrétien souhaité par Ficin, Pic de La Mirandole et leurs disciples, aggrave l'antagonisme naturel entre deux aspirants au pouvoir, car on ne pourra « sauver Florence » qu'en la débarrassant des Médicis. La tentative réussira après la mort de Laurent, avec Pierre l'Infortuné, mais, lui vivant, la confiance et la sympathie données aux Médicis ne subiront pas d'éclipse : à peine un obscurcissement chez les *piagnoni*, les pleurards, les larmoyants de la suite de Savonarole.

À la mort de Laurent, l'opposition a pris une autre physionomie : issue du peuple et non plus des grands bourgeois, morale plus que politique, appuyée sur des revendications spirituelles et non sur des débats de prestige ou d'intérêt. Dans la bouche de Savonarole, il est l'ennemi de Dieu, qui a pris en main le châtiment du paganisme et l'initiative de « rendre la liberté » aux Florentins, et le coup d'État ecclésiastique, préparé de longue date, qui éclatera au moment propice et profitant de la faiblesse et des fautes de l'Infortuné, sera un authentique soulèvement populaire, qui remplacera les *Palle* par la Croix sur les bannières, et la souveraineté du Christ-Roi au paisible gouvernement, si tolérant, des Médicis.

Chapitre VII

LA DICTATURE DE DIEU

Ce fut un des moments les plus dramatiques de l'histoire de Florence que celui où apparut dans la cité du Lys rouge le moine ferrarais Jérôme Savonarole, apôtre de la pureté et de la liberté, renommé pour son éloquence enflammée, et soulevé par la volonté de réformer l'Église. Un proverbe ancien dit que Jupiter aveugle ceux qu'il veut perdre : Laurent le Magnifique avait toléré pendant dix ans la présence de ce terrible dominicain dans sa ville dont celui-ci aspirait à détruire les fondations politiques et à anéantir le culte de la beauté qui fit la gloire de la Renaissance. Savonarole eut l'extraordinaire chance de ne trouver en face de lui que deux adversaires réputés pour leur esprit de tolérance et de longanimité, qui supportèrent longtemps ses attaques quoiqu'il les couvrît d'injures et de menaces : Laurent de Médicis et le pape Alexandre VI Borgia.

Florence avait l'habitude des révolutions qui se déchaînaient périodiquement entre ses murs, mais les émeutes et même les guerres civiles qu'elles provoquaient ne visaient et n'aboutissaient qu'à un changement de régime ; avec Savonarole, au contraire, les consciences étaient en jeu. La réforme ne portait pas seulement sur un système de gouvernement ou la prédominance d'un parti ; elle affectait la philosophie de la vie sous tous ses aspects, moraux, esthétiques même. Aux yeux du moine ferrarais, Laurent le Magnifique était, plus encore qu'un tyran au sens politique du mot, un corrupteur des âmes. Derrière le prince-banquier, les sermons frénétiques du prédicateur de San Marco atteignaient et frappaient et renversaient tout l'édifice splendide des arts, de la culture, condamnés comme instruments du paganisme. C'est un des phénomènes psychologiques les plus singuliers de l'histoire de Florence et, plus largement, de l'histoire de la civilisation italienne dans son ensemble, que ce renversement total des mœurs, des goûts, des opinions, des manières de vivre que suscita le fanatisme savonarolien. Heureuse de vivre et de jouir, passionnée pour l'excellence des œuvres de l'Antiquité et de l'esprit qui les avait inspirées, gagnée par les humanistes à Platon et par les artistes aux formes les plus exquises de la beauté parfaite, la société florentine changea brusquement et opéra une conversion, au sens littéral du terme, si radicale que des artistes aussi paganisants que Michel-Ange et Botticelli eux-mêmes se jetèrent à corps perdu dans les rangs des « pleurnichards », les *Piagnoni*, comme les partisans du moine avaient été surnommés par leurs adversaires.

La victoire – provisoire – de Savonarole sur les Médicis n'avait été possible que parce que, sous son paganisme de surface, et parfois même arboré comme une mode, le peuple florentin restait profondément chrétien. Paganisme culturel et esthétique restreint, à vrai dire, à la caste des lettrés, des artistes, des amateurs d'art et de ceux qui y trouvaient la justification de leur sensualité, voire même de leur goût de la débauche. La religiosité italienne n'en avait pas été attaquée, et les plus ardents des néo-platoniciens, nous l'avons dit, espéraient une réconciliation, sur le plan métaphysique, du paganisme et du christianisme. Le dominicain spécula aussi sur le discrédit que le train princier du Magnifique avait jeté sur la mémoire de ses ancêtres. Les Médicis, enfin, étaient au pouvoir depuis si longtemps qu'un peuple versatile, ingrat et violent, comme les Florentins, aspirait à se donner un nouveau maître, quel qu'il fût. Ajoutons à cela les intrigues des exilés et de la France qui voulaient profiter des désordres intérieurs que ne manquerait pas de susciter la propagande anti-médicéenne et profrançaise du prédicateur à l'héritier et au successeur de Laurent, Pierre, surnommé, un peu à tort car il y eut beaucoup de sa faute dans son infortune, *lo Sfortunato*. Peut-être aurait-on mieux fait de le surnommer le Maladroit, car, pendant tout son règne, il pratiqua la politique des faibles et des hésitants, s'embrouillant dans ses *combinazioni* qui auraient peut-être réussi à un homme plus habile, mais qui l'enfoncèrent de plus en plus dans son impuissance et son inefficacité. Malchanceux, il le fut, certes, de régner sur Florence au moment où les armées françaises dévalaient les cols des Alpes et descendaient en Italie où Savonarole les appelait, leur promettant victoire et gloire. Le retournement d'opinion, éveillé par les sermons du moine, qui n'avait atteint qu'assez légèrement les dernières années du Magnifique, battait en brèche la force et la légitimité du pouvoir exercé par les Médicis. Même si nous laissons de côté le caractère proprement religieux de la réforme radicale prêchée dans le couvent de San Marco où se pressait une foule fanatisée, nous devons reconnaître que ce fut par le biais de la religion et en répétant le mot infaillible, liberté, qui ne manquait jamais son effet, que Savonarole s'empara de l'imagination du peuple et d'une partie notable de l'élite ; si cette réforme échoua, en définitive, sur le plan du dogme et de la morale, ayant été condamnée par le pape, et les Florentins étant enclins à se lasser assez vite de la vertu puritaine qu'on leur imposait, les conséquences politiques furent considérables ; il s'en fallut de peu que les Médicis, chassés de Florence, n'en fussent bannis à perpétuité, sans la faiblesse du gonfalonier Soderini et l'institution de la Sainte Ligue. Savonarole, enfin, avait conquis l'âme populaire par son éloquence. L'orateur ne domine son auditoire qu'aussi longtemps qu'il parle : réduit au silence, d'abord, puis brûlé sur un bûcher que, moralement, il avait lui-même édifié et enflammé, le moine ferrarais, tout en proclamant la dictature de Dieu, ne pouvait édifier une œuvre de longue durée. Encore bénéficia-t-il pendant toute la fin de son règne des faiblesses de Pierre l'Infortuné qui aurait été, vraisemblablement, incapable de se débarrasser de lui si le pape, en condamnant Savonarole, n'avait écarté tous, ou presque tous, ses partisans.

Pierre, pourtant, était ambitieux. Il redoutait les volte-face des gouvernements démocratiques et, vaniteux, il jugeait inadmissible de n'être qu'un citoyen « comme les autres ». L'orgueil et l'arrogance des Orsini étaient passés en lui. De souverain de fait il veut devenir monarque en titre, et tout bourgeois qu'il est, avoir rang de duc. Il craint ses compatriotes et se montre disposé à se servir de l'étranger pour assurer son pouvoir ; non seulement en engageant des mercenaires, comme Florence l'a toujours fait, mais en construisant un système d'alliances avec les grands États dont les convoitises lui sont bien connues ; aussi entend-il les attiser et les utiliser à son profit. Les artistes et les chroniqueurs louent sa beauté, la noblesse de son visage et de son allure, la dignité de sa démarche, ses succès dans les exercices physiques ; derrière cette façade, pourtant, se cachait un caractère louche et tortueux, peu accessible aux sentiments humains, violent, hypocrite, porté à accorder trop de confiance à ses ruses et à ses propres opinions et à ignorer les avis de ses conseillers les plus sûrs. Avec cela enclin à la débauche, provoquant le scandale par ses liaisons, quoiqu'il eût été marié très tôt par sa mère à une jeune fille de sa famille, Alfonsina Orsini, mais celle-ci, qui n'avait pas la fermeté et l'intelligence de Clarissa, ne sut ni diriger son mari ni le retenir.

Dans le domaine de la politique il accumula les maladresses désastreuses ; d'abord en provoquant l'éclatement et la dispersion de la Ligue dans laquelle étaient entrés les États italiens pour repousser d'éventuelles attaques étrangères. La monarchie française unifiée avait commencé de mettre au pas les grands féodaux et de renforcer le pouvoir central. Les droits sur Naples et Milan que s'attribuait le roi risquaient, un jour ou l'autre, de l'entraîner à envahir l'Italie ; si cela arrivait, l'empereur entrerait en campagne contre lui, et la Péninsule se transformerait en champ de bataille où se règlerait le duel de ses voisins. La Ligue avait eu pour objet d'unifier tous les États italiens en prévision d'un danger commun, prélude peut-être à l'institution d'une véritable unité italienne, telle que l'avaient rêvée des imaginations audacieuses comme celle de Cola di Rienzo au XIIIe siècle et, actuellement, César

Borgia, Machiavel, et d'une certaine façon aussi, Laurent le Magnifique.

Pierre, lui, n'eut de cesse que la Ligue ne fût disloquée par la fâcheuse idée qu'il avait eue de créer une autre Ligue dans son propre intérêt, et qu'il se croyait capable de manœuvrer à sa fantaisie, et au lieu d'édifier de solides bastions, militaires et diplomatiques, contre les Français, il se rapprocha de Charles VIII et le combla de gentillesses. Savonarole, de son côté, appelle sur l'Italie les foudres françaises pour la punir de son impiété. Le « glaive de Dieu » qu'il brandit dans ses sermons au-dessus de la tête des Florentins, il veut le placer dans la main du roi de France, transformé par le moine apocalyptique en une sorte de fléau du courroux divin. Comptant sur ces alliés qui l'aideront à consolider ses conquêtes italiennes, Charles VIII envahit l'Italie en 1494 et va, d'abord, de succès en succès, la surprise ayant paralysé ses adversaires.

Que pourrait faire Florence en cette occurrence ? L'opinion est divisée. Les *piagnoni* du Dominicain seraient prêts à accepter les Français comme le mal nécessaire, voulu par le Ciel pour leur châtiment. Pierre l'Infortuné est tout prêt à jouer la carte française, pourvu qu'il y trouve son avantage. Malheureusement l'ensemble du peuple, hostile par principe à toute intrusion étrangère, dont, depuis le Moyen Âge, il a gardé un mauvais souvenir, apprend avec inquiétude et colère les progrès de l'envahisseur. Enfin les régiments étrangers arrivent devant une ville dépendant de Florence : Sarzana, et la question se pose d'une façon urgente : céder ou combattre ? Mal inspiré comme de coutume, Pierre décide d'ouvrir la Toscane à l'ennemi, ce qui est aussi une manière de lui faciliter la descente sur Naples dont le roi, pourtant, est son allié. Ce faisant, il compte tirer son épingle du jeu et se concilier la bienveillance de l'adversaire : éventuellement même son appui, et pour manifester plus ouvertement ses bonnes dispositions, il s'en va au-devant de l'envahisseur, à qui il livre tout ce qu'il est en son pouvoir de donner : les vivres, les places fortes, l'argent. Il s'est fait accompagner en cette expédition des envoyés de la Seigneurie, de telle sorte que la République florentine semble souscrire, elle aussi, à l'humiliation qu'il a acceptée, lui, de si bon cœur.

Pierre, malheureusement, connaissait mal ses compatriotes, et il comptait trop sur le prestige traditionnel des Médicis. Les concurrents de l'illustre famille, sur le plan des affaires et de la politique, s'unirent à la masse qui, sentimentalement, s'indignait de ce que Florence s'abandonnait à l'ennemi sans combat. Au cours d'une séance orageuse du Conseil dans la grande salle du palais de la Seigneurie, et tandis que la foule hurlait dans la rue ils, proclamèrent le félon rebelle et hors la loi. Son frère, le cardinal Jean, et le *condottiere* Orsini essayèrent, sans succès, d'apaiser la fureur populaire ; eux-mêmes ne durent leur vie qu'à la fuite, le cardinal se déguisant en moine. Quant à l'Infortuné, il était à peine entré dans son palais qu'il dut le quitter en hâte et galoper jusqu'à Venise. Comme il est d'usage en pareille circonstance, la populace se livra au pillage des maisons des Médicis, usant de ce privilège que lui procurait le retour à la république authentique, à la liberté et à la vertu.

Les Médicis partis, la dictature de Dieu et de son représentant sur la terre, Savonarole, ne rencontrait plus aucun obstacle. Florence se donna au Christ, qu'elle proclama roi de la ville, et dans une orgie d'expiation masochiste, laissa allumer les « bûchers des vanités » où l'on jetait les livres et les œuvres d'art licencieux, permit aux enfants devenus les terribles auxiliaires de Fra Girolamo d'entrer dans les maisons et d'y détruire, selon leur bon plaisir, tout ce qu'ils y trouveraient de coupable, perruques de soie, fards, vêtements riches ou pas assez décents. Malheureusement ces joyeux débordements des petits vandales ne résolvaient pas les rapports de la cité et des Français. Il incombait au dominicain, maître de la ville en tant que vicaire de Dieu et lieutenant du Christ-Roi, de traiter avec eux, d'autant plus qu'il avait si souvent invoqué leur intervention comme le châtiment céleste que les Florentins avaient mérité.

L'expérience fut cruelle : ces Français qu'il décrivait comme des anges vengeurs lui apparurent, quand il les vit dans leur camp, comme une soldatesque brutale, de mœurs déréglées, prompte à l'ivrognerie, à la débauche et à la querelle. Lui-même, en qui les Florentins admiraient et vénéraient un prophète, fit médiocre figure avec son laid visage, sa pauvre prestance et sa robe raccommodée, au milieu des seigneurs français de grande allure et somptueusement vêtus. Impossible de leur interdire l'entrée dans Florence, puisqu'ils étaient déjà maîtres d'une partie de la Toscane. Il ne restait plus qu'à leur préparer une « joyeuse entrée » la plus fastueuse possible, pour les éblouir, et aussi cordiale pour les convaincre de la bonne foi et de la bonne volonté du peuple et de sa Seigneurie.

Cette amicale concorde ne dura pas longtemps. Sans doute l'armée française abusa-t-elle indiscrètement de l'hospitalité des Florentins, si bien que le peuple, d'abord bien disposé a son égard, la prit en exécration.

Des querelles éclatèrent entre les généraux et le gonfalonier Capponi qui résistait à leurs exigences. Une sourde rumeur de rancune et de haine courait dans les rues et couvait dans les maisons, si bien que Charles VIII, inquiet de se sentir pris au piège dans une ville tortueuse favorable à l'insurrection, où la rage populaire augmentait de jour en jour, décida son départ, après avoir imposé et reçu une lourde contribution de guerre, et fait signer par les seigneurs une promesse d'allégeance envers la France.

Que devenait Pierre l'Infortuné pendant ce temps ? Il attendait le moment favorable de rejoindre les Français et de se mettre à la disposition de Charles VIII. Leur départ de Florence lui en fournit l'occasion ; liant désormais sa cause et sa destinée à la fortune de l'envahisseur, il l'accompagna dans ses campagnes, espérant toujours rentrer dans Florence avec l'appui des piques et des arquebuses ennemies. L'Italie, d'autre part, se ressaisissait et ébauchait une nouvelle Ligue contre le danger commun. Les brillantes victoires de Charles VIII paraissaient devoir s'achever ; il avait fallu quitter Naples et remonter vers le Nord. À Fornova (Fornoue), en 1495, une grande bataille (grande pour l'époque, bien entendu) fatale aux Français souligna la nécessité d'évacuer l'Italie qui menaçait de se refermer autour des intrus et de les écraser. Pierre, lui, n'avait pas perdu l'espoir de reprendre Florence par les armes et, à cet effet, il engageait des *condottieri* et stimulait le zèle des partisans des Médicis demeurés dans la ville, où la popularité de Savonarole perdait peu à peu son éclat.

L'excommunication prononcée contre lui par le pape Alexandre VI, qui, après une longue patience, se décidait enfin à sévir contre le réformateur, lui aliéna un grand nombre de ses partisans. Les *palleschi*, ainsi appelait-on les partisans des Médicis, reprirent courage et audace. Une de ces épidémies de peste si fréquentes en ce temps-là, désola la ville et troubla les esprits. La Seigneurie participa au procès contre le Dominicain et à la sentence prononcée contre lui : mourir par le feu. Le 23 mai 1498, le jeune Machiavel, nouvellement entré en fonction dans les bureaux de Palazzo Vecchio, vit de sa fenêtre Savonarole monter sur le bûcher avec deux autres religieux ; pendant que des enfants, cachés sous l'échelle qu'ils gravissaient – peut-être les mêmes enfants si empressés à acclamer le « prophète » et à alimenter les « bûchers des vanités » –, piquaient avec des bâtons pointus les jambes des malheureux. Ce spectacle déplorable inspira au futur auteur du *Prince* cette maxime désabusée : « Les prophètes désarmés finissent toujours mal. »

Les dissensions populaires, les désordres consécutifs à l'occupation française, aux intrigues des *palleschi*, à la confusion des *piagnoni*, exigeaient que la République fût reprise en main par un homme fort. Le « gouvernement de tous » s'avérait instable, confus, et inefficace. Si démocratique qu'elle fût, Florence sentait le besoin d'un chef, mais elle voulait que ce chef émanât de ses conseils et du choix public. La nécessité d'une dictature, en cette circonstance où la dictature de Dieu avait disparu avec Savonarole, s'imposait, avec ce paradoxe que le dictateur devait être désigné par le peuple et sortir de ses rangs : paradoxe commun à toutes les dictatures démocratiques. La République crut avoir trouvé cet « homme fort » en la personne de Soderini, que l'on nomma gonfalonier.

Soderini était honnête, consciencieux, intelligent : on connaissait son dévouement à la chose publique. Citoyen respecté pour la droiture de sa vie, la pureté de ses mœurs, la modestie de ses ambitions, il paraissait le contraire même de Pierre l'Infortuné. Machiavel, lui, plus perspicace, l'avait mieux jugé quand il écrivait dans une plaisante épigramme qu'après sa mort le gonfalonier n'irait ni au Ciel ni en Enfer, mais dans les limbes des enfants. Ce même Machiavel que Pietro Soderini avait pris pour conseiller – ce qui prouvait son intelligence – ne put inspirer au plus haut magistrat de la cité la politique de force indispensable en cette conjoncture. Les intrigues des partis, les conspirations des bannis, le plus agité étant naturellement Pierre de Médicis, l'instabilité des masses, les difficultés créées par un nouveau retour offensif des Français, sous le règne de Louis XII (1498-1515) maintenant, les périodiques insurrections des villes vassales, les menaces et les agressions des ennemis héréditaires de Florence, les complications financières, auraient épuisé un homme de génie et un authentique chef, un « prince » par l'intelligence, la hardiesse et la décision, ce que Soderini n'était pas. Rien n'est plus affligeant que le spectacle d'une dictature faible : celle du gonfalonier avait les inconvénients de l'instabilité et de la précarité, puisque les Conseils pouvaient le renverser, et de l'impopularité qui l'atteignit quand il prétendit faire aboutir des réformes financières inévitables. Cent six fois il déposa devant le Grand Conseil un projet d'impôt progressif, qui fut cent six fois repoussé, au grand amusement de Machiavel.

Cependant, Pierre, qui prétendait revenir dans Florence en triomphateur, cherchait des concours militaires. Il eut quelque temps celui de César Borgia, mais sans succès. Louis XII, qu'il ne cessait d'implorer, se déclarait hostile à la restauration des Médicis. L'Infortuné mourut, en 1503, au cours d'un naufrage, sans avoir eu la consolation d'être acclamé dans sa ville natale. Après sa disparition, le pouvoir des Médicis, si l'on peut encore parler de « pouvoir » puisque la glorieuse famille était bannie et que Florence se déclarait moins que jamais prête à en recevoir les descendants, l'héritage financier et les prétentions politiques passèrent à ses deux frères : Jean, qui était cardinal, donc incapable de gouverner la cité, et Julien, qui deviendra plus tard duc de Nemours et dont Michel-Ange sculptera la statue dans la chapelle funéraire de San Lorenzo.

Julien auquel appartenait maintenant le « pouvoir » tout théorique, choisit lui-même le surnom sous lequel il devait être connu de ses contemporains et de la postérité – ce qui est le meilleur moyen de posséder celui que l'on préfère : il se fit appeler *Popolesco* ; cela signifiait qu'il rentrait dans les rangs du peuple, qu'il n'aspirait pas à être autre chose qu'un simple citoyen, un loyal démocrate.

Cette docilité évidente, manifestée envers la susceptibilité florentine, toujours aiguë, ombrageuse et vindicative, était de nature à faciliter le retour des Médicis, puisque le chef de la famille s'avouait « homme du peuple », attaché aux institutions libérales. Le cardinal Jean n'était pas aussi bien vu de la foule que son frère ; on se rappelait le rôle fâcheux qu'il avait joué lors des troubles précédant l'expulsion de l'Infortuné. Une partie considérable de l'opinion florentine, cependant, restait hostile à la reconstitution d'un pouvoir qui, sous la fiction libérale, avait édifié une véritable monarchie. La monarchie de fait, sinon de titre, était ce qu'il fallait à ce peuple, féru d'égalitarisme et glissant facilement à l'anarchie quand une main forte ne le dirigeait pas et que la confusion des débats parlementaires paralysait les réformes les plus nécessaires. Il y avait donc parmi les citoyens, en dehors même des *palleschi* fanatiques, des hommes de bon sens qui jugeaient Soderini incapable de dominer le désordre et l'impuissance des assemblées. Le cardinal, de son côté, blessé de l'humiliation infligée aux fils du Magnifique, reprenait à son compte les espoirs et les ambitions de l'Infortuné et négociait avec les grandes puissances pour obtenir l'appui militaire capable de briser la résistance de la ville. Il profita de ce que le roi de France Louis XII, l'empereur Maximilien, Ferdinand d'Espagne et le pape Jules II s'étaient réunis en congrès à Montoue, en 1511, afin de ramener la paix en Italie ; le cardinal qui s'était employé activement à réunir tous ces monarques, qui tous ne demandaient qu'à lui témoigner leur bon vouloir, leur persuada que l'anarchie florentine était le principal obstacle à la concorde dans la péninsule. Réunis en ce qu'ils appelèrent une « Sainte Ligue », les souverains européens chargèrent le général de la Ligue de mettre fin à ces troubles. L'Espagnol Ramon de Cardona, à la tête de cinq mille hommes, arriva en vue de Florence le 20 août, au grand désarroi des citoyens qui se voyaient menacés, de nouveau, des horreurs d'un siège et des malheurs de l'occupation étrangère. On pensa donc s'en tirer à bon compte quand on sut que Cardona se contenterait d'une contribution de cent quarante mille ducats, à répartir entre les rois. Il fallait – et c'était une condition *sine qua non* – laisser revenir les Médicis et renvoyer Pietro Soderini qui devait faire les frais de la réconciliation : il prendrait dans l'exil la place que les Médicis quittaient, et bien heureux encore de conserver la vie sauve ; il y avait, en effet, parmi les membres des conseils, des Florentins assez ingrats pour proposer d'offrir au vainqueur la tête du gonfalonier, et le pauvre homme ne la garda qu'au prix de force précautions, et ne se risquant dans les rues qu'entouré de sa garde personnelle afin d'échapper aux attentats.

Prompte à changer d'humeur, la foule passa de l'exécration à l'enthousiasme avec une rapidité et une facilité qui étonnent toujours l'historien. À lire la description des fêtes qui accueillirent le cardinal et son frère, on croirait qu'éclatait la joie de revoir des souverains bien-aimés, non des intrus, des rebelles, dont, quelques jours auparavant encore on maintenait le bannissement. Julien avait trente-trois ans ; il s'entendait à la politique, mais il voulait la pratiquer honnêtement, loyalement. Les gages qu'il donna à la démocratie, il était résolu à les respecter, même lorsqu'il s'agissait de choses extérieures et, en apparence, insignifiantes : il se fit couper la barbe, adopta le costume des modestes bourgeois, causa avec les boutiquiers et les artisans quand il se promenait, à pied, dans les rues. Les institutions démocratiques étant restées en place, il affecta de se tenir à l'écart de la politique, afin de leur laisser libre jeu, s'occupant activement de ses propres affaires, reprenant le rôle de mécène cher à ses aïeux, et que Pierre avait négligé. On aurait pu croire que, paraphrasant le mot célèbre d'un futur roi de France, « il n'y avait dans Florence qu'un Florentin de plus », mais Julien n'était qu'un mol instrument entre les mains du cardinal Jean qui, de Rome où il figurait dans le Sacré Collège, et où, quelque temps plus tard, il recevrait la tiare – en 1513 – sous le nom de Léon X, manœuvrait selon ses intentions politiques les affaires de la République.

Chapitre VIII

LES MÉDICIS AU VATICAN

Jean de Médicis avait quatorze ans quand, en 1489, le pape Innocent VIII, heureux de contenter le « roi sans couronne » de Florence, lui donna le chapeau de cardinal. Depuis longtemps Laurent souhaitait installer à une des plus hautes fonctions de l'Église un de ses fils qui travaillerait ainsi, sur le plan ecclésiastique, à la grandeur et à la prospérité de la Maison. On agissait de même dans les familles aristocratiques où l'aîné recevait le titre nobiliaire et les domaines qui y étaient attachés, tandis que les cadets faisaient carrière honorablement et lucrativement dans l'Armée ou dans l'Église. La puissance temporelle des États pontificaux faisait du successeur de saint Pierre un souverain capable de jouer un rôle déterminant dans le concert des États européens. Sa force était encore accrue des armes spirituelles dont il disposait, l'excommunication et l'interdit, et de la propagande que lui faisaient ses sujets répandus à l'étranger, les évêques, les prêtres et les ordres religieux.

On peut penser – et ce fut un argument toujours répété des réformateurs qui partirent en guerre contre la papauté – que l'autorité spirituelle du Saint-Siège était contaminée par les obligations qui lui incombaient en tant que propriétaire d'un domaine matériel, et entraînée à se détourner des règles précises de la morale absolue, dont le pape devait donner l'exemple, pour entrer dans les intrigues et les compromis de cette morale relative qui commande les rapports politiques des individus et des collectivités. Les attaques qui commencèrent dès le Moyen Âge et se multiplièrent pendant la Renaissance contre la fameuse donation de Constantin sur laquelle reposait cette puissance temporelle aboutirent à la dénonciation de l'imposture qui était à la base de la prétendue « donation », œuvre d'un faussaire impudent et grossier. Trop souvent, les papes avaient usé et abusé de cette puissance temporelle pour conduire des guerres injustes dans leur seul intérêt ou au profit de leurs familles, et dans lesquelles le prestige et la prospérité même de l'Église étaient mis en péril.

Ce dédoublement de personnalité dans l'individualité même du souverain pontife aboutissait quelquefois à ce contraste paradoxal d'un pape qui, tout en administrant de la façon la plus honnête, la plus scrupuleuse et la plus digne le fonctionnement spirituel de l'Église, rigoureux sur tous les points du dogme et de la morale, commettait, dans l'ordre des choses temporelles, des injustices flagrantes, des délits et même des crimes – ou les laissait commettre sous le couvert de l'inviolabilité ecclésiastique –, comme cela s'était produit sous le règne d'Alexandre VI. Le cardinal Borgia n'avait pas été un « mauvais pape » en tout ce qui concernait les choses proprement ecclésiastiques, mais les abus de pouvoir de son fils César, gonfalonier de l'Église, c'est-à-dire commandant en chef les armées de l'Église, que l'on appelait les « régiments des Clefs » – par allusion aux clefs de saint Pierre – et les nombreux mariages de Lucrèce, conclus et dénoués pour des motifs uniquement politiques, avaient causé un scandale dont l'écho durait encore.

On convint de ne rendre publique et efficace cette élection au cardinalat que trois ans plus tard, quand l'adolescent approcherait de l'âge d'homme, afin d'éviter les critiques que ne manquerait pas de susciter l'entrée dans le Sacré Collège d'un garçon qui était presque encore un enfant et qui n'était même pas prêtre. Il n'avait reçu que les ordres mineurs, en 1483, – il avait huit ans – quand il fut question de lui accorder quelques bénéfices ecclésiastiques que son père demandait pour lui, et qui devaient marquer ses premiers pas dans une profession qui serait en même temps brillante et profitable. Ses débuts, toutefois furent modestes, puisque son premier bénéfice lui apporta les revenus d'une abbaye française, l'abbaye du Pin, près de Poitiers ; ce qui n'était pas mal pour un garçon de huit ans, et ce fut mieux encore quand, quatre ans plus tard, il fut nommé abbé du puissant et magnifique monastère bénédictin du Mont-Cassin.

On n'attendait pas de ce gamin qu'il exerçât effectivement des fonctions qui ne pouvaient lui être qu'honorifiques et rémunératrices ; il continua donc d'étudier assidûment, dans le palais familial de Via Larga, sous la direction des maîtres éminents que son père lui avait donnés, Gregorio da Spoleto, Adriani, et l'illustre helléniste Chalcondylas. Cette formation intellectuelle, conforme aux traditions médicéennes depuis plusieurs générations, inclina les goûts et les curiosités du jeune Jean vers les choses littéraires, principalement. Il paraissait moins apte à comprendre et à apprécier les arts plastiques ; ses biographes lui font généralement le reproche d'avoir ignoré, ou, du moins, sous-estimé, et négligé d'employer au mieux de leurs capacités et de leur génie les deux plus grands artistes de ce temps-là, Michel-Ange et Léonard de Vinci, réservant toute sa faveur à Raphaël, qu'il combla d'amabilités.

Cette prédilection en dit long sur le caractère du premier pape Médicis, et confirme les indications physiognomoniques que nous pouvons tirer de ses portraits. Il avait un visage rond, épais et mou, ajusté aux épaules par un cou court et large. De taille assez grande, vigoureux, il aimait les exercices physiques, particulièrement la chasse et la pêche. Il avait de belles mains, très blanches, avec des doigts longs et fins. Cette figure qui ne révélait pas une grande énergie ni une ferme force de volonté, invitait à la sympathie, cependant, par l'expression de bonté qui y apparaissait. Ce qui surprenait le plus, c'était le regard fixe et un peu hagard des gros yeux globuleux et à fleur de tête. Sa vue était médiocre, et ses biographes le disent, alternativement, presbyte et myope ; pour les uns il n'y voyait pas clair, pour les autres aucun de ses compagnons de chasse ne savait distinguer le gibier aussi loin et aussi nettement que lui. Cette passion pour la chasse et un attrait aussi vif pour le jeu sont les traits principaux de sa vie extérieure. On n'a jamais incriminé ses mœurs, qui étaient au-dessus de tout reproche, au contraire des débordements sensuels d'Alexandre VI, dont on avait dit qu'il était « le plus charnel des hommes ». Sa sobriété à table était parfaite, quoiqu'il eût toujours la prodigalité d'offrir des repas somptueux à ses invités ; lui-même se contentait des mets les plus modestes, et en petite quantité, par esprit de mortification ou bien parce qu'il était sujet à l'embonpoint. Son premier biographe, Paolo Giovio, un contemporain et un familier, rapporte « qu'il a respecté la plus extrême retenue depuis sa jeunesse, et pris soin de maîtriser les instincts naturels et les élans des sens. Sa nourriture était frugale ; il se privait de viande le mercredi, se contentait de légumes le vendredi et jeûnait complètement le samedi. »

Grand amateur d'animaux exotiques, il avait installé au Vatican une ménagerie riche en fauves et en oiseaux rares, dont la vedette est un éléphant offert par le roi du Portugal et que l'on a nommé Hannon en souvenir des éléphants carthaginois qui aidèrent à la traversée des Alpes par les troupes puniques ; lorsque cet animal mourut, le pape en eut un grand chagrin ; il fit peindre son portrait par Raphaël – grandeur nature ! – et ce fut l'humaniste renommé Béroaldo qui composa son épitaphe ; quant au gigantesque cadavre, on lui réserva une tombe digne de lui au pied d'une des tours du mur d'enceinte du Vatican.

Le principal mérite de Léon X auprès de la postérité, et la vertu qu'on admirait davantage à son époque furent toujours sa prédilection pour la musique : cet admirateur de Jacques Consilion (1498-1535), de Costanzo Festa (vers 1514-1565) et d'Azcadelt (1490-1545) y avait renom d'expert ; les contemporains racontent qu'on ne le voyait guère autrement qu'accompagné de sa « chapelle », et il était tout prêt à conférer des bénéfices ecclésiastiques, quand l'argent comptant lui faisait défaut, à un chanteur ou à un instrumentiste qui l'avait enchanté ; ainsi nomma-t-il archevêque de Bari Gabriele Merino dont la vocation ecclésiastique ne s'était jamais manifestée auparavant. Léon X était aussi bon latiniste, passionné de Cicéron, porté à favoriser quiconque le haranguait en beau langage.

Ses relations avec Raphaël (1483-1520) furent de la plus haute importance pour cet artiste ; le pape lui confia la charge de ses travaux de construction à Rome, avec la responsabilité de la poursuite de la reconstruction de Saint-Pierre, et celle de l'édification de l'université de la Sapienza, ainsi que de plusieurs autres églises. Léon X entreprit aussi de refaire le plan de Rome, dont la ville avait un si urgent besoin, et qui l'embellit et améliora sa salubrité. Au Vatican même, Léon X utilisa largement le talent de Raphaël : d'abord et avant tout, il reprit la commande que le peintre avait obtenue de Jules II pour décorer les *Stanze*, salles officielles du palais papal, peut-être l'œuvre la plus importante de Raphaël. Pour Léon, il peignit la Stanza d'Eliodoro, contenant le portrait du pape Léon X à cheval, le pape Léon le Grand détournant Attila de Rome. Ensuite, le peintre décora les *loggie*, ou balcons, faisant partie des appartements de Léon X, dans un style qui influença profondément la peinture décorative. Raphaël réalisa aussi des cartons pour un ensemble de dix tapisseries destinées aux murs les plus bas de la Chapelle Sixtine, tapisseries qui furent tissées dans les Flandres ; les cartons de Raphaël furent envoyés aux fabriques de Bruxelles et sept d'entre eux entrèrent dans la collection de Charles Ier d'Angleterre ; ils sont exposés au Victoria and Albert Museum de Londres.

Ce fut aussi durant le pontificat de Léon X que les Médicis entrèrent pour la première fois en contact avec Michel-Ange, à l'occasion des travaux de l'église San Lorenzo à Florence, qui devait contenir quelques-unes de ses plus fameuses sculptures ; en 1520, le cardinal

Jules de Médicis (le futur Clément VII) lui commanda un projet pour la Sagrestia Nuova (Nouvelle Sacristie) où avait été placé un groupe de tombeaux des Médicis, comprenant ceux de Laurent le Magnifique et de Léon X ; en définitive, Michel-Ange n'acheva que ceux de Julien, duc de Nemours, et de Laurent, duc d'Urbino, fils de Pierre l'Infortuné. On lui avait demandé auparavant de dessiner la façade de l'église elle-même (un modèle se trouve à la Casa Buonarroti), projet qui ne fut jamais mené à bien ; plus tard, sous le pontificat de Clément VII, il conçut et construisit une partie du magnifique escalier de la Bibliothèque de l'Église, fondée par Cosme en 1444, ultérieurement la Bibliothèque laurentienne des grands-ducs de Médicis. (Ses projets pour le plafond de la Bibliothèque et de la salle de lecture furent réalisés par Vasari en 1571.)

On attribue le succès, sinon la naissance de la Réforme en Allemagne, à la campagne de vente d'indulgences dont le bénéfice était destiné à l'achèvement de Saint-Pierre. Il n'avait été question, d'abord, que de recueillir des aumônes à cet effet, dans les différents pays d'Europe, mais la générosité des fidèles s'avéra insuffisante. Pratique ancienne, l'indulgence avait pour résultat d'imposer une pénitence capable de se substituer au châtiment d'une faute. On a fait un grand tapage autour de la « vente » des indulgences, mais ce n'était là qu'un moyen offert aux pécheurs d'expier leurs fautes en donnant une aumône correspondant à leur degré de culpabilité. Que l'on pût être exonéré des conséquences de ses actes mauvais, à prix d'argent, même pour une finalité aussi sainte que l'édification de la plus belle et de la plus grande basilique de la chrétienté, parut à beaucoup indécent, injuste, immoral, et l'on partit en guerre contre les religieux qui les distribuaient, frappant, au-delà d'eux, qui n'étaient que ses instruments, le pape qui profitait de ce commerce.

Pour replacer à leur juste niveau les scandales de la vente des indulgences, il faut les remettre dans le climat normal de cette époque en ce qui concerne ce qu'on pourrait appeler la morale de l'argent. Il était parfaitement admis, par exemple, que les cardinaux nouvellement nommés fissent don au trésor pontifical de sommes considérables, en don de joyeux avènement : de là à dire qu'ils « achetaient » leur élection et que le plus généreux était préféré, il n'y avait qu'un pas. Immorale aussi, pouvait sembler, la remise des revenus d'une abbaye à un enfant de huit ans, qui ne l'avait pas vue et ne la verrait jamais. Pour ce qui est de Léon X, on critique unanimement sa prodigalité, mais on peut remarquer, en général, que, lorsqu'il s'agit de personnages en vue, ou l'on blâme leur gaspillage, ou l'on incrimine leur pingrerie. Léon X était toujours à court d'argent parce qu'il le distribuait libéralement autour de lui, aux humanistes, aux musiciens, aux nécessiteux, aux bouffons même ; pendant ses audiences, et aussi à table, il avait toujours une grande bourse à portée de sa main où il puisait sans compter.

Si on le vit à plusieurs reprises vendant ses bijoux personnels, car il eut la délicatesse de ne jamais toucher aux biens d'Église, et s'endetter auprès des banquiers qui lui faisaient crédit, souvent au taux d'intérêt usuraire que l'époque ne jugeait ni anormal ni immoral, ce fut moins pour les dépenses de sa table et du faste de sa cour, que les historiens ont beaucoup exagérées, que pour les frais causés par l'entretien de l'université de la Sapienza, par l'accroissement de sa bibliothèque, et par la surenchère qu'il jetait quand il s'agissait d'enlever à une autre université un professeur réputé, soit par la tentation d'honoraires somptueux, soit même par des menaces quand la tentation ne suffisait pas. En revanche, les maîtres qui entraient dans les cadres de la Sapienza étaient soumis à une discipline sévère ; les moindres manquements à la règle étaient punis par des amendes – des retenues sur le traitement et des blâmes du souverain pontife. Estimant que l'enseignement déversé du haut d'une chaire n'est qu'une partie – et peut-être même pas la plus importante – de l'instruction universitaire, il réclamait des professeurs qu'en dehors des heures de cours ils fussent à la disposition de leurs élèves afin de répondre à toutes leurs questions.

Les lettres classiques et modernes n'étaient pas le seul objet d'enseignement à la Sapienza ; on y traitait aussi des sciences naturelles, de la botanique, de l'astronomie, de la médecine. La langue grecque était l'objet de toute la prédilection de Léon X comme elle l'avait été pour ses ancêtres, et, afin qu'elle fût professée d'une façon plus « moderne » qu'il n'était d'usage dans les universités de ce temps-là, il réunit dix jeunes gens issus de familles grecques aristocratiques, sous la tutelle de l'helléniste célèbre Masurus, afin que la langue d'Homère devînt, pour ceux qui la pratiquaient, une langue littéralement vivante.

Il dota sa bibliothèque personnelle et celle de l'université de tous les manuscrits sur lesquels il pouvait mettre la main, et il employait à cette « chasse aux ouvrages rares » des érudits qui fouillaient tous les pays d'Europe et s'en allaient jusque dans l'île de Gotland, en face des côtes suédoises, où les vieilles églises étaient nombreuses, visiter les armoires des chapelles et des couvents. Léon X avait confié la direction de la bibliothèque vaticane à un humaniste connu, le cardinal Inghirami, que l'on avait surnommé Fedra Inghirami parce qu'il était l'auteur d'une tragédie sur Phèdre qui avait eu un certain succès.

Le temps, l'application et le zèle que le pape apportait à l'activité culturelle, dont, en vrai Médicis, il se faisait en même temps un plaisir et un devoir, ne l'empêchaient pas d'administrer avec une sagesse, probablement trop prudente, et une ruse qui, en définitive, se retourna contre lui, les affaires de l'Église qui étaient, à cette époque, très embrouillées. C'est sous son règne, en effet, que la Réforme se déchaîna dans les pays allemands, à laquelle il ne prit pas garde, d'abord, dont il ne surveilla pas les progrès rapides et dangereux ; il se trouva ainsi pris au dépourvu et incapable de réagir, car il était déjà trop tard. L'indulgence dont Jean de Médicis fit preuve à l'égard de frère Martin Luther qui combattait le Vatican et la Catholicité, est caractéristique d'une nature d'humaniste tolérante et peut-être même sceptique, au fond. Il avait, d'autre part, envers les mouvements hétérodoxes, cette indolence italienne fondée sur la conviction que « tout s'arrange ». Tout s'arrangeait, en effet, en Italie, et la tempête savonarolienne s'était éloignée de Florence sans y avoir causé trop de dégâts, si ce n'est l'holocauste, vraisemblablement médiocre, des « bûchers des vanités ». Toutes les impulsions réformatrices qui avaient surgi dans la Péninsule s'étaient éteintes d'elles-mêmes ou avaient été facilement réprimées. Joachim de Flore, Arnaud de Brescia avaient eu de chauds partisans et soulevé même des provinces, sans que, pour autant, le joachimisme et le johannisme millénariste eussent obtenu plus qu'un succès provisoire et localement limité. Léon X qui entretenait une correspondance avec Erasme était d'esprit aussi large que le philosophe hollandais et aussi peu enclin au sectarisme. Il négligea les avertissements de l'empereur qui s'inquiétait d'un mouvement insurrectionnel susceptible de passer du plan religieux sur le plan politique. Il jugeait si naturel et si légitime que la puissance temporelle fût associée, depuis la donation de Constantin, au pouvoir spirituel qu'il ne craignait pas d'en voir sérieusement remis en question le principe et l'exercice. Les insultes lancées par Luther, la publication du Traité de la liberté chrétienne, les propositions de Wittenberg et l'humiliante incinération de la Bulle pontificale qui invitait l'Augustin insurgé à revenir à l'obéissance, l'immense popularité d'une propagande antipapale, par les discours, par les écrits, par la distribution sur les foires de gravures caricaturales ridiculisant le pape, les évêques, les prêtres et les moines, ne lui ouvrirent pas les yeux sur le raz de marée qui allait submerger l'Église et en ébranler tout l'édifice, jusque dans ses fondations.

Léon X apportait dans les affaires intérieures de la catholicité le même esprit de compromis et la même volonté d'atteindre son but sans violence, par la douceur et l'habileté, qu'on lui voit exercer dans les rapports du Saint-Siège et des États italiens et étrangers. Douceur toute relative, d'ailleurs, car avec ce sens très lucide de la nécessité et de l'efficacité qu'avaient eu tous les Médicis, il sut être cruel dans l'affaire Petrucci autant que son père, Laurent, l'avait été envers les gens de Volterra. Machiavel avait bien résumé l'opinion générale de tous les politiques italiens, et légitimé ainsi leurs actes, quand il préconisait la rapidité et la dureté des sanctions chaque fois que les circonstances l'exigeaient. La crédulité publique, toujours encline à simplifier arbitrairement la pensée des grands hommes, a attaché au nom de Machiavel le souvenir d'un théoricien de la duplicité et de la violence, alors qu'il enseignait, très judicieusement, qu'en dernière instance l'honnêteté paie toujours et qu'il ne faut être cruel que lorsqu'on ne peut pas faire autrement, afin d'éviter le pire mal.

Les Petrucci, d'une vieille famille siennoise chassée de son fief par les Médicis, avaient juré de tirer vengeance et de reprendre leur principauté. Alfonso Petrucci, qui était cardinal, avait plusieurs fois essayé de tuer Léon X au cours de parties de chasse, mais il n'y avait jamais réussi ; poignarder le pape en pleine réunion du consistoire aurait été spectaculaire mais dangereux : si le cardinal portait un poignard sous sa robe, le pape revêtait peut-être une chemise de mailles sous la sienne ; il pensa donc au poison, qui réussissait si bien dans les intrigues et les conspirations des cours de la Renaissance, et entra en relation avec le médecin personnel de Sa Sainteté, Vercelli. Habilement, Vercelli repoussa l'idée d'un poison qui laisse des traces, et qui dénonce tout de suite son auteur. Dès qu'un homme en vue, prince, *condottiere*, pape, mourait – la rumeur s'en répandit aussi au décès de Léon X –, on pensait au poison. Le médecin imagina un moyen plus discret et d'efficacité certaine. Il soignait depuis plusieurs années, d'un ulcère à l'anus, Léon X qui avait en lui toute confiance ; il proposa une opération qui, disait-il, guérirait sans défaut l'auguste malade.

Prudent, et, peut-être alerté, car dans ce genre de complots on rencontrait fréquemment des « agents doubles », le pape repoussa le projet du chirurgien qui, à partir de ce moment, devina qu'il était suspect et quitta le Vatican. Petrucci, craignant d'être dénoncé par son complice, s'enfuit de Rome. On instruisit le procès des assassins virtuels et on en profita, comme c'était l'usage, pour y impliquer des hommes authentiquement coupables ou dont on redoutait seulement qu'ils fussent capables de l'être. Plusieurs cardinaux furent impliqués, qui durent faire amende honorable et s'en tirèrent en payant de lourdes amendes. Les principaux auteurs de l'intrigue, Petrucci, Riario – le même Riario déjà mêlé à l'attentat des Pazzi qui avait coûté la vie au père de Léon X, Bandinello de Sauli, furent étranglés après que la sentence de mort leur eût été lue par un écrivain que l'on ne s'attend guère à voir apparaître dans cette fonction, le délicat poète des *Asolani*, Pietro Bembo. Les complices de rang inférieur furent pendus, écartelés, roués, découpés en morceaux.

Cette sévérité est exceptionnelle dans la vie d'un homme dont l'ascension s'était faite sans drame, par une intelligente utilisation des circonstances. Quand on considère la carrière de Léon X, on n'y trouve pas d'audaces téméraires, mais, en revanche beaucoup de cette prudence bourgeoise qu'on remarquait chez Cosme le Vieux. Cardinal, il avait traversé sans inconvénients le règne orageux d'Alexandre VI (1490-1503). Au pape Borgia, à l'élection duquel il avait un peu imprudemment prêté son concours, il ne portait pas ombrage, et il ne fit pas davantage obstacle à la victoire de son successeur, le cardinal della Rovere, qui prit le nom de Jules II (1503-1513). Il s'associa activement à la politique antifrançaise du nouveau pape, en laquelle il voyait, pour lui, l'occasion de remettre la main sur Florence et de redonner à sa famille, dans sa ville natale, l'éclat princier qu'elle avait perdu depuis la mort du Magnifique. Légat du souverain pontife à Pérouse, puis à Bologne, il seconda les ardeurs belliqueuses de celui que l'on avait nommé le « pape-soldat ». Fidèle à celui-ci, il refusa de s'unir aux cardinaux rebelles qui travaillaient contre le Rovere et essayaient de réunir un concile pour le renverser. Cette peur du concile, qui aurait remis en question leur puissance, fut le cauchemar de Léon X, puis, plus tard, de Clément VII, comme il l'avait été d'Alexandre VI et de Jules II. Mêlé aux soldats pendant le siège de Ravenne, il fut fait prisonnier par les Français et emmené, en cette qualité, dans la suite de Louis XII qu'accompagnaient, librement, eux, les cardinaux dissidents, qui avaient essayé de le décider à s'unir à eux.

Une nuit, déguisé en simple soldat, aidé de quelques amis sûrs qui avaient mis au point les préparatifs de son évasion, il profite de ce que les Français en retraite passent le Pô, à Pavie, ce qui provoque un certain désordre, pour franchir le fleuve lui aussi. Après quelques semaines d'aventures excitantes, car il tomba une fois de plus entre les mains de l'ennemi, il arrive à Mantoue où se trouvaient réunis les adversaires de Soderini et de son gouvernement populaire florentin, et, par conséquent, les partisans des Médicis.

Les efforts conjugés du pape, de l'empereur, de Venise et de l'Espagne, appuyés sur la terreur que faisaient régner les bandes allemandes dans les villes toscanes qu'elles investissaient, permit aux alliés médicéens d'entrer triomphalement dans la cité reconquise, toutes cloches sonnant, le 31 août 1512.

Le retour des « rois sans couronne » dans la capitale sur laquelle ils avaient régné bien au-delà de cent ans consolida la situation du cardinal Jean auprès du Sacré Collège. Lorsque Jules II mourut, le 21 février 1513, il fut évident à tous que le Florentin était de tous les *papabili*, c'est-à-dire de ceux qui étaient les plus désignés à recevoir la tiare, le candidat possédant les plus fortes chances. Le conclave dura sept jours, cependant, avant qu'une décision intervînt ; certains historiens prétendent que l'abcès à l'anus dont souffrait Jean et dont on pensait qu'il ne tarderait pas à mourir, lui acquit de nouveaux partisans ; s'il était élu, il ne demeurerait pas longtemps sur le trône de Saint Pierre, et, en effet, il mourut peu d'années plus tard, en novembre 1521.

Ses dernières années furent assombries par de lourds soucis politiques et aussi par l'aggravation de sa maladie. Il avait fallu l'opérer en 1516, et il restait maladif quoique de constitution résistante. On croit qu'il fut pris d'une attaque de paludisme à Malliana d'où il observait le développement des opérations militaires contre les Français que l'armée des Clefs, commandée par Prosper Colonna et Frédéric de Gonzague, rejetait hors de la Lombardie. Le malaise qui avait saisi le pape commença très vite d'inquiéter son entourage. Jean de Médicis suivait avec passion les progrès de ses troupes qui s'emparaient de Parme et de Milan. Il ne lui était pas accordé cependant de voir la victoire finale ; en quatre jours, il fut si mal qu'on désespéra de le sauver, et le prêtre qui vint lui donner l'Extrême-Onction arriva trop tard.

Est-il vrai que le poison hâta le trépas d'un malade qui était condamné ? On soupçonna son échanson, Malespina, qui fut arrêté et mis à la question, puis relâché faute de preuves. Le corps s'était si vite décomposé que l'examen des viscères n'aurait donné aucun résultat concluant. Que ses adversaires aient été heureux de se voir débarrassés de lui, les explosions de joie qui accueillirent, un peu partout, la nouvelle de sa mort le démontrent abondamment ; Florence, surtout, manifesta son enthousiasme avec une liesse populaire qui attestait que la fidélité vouée naguère par les citoyens à l'illustre famille des banquiers connaissait une triste éclipse : on chôma en signe d'allégresse et on alluma des feux d'artifice.

Cette hostilité qui déborda après le décès du Saint-Père montre que Léon X avait, à son insu, alimenté d'ardentes inimitiés ; c'était la conséquence inéluctable de sa politique ; tandis qu'il évitait de se compromettre en prenant franchement le parti de l'un ou de l'autre des adversaires, il finissait par mécontenter tout le monde. Contrairement à son prédécesseur, l'agressif et combatif Jules II qui répondait à Michel-Ange lui demandant comment il voulait que sa statue le représentât : « Mets-moi une épée à la main, un livre je ne saurais qu'en faire… », Léon X se trouva plongé, pendant tout son règne, dans des guerres qu'il n'avait pas souhaitées, sauf, bien entendu, celle qui pouvait rendre Florence aux Médicis. C'est un des caractères frappants du pontificat de Léon X, comme, plus tard, de celui de son cousin – et successeur après l'intermède d'Adrien VI (1521-1523) –, Clément VII, que toute la politique italienne et étrangère du Vatican est dominée par la préoccupation de revenir en maître dans Florence. Le « mariage » conclu entre la cité du Lys et la famille Médicis depuis le XIVe siècle semblait devoir être indissoluble. La prospérité commerciale et la puissance du gouvernement reposaient sur cette indissolubilité ; chassés de la ville où ils régnaient en rois, les Médicis souffraient d'une cruelle humiliation à voir les *palle* remplacées par les emblèmes des *popolani*. Imbu de cet orgueil dynastique, Léon X ne pensa pas que la conquête de la tiare pouvait le consoler d'avoir perdu Florence ; sans doute estima-t-il, même, que l'immense autorité spirituelle et matérielle mise ainsi à sa disposition devait, par priorité, être employée à reprendre la Toscane. Au centre de toutes les transactions, avec Milan, avec Venise, avec Naples, avec le roi de France et avec l'empereur, ce souci primait tous les autres et orienta les actes de Léon X, ses démarches et ses hésitations, ses coups de maître et ses erreurs.

Jules II avait aimé la guerre ; Léon X, suivant ses goûts et la disposition des pions sur l'échiquier européen, se disait qu'il n'atteindrait son but qu'à force de diplomatie, non par la violence. La diplomatie est l'arme des faibles, et, dans toutes ses négociations, Jean de Médicis avoua sa faiblesse, son inclination à louvoyer, sa répugnance à s'engager et à se compromettre. Tel qu'il fut en face de la montée de l'hérésie en Allemagne, tel il fut à Rome au foyer des pourparlers avec les ambassadeurs des Puissances. La manœuvre était souvent habile et efficace ; elle aboutissait, le plus heureusement, à dénouer les ligues qui se formaient contre lui, à semer la méfiance et la discorde entre des alliés dont l'association l'inquiétait et le menaçait. Sa diplomatie parut tortueuse à ses contemporains, et la postérité continue de la juger telle, et, pour cette raison, de la condamner, mais elle ne pouvait pas être autrement, puisqu'il n'avait ni l'absence de scrupules d'Alexandre VI, ni le goût de la violence propre à Jules II.

Les circonstances lui imposaient, peut-être, une attitude qui eût été un signe de pusillanimité et de lâcheté s'il n'avait été évident aux yeux de tous les observateurs que la puissance pontificale déclinait. Sur le plan strictement religieux elle était battue en brèche par les poussées réformatrices qui se produisaient jusqu'en Italie : Savonarole en avait donné l'exemple. Au sein même du Sacré Collège, une majorité de cardinaux entendaient faire proclamer par un concile que l'ensemble de l'Église était supérieur au pape et que celui-ci n'était pas tout-puissant. Dans les pays étrangers, la désaffection était plus nettement marquée encore ; la France restait frondeuse et de tempérament gallican quoiqu'elle ne cessât de se proclamer la « fille aînée de l'Église » ; l'Angleterre et les pays germaniques faisaient mine de se détacher de la collectivité corporelle et spirituelle de la Catholicité pour des raisons qui n'étaient pas toujours relatives à la foi, au dogme ou aux mœurs, mais aussi politiques. Quant à la solidité et à l'intégrité des États de l'Église, elles atteignaient leur crépuscule depuis que la poussière de principautés indépendantes en Italie tendait à s'organiser autour de quelques cités maîtresses, Naples, Milan, Venise, et, surtout, depuis que l'Empire, l'Espagne et la France faisaient valoir des droits, réels ou simulés, sur certaines portions du territoire italien, et prenaient l'habitude de venir y vider leurs querelles.

L'excommunication et l'interdit n'étaient plus des menaces terribles devant lesquelles les peuples épouvantés capitulaient ; avec la prépondérance de l'esprit de discussion et de la notion du libre arbitre, l'infaillibilité de l'Église ne parvenait pas à s'imposer assez totalement pour obliger les rebelles à capituler sans contestation. Alexandre VI, conscient de cet affaiblissement progressif, et partageant les idées de son fils César sur la nécessité de refaire une Italie unie et, politiquement du moins, homogène, avait vu dans cette unification, qui ne sera jamais réalisée avant la victoire du Risorgimento, le soubassement d'une papauté puissante. Jules II avait combattu comme un homme de guerre. Léon X, lui, ne concevait certainement pas les grandioses illusions des Borgia mais il estimait que, dans ce concert de bêtes fauves qu'entraînait le déchaînement des grandes puissances contre la terre italienne, la ruse fournissait les meilleures armes. Aussi employa-t-il toute son intelligence, toute son adresse et, il faut bien le dire, tout le prestige que lui donnait la tiare, pour exciter la discorde entre ses adversaires qui, unis, l'auraient écrasé. Qui vaincrait, du roi de France ou de l'empereur ? Les affaires extérieures de l'Europe auxquelles les affaires intérieures de l'Italie étaient inextricablement liées décideraient du sort des principautés, et il était peu probable qu'entre celles-ci, soumises à l'arbitraire du vainqueur, les États pontificaux seraient épargnés.

La fatalité qui commande le destin des collectivités et des individus plaça le règne de Léon X à ce moment de l'histoire européenne où l'autorité du pape, sur les monarques et sur les âmes, était le plus gravement menacée. Guichardin lui a rendu justice quand il a reconnu ses talents et déclaré qu'il « sut régner avec plus de sens politique et d'éclat qu'on ne l'aurait espéré » : sous-entendu, d'un pontife féru de musique et de littérature et apparemment absorbé tout entier par ces préférences. Il laissa, en somme, à son successeur le Flamand Adrien VI (qui ne régna que deux ans) un héritage sous lequel le cardinal d'Utrecht ne fut pas écrasé. C'était à un autre Médicis, Jules, fils du beau Julien, assassiné par les Pazzi, qui prendra le nom de Clément VII quand il remplacera Adrien, qu'il était réservé de vivre quelques-unes des heures les plus sombres de l'histoire de l'Église et de l'Italie.

Clément VII ne put empêcher ni le saccage de Rome en 1527 par les Impériaux ni le désastreux siège de Florence qui furent d'égales catastrophes en ce qui concerne les vies humaines et les œuvres d'art. Les problèmes politiques qui se posaient à lui étaient de mêmes natures que ceux que Léon X avait affrontés et aussi difficiles à résoudre. Comme son cousin Jean, il se trouva pris entre l'Empire de Charles Quint (1519-1555), la France de François Ier (1515-1591) et l'Angleterre de Henri VIII (1509-1547) dont le souverain voulait plier la docilité du pape aux vicissitudes de sa vie conjugale. Il ne voyait pas d'autre issue que celle dans laquelle Léon X s'était engagé : les marchandages, les dérobades, la duplicité. Seul qui est fort peut se permettre le luxe d'une honnêteté sans défaut. Craignant que ses adversaires, temporairement divisés, ne se réconcilient à son détriment, il intervint dans les ligues, dans les associations, pour s'assurer qu'il n'en serait pas la dupe, et ce ne fut pas parce que sa politique fut maladroite qu'il échoua – car il avait encore plus de talents que Léon X dans le domaine de l'intrigue –, mais seulement parce que les événements suivaient le cours prescrit par la fatalité de l'histoire qu'aucune puissance humaine n'était capable d'arrêter ou de détourner du but vers lequel elle marchait infailliblement.

Moins doué pour les arts qu'on ne l'était généralement dans sa famille – bien qu'il eût commandé les tombeaux de Michel-Ange et le fameux *Persée* de Benvenuto Cellini – Jules de Médicis tenait de son père une taille haute et souple, un visage agréable, des manières aimables. Son intelligence s'appliquait aux choses pratiques et aux sciences exactes et utilitaires, la mécanique, l'hydraulique, l'architecture. Il discutait volontiers de théologie et de philosophie, mais on avait l'impression qu'elles ne l'intéressaient qu'en tant qu'exercice dialectique. Il n'avait pas la générosité facile ni la rondeur bienveillante de Léon X, mais une froideur caustique, une impassibilité calculatrice, et on peut croire que ce fut par antiphrase qu'il prit, à son élection, le nom de Clément, car la pente naturelle de son caractère ne l'inclinait aucunement à la clémence. Les représailles qu'il exerça contre les Florentins révoltés après la reconquête de la ville en 1530 dépassent peut-être en atrocités tout ce que l'on reprocha à César Borgia, et il eût été difficile de prétendre que ces horreurs avaient été commises sans son agrément ou, du moins, à son insu. Le manque de scrupules, la mauvaise foi, la fourberie sont aussi les principaux griefs que lui font ses adversaires et la manière dont il conduisit sa vie n'est pas faite pour leur donner tort : encore, il faut bien le répéter, doit-on tenir compte des périls écrasants auxquels il devait faire face, et contre lesquels il ne pouvait employer d'armes que celles fournies par son intelligence.

Jules de Médicis avait quarante-cinq ans lorsqu'il devint pape, en 1523. Sa grande crainte fut, comme celle de ses prédécesseurs, la réunion d'un concile général, réclamé par un grand nombre d'hommes d'Église, qui réduirait son pouvoir personnel et affaiblirait aussi, probablement, la puissance pontificale à l'avenir. Tandis qu'à l'extérieur de l'Église, la Réforme menait de furieuses attaques, à l'intérieur même les vieilles structures étaient ébranlées par une périlleuse aspiration à rendre sa pureté ancienne à un Christianisme que l'on jugeait décadent. De même qu'il n'avait pas d'armées assez fortes pour vaincre sur le champ de bataille les grands monarques européens, de même la hiérarchie ecclésiastique se révélait trop fragile, trop troublée pour espérer écraser l'hérésie. Les onze années du pontificat de Clément VII furent donc employées à naviguer prudemment sur des mers soulevées par la tempête et, s'il n'échappa pas à une catastrophe comme la prise de Rome, s'il ne put empêcher l'Allemagne et l'Angleterre de se détacher du Saint-Siège et d'adhérer aux idées nouvelles, du moins eut-il l'habileté d'éviter le naufrage complet.

L'anecdote suivante dépeinte assez exactement le caractère de ce pape et les subterfuges dont il usait pour se tirer d'embarras. Un fameux homme de guerre, le marquis de Mantoue, Frédéric de Gonzague, s'était attaché à la fortune de l'Empire, et Clément VII aurait voulu le convaincre de changer de camp. Le marquis fit savoir qu'il serait disposé à se ranger du côté du pape, si on lui donnait un tableau de Raphaël qu'il admirait beaucoup : le portrait de Léon X, qui se trouve aujourd'hui au Palazzo Pitti et qui était alors dans le palais des Médicis à Florence. Clément VII accepta, fit venir le tableau à Rome, et, avant de l'envoyer à Mantoue, en fit faire une copie par Andrea del Sarto afin que les Médicis pussent conserver l'effigie de cet illustre membre de leur famille. Une fois la copie terminée, la réplique parut tellement exacte, au point de tromper les experts les plus attentifs, et Giulio Romano lui-même, élève de Raphaël s'y trompa, qu'on résolut de garder l'original ; ce qui fut fait.

Peut-être l'adhésion de Gonzague et sa fidélité à la cause pontificale ne furent-elles pas d'une plus sûre authenticité que n'était authentique le « tableau de maître » reçu par lui, mais cette historiette prouve que

Clément VII ne reculait pas devant de pareils stratagèmes quand il s'agissait pour lui d'atteindre son but ; ce but se divisant en trois objectifs : éviter le concile, naviguer de telle sorte que la nef de l'Église, la *navicella*, ne fît pas naufrage, et maintenir Florence sous l'hégémonie totale et indiscutée des Médicis ; et cela à n'importe quel prix.

Trois ans après l'élection du nouveau pape (1526), les mécontents se manifestèrent dans Rome même. La puissante famille des Colonna, à peu près toujours hostile au Saint-Siège quand il n'était pas occupé par un de ses membres, servit les intérêts de l'empereur en attaquant le Vatican. Clément VII dut gagner le château Saint-Ange par le couloir secret créé par Alexandre VI, et se réfugier dans la forteresse capable de résister à un long siège. On n'en voulait pas à sa vie, mais on exigeait de lui qu'il renonçât à la Lombardie et abandonnât la Sainte Ligue à laquelle il avait adhéré. À peine libre, Clément VII, qui avait consenti à tout pour recouvrer son indépendance, s'en prit d'abord aux Colonna dont il dévasta les domaines et rasa les châteaux et il n'abandonna pas pour autant la cause des Français qu'il espérait capables de le débarrasser des Impériaux ; il fut d'ailleurs récompensé de sa fidélité à François Ier par le mariage d'une de ses cousines, Catherine, avec l'héritier du trône, Henri, qui fut un coup de maître, la famille des banquiers florentins associant ses *palle* aux fleurs de lys qui entraient ainsi dans leur blason.

Malgré l'aide française, Rome n'était pas à l'abri de la fureur de Charles Quint, dont les troupes étaient constituées en grande partie de lansquenets luthériens qui, en plus du pillage espéré, voulaient tirer vengeance de la « Grande Babylone ». À la mort de l'Allemand Frundsberg, le connétable de Bourbon avait pris le commandement de l'armée et la direction des opérations ; sa violence et sa férocité étaient si grandes et si irrésistible sa marche en avant que, jusqu'à Rome, il ne rencontra presque aucun obstacle. Sa décision de prendre, en personne, et de ravager la Ville Éternelle était si ferme qu'il monta le premier sur la première échelle appuyée contre les murs. Un coup d'arquebuse le renversa et le tua, que Benvenuto Cellini se vanta, la tradition le rapporte, d'avoir tiré. Cela se passait le 6 mai 1527.

Ce que furent les horreurs du sac de Rome, on l'a dit souvent, et il est inutile de les décrire une fois de plus. Clément VII était enfermé dans le château Saint-Ange, qui résista pendant sept mois, tandis que, tout autour de la forteresse, les lansquenets saccageaient la ville. La situation était devenue si désespérée que le pape, à bout de ressources, demanda à Benvenuto Cellini, demeuré auprès de lui, de fondre la tiare afin de négocier l'or et les joyaux pour payer ses propres soldats.

Cette longue claustration dans le château Saint-Ange était si sinistre que le captif se demandait si le monument qui avait été, à l'origine, le tombeau de l'empereur Hadrien, ne deviendrait pas aussi le sien. Coupé de toutes nouvelles, autres que celles qui pouvaient traverser, rarement et dangereusement, l'armée impériale qui l'encerclait, il se demandait ce qui se passait, pendant ces longs mois, en Italie, en Europe. Quand il apprit, on ne sait par quel audacieux messager, que les velléités d'insurrection réprimées dans les États pontificaux se réveillaient, que Ferrare et Urbino reprenaient ce qui leur avait été enlevé, que Venise mettait la main sur Ferrare, et que la révolution, une fois de plus, avait chassé les Médicis,

Clément VII décida de s'enfuir. Il y parvint, sous le couvert d'une nuit d'hiver, déguisé en colporteur, et se réfugia à Orvieto.

Il ne devait revenir dans la capitale de la chrétienté qu'en octobre 1528 ; il la trouva pillée, incendiée, dépouillée de ses trésors, pansant tristement ses plaies. Ce qui l'affectait le plus, probablement, en vrai Médicis qu'il était, c'était la pénible condition de Florence retombée en 1527 sous un gouvernement « populaire ». Pour reconquérir la Ville de la Fleur, il fallait maintenant suivre la saine politique qui ne tient pas compte des rancunes encore à vif, et des griefs anciens et, puisque Charles Quint était, incontestablement, le plus fort, se rapprocher de lui ; sans, bien entendu, perdre tout espoir d'utiliser les Français – le mariage princier aura lieu – et d'exploiter, à son profit, l'impatience de Henri VIII d'Angleterre qui attend le consentement du pape à son divorce avec Catherine d'Aragon, qui est par surcroît, ne l'oublions pas, une tante de Charles Quint.

Si jusqu'alors la gloire et la prospérité de Florence avaient été associées à celles de la famille Médicis, la manière dont un Médicis, Clément VII, en fit la conquête est une tache sur la mémoire des grands mécènes. À peine avait-il détourné de Rome la rage des Impériaux qu'il la dirigea, lui-même, contre le berceau de sa dynastie. Le splendide butin réalisé à Rome. Florence en promettait tout autant à une soldatesque cupide qui se consolait des dangers des batailles et de l'ennui des camps en détruisant tout ce sur quoi sa brutalité pouvait mettre la main. La trahison de Baglioni, qui déserta le service de la Seigneurie pour passer aux Impériaux, l'héroïque et chevaleresque dévouement de Francesco Ferrucci, l'enthousiasme avec lequel Michel-Ange abandonna la peinture et la sculpture pour se consacrer uniquement au renforcement des remparts, à l'invention et à la construction de machines de guerre, sont de passionnants chapitres de l'histoire d'un siège (1529-1530) dans lequel les Florentins acquirent une gloire militaire qu'ils n'avaient jamais eue auparavant. Pendant dix mois, les régiments des Impériaux et de Clément VII furent tenus en échec. Ce ne fut qu'après la bataille de Gavinana où les deux commandants des armées rivales, Francesco Ferrucci et le prince d'Orange, furent tués, que les assiégés consentirent à se rendre.

Suivant les termes de l'accord de cette reddition, Clément VII promettait de traiter les Florentins avec clémence et affection, comme, disait-il, il l'avait toujours fait. En réalité, il ne pouvait porter aucune affection à des rebelles qui avaient chassé ses parents avec des injures et des moqueries, et proclamé que si les Médicis étaient expulsés de la ville pour la troisième fois, c'était maintenant pour toujours. Du vivant de Cosme *Pater Patriae*, l'autorité bienveillante, tolérante, du banquier savait se faire légère aux épaules d'hommes qui, tous, de près ou de loin, tenaient à lui par des relations d'affaires, des liens personnels. Le régime républicain n'était pas affecté, en apparence du moins, par l'influence d'un individu que tous considéraient, et qui voulait lui-même qu'on le considérât, comme une simple citoyen, égal aux autres. Chaque fois qu'un gouvernement autocratique ou aristocratique avait tenté de s'implanter, la formule magique « liberté, égalité » avait joué contre lui : on tranchait la tête qui prétendait s'élever au-dessus du niveau commun. Il importait avant tout que les formes traditionnelles fussent respectées, que les Conseils continuassent de délibérer et de légiférer, que les riches ne fissent pas un étalage ostentatoire de leur fortune. Les signes extérieurs de l'opulence, dans le vêtement, la parure, le train de vie, étaient sévèrement critiqués parce qu'ils portaient ombrage au scrupuleux égalitarisme qui constituait les fondations de la constitution, écrite ou implicitement reconnue et respectée par tous. Depuis le Moyen Âge, enfin, bourgeoisie et prolétariat haïssaient également leur ennemi commun : la noblesse. Rien ne resserre plus une amitié qu'une haine solidement partagée.

Au moment où, dans leur manière de se comporter et dans leur activité politique, les Médicis avaient montré les mêmes défauts que les aristocrates, ils avaient éveillé les soupçons et l'animosité de la plèbe, en même temps que la rancune et l'envie des hommes de leur classe. Quand ils avaient eu la prudence de s'entourer de gardes armés, après la conjuration des Pazzi, on avait parlé de « prétoriens ». Et à mesure que devenus, effectivement, les souverains de la cité appelés à rechercher des alliances, même matrimoniales, dans les familles princières d'Italie et jusque dans les maisons royales d'Europe, cette élévation, qui augmentait à l'étranger leur prestige et leur crédit, leur portait préjudice dans le sectarisme prolétarien de leurs propres concitoyens. Enfin, il y avait eu les bannissements, et ces longues périodes où les Médicis ayant été chassés de Florence et la pure république réinstaurée au Palazzo della Signoria, on s'était aperçu que la ville se passait très bien d'eux.

La présence quotidienne d'un homme comme Cosme le Vieux, qu'on rencontrait chaque jour, dans la rue, sur le marché, à l'église, et qui vous saluait familièrement en tirant son bonnet le premier, car le Père de la Patrie connaissait les façons démagogiques qui plaisent aux petites gens, entretenait cette atmosphère de sympathie qui avait pris naissance dès que la dynastie était sortie de l'ombre, et que ses premiers membres avaient quitté l'anonymat, Salvestro, Averardo, Bicci, et, malgré cela n'avaient pas cessé de militer dans le parti populaire. Mais l'absence avait été néfaste, et le retour des maîtres en 1512 sous la protection de mercenaires étrangers avait gravement humilié et offensé les citoyens que des raisons d'amitié ou d'intérêt ne rendaient pas *palleschi* convaincus.

Quant aux papes Médicis, ils avaient contre eux le fait qu'ils ne résidaient pas à Florence et que la ville de leurs ancêtres n'était plus, pour eux, qu'une sorte de colonie qu'ils gouvernaient de loin par personnes interposées comme Laurent, duc d'Urbino et Alexandre de Médicis. En 1527, la susceptibilité facilement irritable du peuple toscan l'avait poussé à les considérer comme des ennemis et des aristocrates. Quoique la masse fût, depuis des siècles, accoutumée aux représailles féroces qui accablaient les vaincus des guerres civiles, et cela depuis bien avant même le tumulte des Ciompi, les sanctions ordonnées par Clément VII furent peut-être abusivement vexatoires et inutilement cruelles. Il s'était rendu impopulaire déjà par le secours qu'il avait demandé aux lansquenets allemands et suisses de Charles Quint. Le jour où Baccio Valori, institué gouverneur de la ville, pour faire une transition entre le Podestà républicain et le lieutenant pontifical qu'allait être Alexandre de Médicis céda la place à celui-ci, le 5 juillet 1531, fut une journée de deuil, et, plus encore le 1er mai 1532 où, en séance plénière des Conseils au Palazzo della Signoria, le nouveau maître annonça officiellement l'abolition de la République, la suppression des Conseils et des institutions démocratiques. Alexandre porta le dernier coup à la fierté et à la dignité de la population quand il fit descendre de son beffroi sommant le palais communal la vieille cloche surnommée la Vache qui, depuis des siècles, avait appelé de son mugissement les hommes de tout âge et de toute condition à défendre la liberté. Suprême outrage qui, s'ajoutant aux milliers de morts causées par la répression, infligeait au peuple florentin une dégradation qu'il ne pardonnerait jamais aux Médicis désormais exécrés. Le divorce était devenu si total entre le maître et les sujets que le premier acte d'Alexandre, après qu'il se fût proclamé duc en 1532, au mépris des usages démocratiques, et dans une audace jugée un impardonnable défi, fut la construction d'une forteresse dont les canons ne seraient plus braqués sur un éventuel ennemi extérieur, mais sur une foule turbulente et exaspérée, capable des pires excès, et Clément VII en porta la faute.

Quand la nouvelle de sa mort, le 25 septembre 1534, parvint à Florence, on y alluma des feux de joie, pour autant qu'on n'avait pas peur des sbires d'Alexandre. Rome, aussi, qui rendait le pape responsable de sa défaite, des abominations du siège et de la catastrophe dans laquelle il s'était achevé, manifesta une égale allégresse. Avec de grandes qualités d'intelligence et un réel talent politique, que les circonstances ne lui permirent pas de déployer brillamment, Clément n'avait réussi qu'à se rendre impopulaire partout où il régnait. La rage plébéienne, qui n'avait pas pu s'en prendre à lui de son vivant, se déchaîna contre son cadavre qui fut, à mainte reprise, arraché de son tombeau, souillé, lacéré ; un matin on trouva même une épée plantée au milieu de sa poitrine. Ainsi la dépouille mortelle du pontife qui avait pardonné à Michel-Ange d'avoir soutenu le parti républicain, et exigé qu'il revienne à Florence pour achever les tombeaux de la famille, dans la Sacrestia Nuova de San Lorenzo, fut-elle longtemps sans trouver le repos.

Chapitre IX

UN HOMME DE GUERRE : GIOVANNI DELLE BANDE NERE

Giovanni delle Bande Nere (1498-1526), le fils de Caterina Sforza, tenait de sa mère un caractère audacieux, violent et fier. Il y avait en elle l'hérédité de ces ducs de Milan autoritaires, ambitieux et cruels qui, de paysans devenus *condottieri* avec Attendolo Sforza, source de la prospérité et de l'illustration de la famille, avaient acquis un royaume et se montraient capables de le défendre contre les prétentions de la France et de l'Empire. Avant de se marier avec Jean de Médicis, en 1497 – elle avait déjà trente-cinq ans et ce fut un mariage politique – elle avait été la femme de Girolamo Riario, d'abord, puis de Giacomo Feo. Les hasards d'une vie fertile en événements dangereux l'avaient accoutumée à compter beaucoup sur son courage, sa prudence et sa promptitude à prendre une décision. Descendante de *condottieri*, elle avait eu pour premier époux un *condottiere*, et le fils qu'elle avait eu de Riario, Ottaviano, avait obtenu du pape une *condotta* de quinze mille ducats au service de l'Église. Neveu de Sixte IV, Riario avait été l'organisateur de la conspiration des Pazzi, qui coûta la vie au beau Julien ; on l'en avait récompensé en le nommant capitaine général des armées pontificales et gouverneur du château Saint-Ange. Riario exerce sur les villes où il commande une tyrannie féroce et raffinée qui le fait haïr de tous. Veuve, Caterina est en butte aux attaques de tous les ennemis que s'est faits, sa vie durant, le capitaine général ; elle défend ses possessions en négociant et en faisant la guerre, jusqu'au moment où elle épouse un homme faible, veule, sans caractère et sans talents, qui était depuis quelque temps son amant : Giacomo Feo, cousin du défunt. Feo ne tarde pas à prendre ombrage des enfants du premier lit, eux-mêmes inquiets de l'ambition de leur beau-père, et craignant peut-être pour leurs biens, ou pour leur vie. Feo est assassiné un soir sur la route de Forli, alors qu'il rentre chez lui. La rumeur publique prétend que Caterina elle-même a monté l'attentat pour se débarrasser d'un mari devenu gênant, on attribue l'initiative du meurtre à ses enfants. Elle répond d'avance aux soupçons des historiens avec cette phrase demeurée célèbre et caractéristique des mœurs de la Renaissance italienne : « Dans notre famille, nous faisons nos affaires nous-mêmes, et si nous avons envie de nous débarrasser de quelqu'un, nous n'avons pas besoin d'une main étrangère pour le tuer. »

Les troisièmes noces l'unissent à un Médicis de la branche cadette, Giovanni di Pier Francesco. Elle a toujours vécu en bon termes avec Florence, qui lui a accordé le titre de fille adoptive de la République et concède à son fils Ottaviano une *condotta* de quinze mille ducats en échange de la fourniture de solides régiments romagnols ; et on sait que la Romagne produit d'excellents soldats. L'enfant qui devait entrer dans l'histoire sous le nom de Giovanni delle Bande Nere, Jean des Bandes Noires, était né à Forli, principauté de sa mère, le 6 avril 1498. Les premières informations que nous possédions sur lui nous le montrent, chose curieuse, élevé dans un couvent de femmes, où il est habillé en fille et ne se distingue en rien de ses compagnes. De tortueuses intrigues tournent autour de Caterina Sforza et de ses enfants ; peut-être veut-elle soustraire celui-ci au risque d'être assassiné en montrant à quel point il est efféminé et inoffensif.

Il a onze ans quand sa mère meurt ; on l'envoie à Florence, en tutelle chez Jacopo Salviati qui est le beau-frère de Julien, duc de Nemours et de Jean, qui deviendra pape sous le titre de Léon X, en 1513. Il est élevé par ses parents adoptifs, comme il convient à un descendant des glorieux seigneurs de la ville. Appartenant à la branche cadette (voir arbre généalogique, p. 14), il devra abandonner tout espoir de régner sur le patrimoine politique et financier des fondateurs de la dynastie. Les membres de la branche aînée auront soin de l'écarter des affaires et cela leur est d'autant plus facile que le jeune homme ne montre aucun goût pour la domination sur ses concitoyens et aucune aptitude pour la banque. Que veut-il donc faire ? Être soldat ; c'est sa seule aspiration, son seul désir : on peut croire que c'est le « sang des Sforza » qui parle chez un garçon où aucun trait du caractère et du génie des Médicis ne se révèle. De même que dans l'Europe du XVIIIe siècle les cadets des familles nobles n'auront pour profession que l'armée ou l'Église, les bâtards ou les enfants des branches mineures des grandes lignées sont écartés du pouvoir et enclins – ou poussés – à devenir soldats d'aventure. Les historiens prétendent parfois que les Médicis aînés et principalement Léon X ont veillé à ce que le fils de Caterina Sforza passât sa vie sur les champs de bataille, dans l'espoir, ajoute-t-on, qu'il y trouverait une mort prématurée. En réalité, si l'on considère les actes de ce Jean, et ce que nous apprennent ceux-ci de ses goûts, ses sentiments, ses passions, on reconnaît que l'ancien élève du couvent de l'Annalena, à partir du moment où il a rejeté ses robes de fille pour s'habiller en garçon, était fait pour porter l'armure : la célèbre armure noire dont il revêtira ses soldats et qui leur vaudra auprès des contemporains et dans l'histoire, le nom de « bandes noires », autrement dit : bandes aux armures noires.

En 1515, Léon X, qui est pape depuis deux ans, mande à Rome le pupille des Salviati, pour l'aider à faire carrière, ou pour le surveiller plus facilement : il est difficile d'en décider. Aussitôt installé dans la Ville Éternelle, Jean se prend de querelle avec les jeunes aristocrates romains : l'élection d'un Médicis au siège pontifical que les grandes familles romaines regardaient comme leur propriété, a rendu les Florentins impopulaires. Traités d'intrus et d'usurpateurs par les Colonna et les Orsini, méprisés par les princes romains parce que descendants de boutiquiers et de manieurs d'argent, les Médicis doivent défendre âprement leur pouvoir et leur prestige. Jean s'acquiert la renommée d'un garçon impétueux et téméraire dans ses querelles qui s'achèvent souvent en véritables batailles de rue ; dans une de celles-ci on rapporte qu'il a tenu tête aux spadassins des Orsini, rassemblés pour l'assassiner, et qu'il les a mis en déroute avec la seule dizaine d'hommes qui l'accompagnaient. Le pape le félicite de son courage, mais il utilise ces qualités guerrières sur le terrain où elles ont, mieux qu'à Rome, l'occasion de s'appliquer. Les troupes pontificales marchent contre

Urbino, sous le commandement d'un neveu du pape, Laurent de Médicis, gouverneur de Florence et homme d'armes expérimenté. Jean n'a que cent hommes sous ses ordres, et il est lui-même subordonné à ce chef, mais il est heureux de réaliser son vieux désir : galoper sur un champ de bataille, à la tête de ses armures noires…

La guerre, pourtant, n'occupe pas exclusivement le cœur de ce jeune homme de dix-sept ans ; il a laissé à Florence une jeune fille qu'il aime, la fille de ses tuteurs, Maria Salviati, une charmante enfant de seize ans. Ils se sont promis le mariage quand ils se sont séparés, mais ils sont trop impatients l'un et l'autre pour supporter longtemps cette séparation. Maria Salviati est sa cousine, puisqu'elle descend en ligne directe, suivant la branche aînée, des « grands Médicis » et de Cosme *Pater Patriae* qui était son arrière-arrière-grand-père, alors que Jean, cadet, remonte au frère de celui-ci, Laurent. Les nouveaux époux étaient à peine unis depuis quelques mois que le goût des aventures s'empare du jeune *condottiere* qui retourne à ses régiments en rêvant à d'éclatants exploits. Mais parce qu'il est de ces soldats-nés qui souffrent de mélancolie et d'ennui dès que la paix a été conclue, il cherche une occupation agréable et glorieuse, ce qui n'est pas chose difficile dans cette Italie où les petits États se font périodiquement la guerre. Malheureusement, Jean manque d'argent pour équiper à ses frais une véritable armée et sa mauvaise chance veut que la paix règne pendant cette période. Il se tourne alors vers la mer, toujours infestée de pirates et de Barbaresques, et quoiqu'il n'ait aucune expérience des opérations navales, il frète et équipe trois petites galères qui parcourent la Méditerranée et l'Adriatique.

Ce divertissement marin fut de courte durée, car Léon X aimait mieux garder sous son contrôle immédiat ce turbulent cousin qu'il serait plus prudent de laisser attaché à la défense des États pontificaux. Rome étant en guerre avec Fermo, Léon X y envoie les bandes noires, fortes maintenant de cent cavaliers et de quatre mille fantassins. Les commentateurs militaires des guerres conduites par Jean remarquent, parmi les innovations introduites sur son initiative, le souci du bien-être de ses mercenaires et de leur confort, même en campagne, et l'intelligent usage qu'il sut faire de l'infanterie. Giovanni, en effet, partageant en cela l'opinion de Machiavel qui ne savait pas commander la manœuvre d'un régiment mais qui avait profondément réfléchi sur la tactique et la conduite des batailles, estimait que le temps des guerres chevaleresques et des pittoresques affrontements de cavaliers lourdement armés était passé. L'emploi de l'artillerie, arme « ignoble » aux yeux des *condottieri* de la vieille école (et Jean lui-même en fut la victime), conditionne de nouvelles méthodes, dans la construction des fortifications et dans la manœuvre sur le terrain. Chaque Médicis est, à son époque et dans les circonstances données, un novateur ; Giovanni di Bicci avait transformé le système financier ; Cosme Ier fit de son duché toscan un État moderne, à l'imitation des monarchies absolues, la France ou l'Angleterre ; Jean, lui, homme de guerre qui ne prétend et ne veut pas être autre chose qu'homme de guerre, transforme la stratégie. Dans ce domaine spécial, il a autant de génie, d'initiative, d'intuition de ce que réclament les temps nouveaux qu'en avaient eu ses ancêtres banquiers ; son style et son écriture même, sont d'une originalité saisissante, par leur fraîcheur immédiate, leur vivacité d'expression. Cosme *Pater Patriae* aurait souri si on lui avait prédit qu'un de ses descendants deviendrait le plus grand *condottiere* de son temps, l'égal des capitaines illustres que l'empereur et la France mettaient à la tête de leurs forces, mais il aurait aimé que ce soldat fût, dans sa profession, le meilleur technicien de ce siècle, et que tout autour de lui, quand il passait, on entendît murmurer le surnom que l'opinion publique lui avait décerné : *L'Invincible*. Jean des Bandes Noires en effet, n'a jamais été vaincu et les experts estimaient que s'il avait vécu encore au moment où le duc de Bourbon attaquait Rome, jamais les Impériaux n'auraient triomphé.

Sa sagacité et sa circonspection, qui lui faisaient mener une campagne comme une partie d'échecs, lui permettaient des coups d'audace d'une extrême témérité, capables de conduire au désastre aussi bien qu'à la victoire. On le vit en 1521 quand Léon X, qui avait lié partie avec les Impériaux contre les Français qui leur disputaient l'Italie, l'envoya prendre Milan occupée par les troupes de François Ier. Il fallait agir vite, et de manière à surprendre l'adversaire. Une rivière barre la route aux Bandes Noires ; on perdrait beaucoup de temps à repérer des gués, à trouver des barques. Jean se jette alors à l'eau, et toutes ses troupes, cavaliers et fantassins, en font autant ; ils reprennent pied sur l'autre rive de l'Adda avant que l'ennemi ait seulement découvert leur approche, et Milan tombe entre leurs mains.

Homme de décision prompte, aimant à provoquer le hasard, quoiqu'habile à mettre toutes les chances de son côté, Jean des Bandes Noires a donné la preuve de ce dont était capable ce tempérament impulsif, hardi à défier le destin ; Maria Salviati venait, depuis peu, de donner naissance à un fils, baptisé Cosme en souvenir du Père de la Patrie et qui fut, lui, le fondateur de la dynastie ducale de Toscane ; Jean la voyant passer dans une galerie, le bébé sur son bras, ordonna de le lui jeter par la fenêtre. La mère hésita un instant, mais Jean inspirait à tous une si grande confiance qu'elle lui lança l'enfant qui arriva sain et sauf entre ses mains. Jean est tout entier dans cette anecdote ; confiant dans son « étoile », sûr de sa force, audacieux dans la poursuite du possible, sans jamais rêver l'impossible, généreux et confiant. Il ne vit jamais, ou ne voulut pas voir, les intrigues que l'on tissait autour de lui, ni les manœuvres suspectes des Médicis aînés pour l'éloigner de Florence, fief de ses ancêtres, le tenir à l'écart des affaires publiques et des affaires d'argent. Ce Médicis n'attachait aucune importance à la manière dont une fortune se fait et s'augmente ; il ne voulait d'argent qu'autant qu'il lui en fallait pour que ses soldats fussent bien payés et bien traités, qu'ils eussent de bonnes armes et de beaux équipements. Les armures noires furent le seul luxe de ce Médicis, qui ne s'occupa ni d'humanisme, ni de finances, ni d'intrigues électorales, ni de somptueuses constructions.

La branche aînée, maîtresse de Florence et installée sur le trône de Saint Pierre, voyait favorablement ces dispositions qui écartaient un rival éventuel. Clément VII, élu pape en remplacement d'Adrien VI, reprend la politique de Léon X à l'égard du cousin soldat, dont on ne cesse de se méfier, au Vatican, contre toute vraisemblance, et seulement parce que, suivant la tradition d'une bonne politique, il faut se méfier de tout le monde. Maria Salviati, cependant, est plus lucide que son mari. Elle comprend – et elle l'en avertit dans ses lettres – qu'on ne l'envoie à la guerre que pour laisser libre le champ de la politique ; elle-même souffre de ces constantes séparations, de l'angoisse dans laquelle elle vit sans cesse, craignant qu'il ne soit blessé ou même tué. Elle voudrait qu'il pût demeurer quelque temps avec elle et ses enfants.

Le problème qui se pose à Jean, cependant, ne comporte qu'une seule solution : il ne peut pas quitter ses régiments. Il a formé les Bandes Noires à une méthode de combat, à une discipline et même à un genre de vie qui exigent sa présence au camp. L'habituelle position du Condottiere, entre les États qui le paient et les mercenaires qu'il emploie, l'expose à des périls très différents, de la part des uns et des autres. C'est par son talent personnel et sa surveillance perpétuelle que les Bandes Noires sont devenues un excellent instrument de combat. Malheureusement les périodes de paix sont préjudiciables aux meilleures troupes qui s'amollissent dans l'oisiveté ; le désordre, l'indiscipline, la paresse, reprennent possession des aventuriers dès que le rude dressage du danger quotidien leur laisse du répit. C'est une question d'entraînement physique, mais aussi de tonus moral ; Giovanni a des lieutenants fidèles et consciencieux, insuffisants toutefois à entretenir un zèle, une rigueur qui dépendent du prestige personnel du chef. Si celui-ci disparaît ou relâche sa sévérité, la belle organisation des vertus militaires se dégrade et se désagrège. Dans les armées de métier plus que dans aucune autre, l'attachement à un homme, à l'homme qui commande, que l'on suit avec enthousiasme, auquel on obéit sans discuter, constitue le ressort le plus actif d'un mécanisme toujours fragile, les fondations les plus solides d'une architecture toujours précaire.

Les États qui sont entrés en conflit avec leurs *condottieri*, soit qu'ils aient eu à se plaindre d'eux légitimement, soit que leur soupçon ait été injustifié, ou inspiré par le désir de se débarrasser d'un homme qui avait cessé de plaire, ou dont on avait peur, ont compris qu'en frappant le chef dans sa personne, on supprimait le danger. Le métier de *condottiere* comportait une psychologie et une sociologie très particulières ; le rapport du capitaine d'aventure et de son employeur restait un lien fragile, provisoire, exposé aux variations des circonstances, aux changements d'intérêts et même d'humeur, et gâté par une méfiance naturelle, l'un et l'autre ayant à craindre une trahison possible. Il y eut, certes, des condottieri « vertueux », fidèles aux engagements quoi qu'il arrive, scrupuleux dans l'acquittement des obligations de leurs contrats, honnêtes par intérêt ou par conscience ; Jean des Bandes Noires en est l'exemple le plus noble et le plus émouvant ; il fut, d'ailleurs, le dernier *condottiere*, dans le sens absolu du mot, puisque les armées nationales deviennent prépondérantes et que l'Italie elle-même, obéissant aux avertissements et aux conseils de Machiavel, forme des milices civiques, premier degré de la « nation armée » qui naîtra et s'épanouira à la fin du XVIIIe siècle sous l'impulsion de la Révolution française.

Lorsque, pour mieux comprendre le statut des *condottieri* et le rôle qu'ils jouèrent dans la formation des États italiens, on remonte deux siècles plus hauts, on voit s'épanouir cette institution dont la principale raison d'être fut la répugnance des citoyens italiens à faire la guerre. L'institution des milices civiques, germe des armées nationales, sera préconisée par Machiavel afin de rendre la cité indépendante des caprices et des exigences de ses mercenaires. Elle avait, aux yeux du peuple, l'inconvénient d'enlever un homme à sa boutique ou à son atelier pour l'envoyer sur les champs de bataille. D'autre part, l'entretien d'une armée mercenaire à demeure aurait imposé aux finances publiques une charge insupportable. La *condotta* avait, sur tous les autres systèmes, l'avantage de ne pas priver la population de son activité habituelle, nécessaire à la prospérité de la collectivité et de ne payer les soldats que pendant la période où l'on avait besoin d'eux. Avec cette fâcheuse contrepartie, toutefois, qu'au moment où le danger survenait, on risquait de voir les *condottieri* renommés pour leur loyauté et leur courage engagés déjà par d'autres États, peut-être par celui-là même qui menait contre vous les hostilités.

Source de richesse pour les *condottieri* qui la faisaient, la guerre leur était nécessaire, et ils tombaient en chômage aussitôt que régnait la paix. Ainsi, raconte-t-on qu'un fameux capitaine d'aventure ayant, au sortir de l'église, donné une pièce d'or à un mendiant qui demandait l'aumône, le pauvre homme, confondu par cette générosité, remercia le donateur par un pieux : « Que Dieu vous donne la paix. » À cela, le *condottiere*, furieux, répliqua : « La paix ! Tu veux donc me ruiner ! » Et il lui reprit l'argent. À Milan, Gian Galeazzo Visconti enjoignait aux prêtres de supprimer du texte de la messe la phrase : *Dona nobis pacem*. Et dans son livre sur Sigismondo Malatesta, parfait exemple de prince belliqueux, artiste et lettré, Æneas Sylvius Piccolomini, qui sera pape sous le nom de Pie II, met dans la bouche de son personnage, ces paroles caractéristiques de son état d'esprit : « Allez, ayez bon courage, aussi longtemps que je vivrai vous n'aurez pas la paix. »

Ces *condottieri* dont les princes se disputent les services, qu'on récompense avec de l'argent, des terres, des châteaux, auxquels il arrive même de devenir les « tyrans » des villes qui les payaient, et qui sont les ancêtres de quelques-unes des familles les plus « nobles » d'Italie, les Sforza, les Baglioni, les Malatesta, les Della Scala, sont des aventuriers, au sens complet du mot, et souvent de l'origine la plus modeste. Ils ont quitté un métier ennuyeux, fatigant, ou mal rémunéré pour cette vie de hasards, de plaisirs, de dangers dans laquelle s'exalte la volonté de puissance de l'individu, l'impatience qu'il a de réaliser toutes les possibilités de sa personnalité. Attendolo Sforza, paysan romagnol, voit passer un jour une escouade de soldats qui se moquent de lui parce qu'il coupe un arbre, alors qu'eux vont guerroyer ; le bûcheron enfonce sa hache dans un tronc, et sans hésiter, sans réfléchir, part avec eux. Ses descendants seront ducs de Milan, et les souverains rechercheront leur amitié et leur alliance. Piccinino, tacticien renommé, était garçon boucher, Gattamelata, que Donatello a immortalisé dans sa statue équestre à Padoue, cuisait le pain chez un boulanger, et Carmagnola, auquel Venise fera l'honneur de le condamner à mort parce qu'elle a si peur de lui qu'elle n'accepte pas de le savoir vivant, sortait d'une porcherie.

Tous les moyens sont bons, à ces aventuriers, pour échapper à leur condition et s'élever au rang de prince, mais l'honnêteté est le meilleur argument. Respecter les clauses du contrat est primordial, mais à l'heure où la durée du service fixée par ce contrat cesse, le *condottiere* reprend sa liberté, serait-ce au milieu d'une campagne, ou même d'une bataille : les Suisses, d'ailleurs, gagés par la France ou l'empereur, font de même, et leur fidélité, scrupuleuse pendant le temps déterminé, ne survit pas à l'expiration de ce délai. Les États qui emploient des « entrepreneurs de guerre » qui, pour une somme payable chaque mois ou chaque semaine, fournissent hommes, armes, équipements, ravitaillement, services, n'ont plus à s'occuper de la conduite de la guerre : sinon pour surveiller, secrètement, les capitaines dont ils peuvent suspecter la bonne foi. Certes, on n'attend pas d'eux qu'ils se battent férocement : les hommes coûtent cher à former, à instruire, à équiper, à entretenir, ils constituent le « capital » du *condottiere* ; un capital qu'il faut économiser, et non gaspiller. Voilà pourquoi les batailles sont si peu meurtrières que, dans un engagement entre deux capitaines illustres, il n'y eut qu'un blessé : encore s'était-il blessé lui-même maladroitement, car chacun respecte le « capital » de l'adversaire. L'important n'est pas de tuer, mais de faire des prisonniers auxquels on ne rendra la liberté que contre riche rançon. Tombé de cheval, ou blessé, le cavalier, empêtré dans sa lourde armure, devient la propriété de l'homme qui s'est emparé de lui et exigera la rançon qu'il voudra.

Les *condottieri* dont les chroniques vantent les hauts faits, Braccio da Montone, Alberico di Barbiano, Boldrino da Panicale, deviennent des figures de légende, soit par leur loyalisme intègre, soit par leur férocité, soit par leurs malheurs : le trait qui leur est commun est l'absence de toute mesure dans leur comportement, et la façon qu'ils ont de porter à l'extrême, à l'excès, toutes les passions, bonnes ou mauvaises. Tantôt la violence de leurs accès de sauvagerie tient à leur nature brutale, tantôt c'est une cruauté calculée pour répandre la terreur. Braccio da Montone, dont les contemporains disaient qu'il était beau comme un dieu, était capable aussi d'écraser sur une enclume la tête de dix-neuf moines appartenant à un couvent qui lui avait résisté.

Les rapports des États et des *condottieri*, reposant uniquement sur l'intérêt que les uns et les autres y trouvent, excluent tout sentiment ; la force, la hardiesse, le courage, le dévouement sont achetés en même temps que les hommes, les chevaux et les bombardes. Ce sont de simples rapports d'affaires, et, comme dans les affaires, il se rencontre que l'un des contractants cherche à duper l'autre : le *condottiere* exigera le plus d'argent possible pour le moins de services, l'État tentera de se soustraire à l'obligation de verser ce qu'il doit. Plus le *condottiere* devient riche et puissant, plus il inquiète ses commettants. Le procès intenté par la République de Venise à Carmagnola, qui avait toujours loyalement défendu les intérêts de la Sérénissime, est caractéristique de la crainte que les bourgeois ont des mercenaires, et son exécution une inexcusable iniquité, car on lui trancha la tête en 1432 pour se débarrasser de lui et éviter de le récompenser comme il le méritait.

Une anecdote illustre l'équivoque de ces relations de républiques à *condottieri* dans l'Italie de la Renaissance. Un petit État voulait rémunérer un capitaine d'aventure de ses longs services, mais on avait peur, s'il s'enrichissait trop, qu'il ne devînt arrogant, exigeant, indépendant : il commençait déjà à paraître dangereux ; que ferait-on s'il se haussait au niveau des Baglioni, des Malatesta, des Sforza, qui étaient des princes ? Un sénateur bien avisé suggéra cette solution : s'il doit présenter une menace pour nous, il faut le faire assassiner, mais comme, en revanche, il mérite notre reconnaissance pour tant d'années de bons et loyaux services, après l'avoir tué nous lui élèverons une statue. Cette situation, si paradoxale qu'elle paraisse, se présentait fréquemment dans les contrats de *condotte* : elle explique l'atmosphère de méfiance réciproque où vivaient les États et leurs mercenaires, qui pouvaient toujours craindre une défection ou une trahison.

Dans le cas particulier de Jean des Bandes Noires, la lenteur et la mauvaise volonté qu'apporta le pape Clément VII à retarder et, enfin, à refuser le paiement de la solde de ses régiments dénoncent un calcul habile et perfide, visant à maintenir le capitaine dans un état de subordination, paralysant tous les rêves de gloire et d'indépendance qu'il aurait pu faire. À la même époque, à peu près, César Borgia se débarrassait des *condottieri* Vitelli et Orsini en les faisant poignarder, sur le simple soupçon qu'ils pourraient lui être infidèles.

Plus ambitieux et, surtout, moins honnête, moins scrupuleux, Jean des Bandes Noires aurait pu se tailler une principauté indépendante dans la confusion des États italiens, mais une telle chance était moins facile en 1525 qu'à l'époque où les soldats d'aventure couraient d'aussi magnifiques hasards ; Naples, Milan, Venise, les États pontificaux s'agrandissaient et avouaient la convoitise d'absorber leurs voisins moins puissants. La double menace des Français et des Impériaux pressait l'Italie de mettre fin à ses discordes intérieures pour faire front à l'ennemi commun : ce n'était pas encore « l'unité » rêvée par Machiavel, mais ce pouvait en être l'amorce.

Modifiant la politique de Léon X qui s'associait volontiers avec les Impériaux, le second pape Médicis, Clément VII, au contraire, va « jouer la carte française ». Les troupes de François Ier vont descendre, une fois de plus, en Italie, pour y régler définitivement la vieille contestation des droits sur Milan et de la propriété du royaume de Naples. Nous sommes en 1525. L'Italie du Nord devient, de nouveau, le champ clos où se livre le duel du roi et de l'empereur, incarnant deux conceptions politiques différentes. Les États pontificaux ne peuvent pas se tenir à l'écart d'un conflit qui risque d'incendier toute la Péninsule. Clément VII a pesé non pas tant les droits légitimes des contestants que leur force respective. Les républiques italiennes s'inquiètent du retour offensif de Charles Quint ; les vieux souvenirs de la domination des Hohenstaufen, au Moyen Âge, se réveillent, ressuscitant une ancestrale hostilité, remontant peut-être au temps d'Alaric et de Théodoric, et qui flambera, enfin, au XIXe siècle, avec le *Fuori i Tedeschi !* du Risorgimento. Heureux de reprendre du service, Jean rallie les Bandes Noires et les conduit au siège de Pavie, et c'est là que, le 24 février 1525, il tombe de cheval, blessé à la jambe par un projectile d'arme à feu.

On peut trouver une sorte de signification symbolique au fait que le dernier des grands *condottieri* italiens fut la victime d'une arme nouvelle qui transformait radicalement la conduite de la guerre. Certains capitaines, et non des moindres, les Este, par exemple, adoptèrent cette arme nouvelle, la perfectionnèrent et l'utilisèrent au mieux des possibilités. De grands artistes comme Francesco di Giorgio (1439-1502) s'occupèrent de la fonte des canons, et Léonard de Vinci lui-même en inventa d'ingénieux ; la mitrailleuse, par exemple. En ce qui concerne Jean des Bandes Noires, on ignore quelle attitude fut la sienne, s'il tira profit habilement de l'artillerie ou ne lui laissa qu'un rôle médiocre dans ses combinaisons stratégiques.

On emmena le blessé à Plaisance, où il fut soigné et guéri, mais la consolidation de la jambe traîna en longueur ; ainsi qu'on le constata quand les tombeaux des Médicis en l'église San Lorenzo furent ouverts en 1857, et leurs squelettes examinés, l'os avait été brisé et ne s'était qu'imparfaitement soudé. En l'absence du chef, les Bandes Noires avaient montré moins de courage et de combativité que d'habitude, et lorsque les régiments français, débordés par les Impériaux, avaient battu en retraite, l'armée tout entière s'était repliée, puis bébandée.

François Ier en déroute, Jean immobilisé à Plaisance, la position de Charles Quint renforcée à Milan, le pape se désintéressa de la guerre. Jugeant que les Bandes Noires ne servaient plus à rien, il retarda le paiement de leur solde, qu'il finit par supprimer. Maria Salviati dépensa sa fortune personnelle à entretenir les Bandes, afin d'empêcher ces troupes homogènes, bien entraînées et attachées à leur chef de s'éparpiller pour entrer dans d'autres *condotte* ou se livrer au brigandage comme le faisaient tant de soldats inutilisés. Les biens des banquiers florentins, dont les Salviati étaient parmi les plus opulents, passèrent ainsi dans l'escarcelle des mercenaires, et les Bandes purent rester unies sans que le pape donnât une seule pièce d'argent. La caisse de Giovanni, cependant, n'était pas inépuisable, l'héritage des Salviati s'amenuisait, et Maria, qui, en vraie femme de capitaine, partageait la sollicitude et l'inquiétude de Jean pour ses régiments, partit pour Rome implorer Clément VII.

La destinée avait placé à côté de Jean des Bandes Noires l'épouse parfaite : intelligente, cultivée, belle, charmante, elle savait, quand la nécessité le commandait, déployer autant d'audace et de ténacité que Caterina Sforza elle-même. Elle savait aussi qu'il lui était infidèle, mais elle pardonnait, comprenant les exigences de la « vie dangereuse », et vivre dangereusement était le métier de son époux. Qu'il se consolât de l'ennui des camps, quand il était en campagne, quoi de plus naturel ? Son devoir à elle lui commandait de se conduire en épouse de soldat, de veiller à la fidélité et à la cohésion des régiments, afin de préserver l'intégrité du prestige et de l'autorité de leur chef. Dans toutes les circonstances périlleuses ou pénibles de sa vie, Maria Salviati montra un caractère admirable. Sa retraite après la mort de Jean, son chagrin de voir leur fils Cosme, dépourvu des belles vertus de son père, transformé en un jeune politicien au cœur sec, rusé et cruel l'obligèrent à déployer, du vivant de son époux et après sa disparition, une fermeté d'âme digne de l'Antiquité romaine. Elle intimida si bien le pape lui-même que Clément VII fit verser par son trésorier les six mille florins d'or des soldes en retard. Revenue à Plaisance, elle employa cette somme à regrouper et à satisfaire les mercenaires, à rassembler les armes et les équipements nécessaires, de telle sorte que, après sa guérison, Jean verrait son armée prête à entrer en campagne.

L'occasion n'allait pas tarder. Venise, Florence et le pape s'unissent pour arrêter les progrès des Impériaux. Dès que le convalescent est capable de monter à cheval, Clément VII lui confie le commandement de toutes les troupes florentines et pontificales, plus mille cavaliers. Le duc de Bourbon, à le tête des armées de Charles Quint, déborde grâce à ses lansquenets ces forces insuffisantes à lui tenir tête. Habitué à payer de sa personne, Jean chevauche à la tête de ses compagnies, sur les bords du Mincio, à Governola, en novembre 1526, quand, pour la seconde fois, un boulet lui brise la jambe ; la même jambe qui avait été cassée à Pavie. Mantoue étant la ville la plus voisine du champ de bataille, et quoique le seigneur qui la gouvernait, Frédéric de Gonzague, fût hostile au *condottiere* blessé, on demanda asile pour lui dans le château ducal. La négociation fut conduite avec beaucoup d'habileté et de tact par un homme que l'on s'étonne de voir lié d'amitié avec Jean et vivant dans son intimité, tant leurs caractères sont différents et même opposés : Pietro Aretino, l'Arétin (1492-1555).

On est habitué aujourd'hui à ne connaître d'Aretino que les *Ragionamenti*, dont le ton licencieux a fait la célébrité, mais il était, en son temps, un personnage considérable. Il entretenait une correspondance assidue avec plusieurs cours européennes ; amusant, spirituel, avide de nouvelles piquantes et scandaleuses, il informait ses correspondants de tout ce qui se passait en Italie ; par la faculté qu'il avait de déformer et de grossir les événements qu'il racontait, il pouvait causer un grand tort aux hommes qui avaient le malheur de compter parmi ses ennemis. Il se vantait d'être capable de faire la réputation d'un artiste, ou de la détruire, et, parce qu'il était avide et vénal, il profitait de la terreur qui l'accompagnait pour se faire donner de l'argent, des bijoux, des œuvres d'art, des tableaux. Il lui arrivait de pousser l'arrogance jusqu'à critiquer la composition du *Jugement dernier* de la Sixtine, et d'enseigner à Michel-Ange de quelle façon sa composition aurait été meilleure s'il avait suivi ses conseils : la demande d'un cadeau, et d'un cadeau de grand prix, car il n'avait que faire des babioles, accompagnait ces remarques piquantes que le destinataire de la lettre devait savoir entendre comme une menace à peine déguisée.

Pietro Aretino était un fourbe, insolent comme un valet, maître chanteur, et les papes aussi bien que les rois le craignaient tant il savait envelopper de phrases spirituelles et divertissantes des nouvelles fausses ou faussement interprétées. Ses débauches étaient célèbres, mais personne n'aurait osé lui en faire le reproche, tant sa plume méchante et subtilement venimeuse était redoutée. Il entretenait un véritable harem de concubines et se faisait gloire de ses mauvaises mœurs, au lieu de les dissimuler. Titien, qui a peint son portrait afin de se le rendre favorable, a bien exprimé l'impudente faconde, la vanité satisfaite, la provocation insultante, propre à un individu louche et méprisable que mettait à l'abri des représailles la collection de documents compromettants qu'il possédait et dont il se servait adroitement, à l'occasion, pour réussir dans ses intrigues. Si surpris que l'on soit de trouver auprès du lit du blessé cet homme d'alcôve et d'antichambre, c'est à lui cependant que le chirurgien qui soignait Jean confia la pénible mission d'annoncer au *condottiere* qu'il était nécessaire de couper la jambe brisée. On ne possédait, à cette époque, ni antiseptique ni anesthésiant, et l'opération serait aussi difficile que douloureuse, car on pensait que le patient se défendrait de toutes ses forces et celles-ci étaient si grandes qu'il faudrait au moins dix hommes, pensait-on, pour l'immobiliser.

Jean des Bandes Noires reçut la nouvelle avec une résignation stoïque, vraiment grandiose : il refusa de se laisser attacher sur son lit, voulant participer lui-même à l'opération : il tiendrait le chandelier qui éclairerait le chirurgien, et cette main ne trembla pas quoique les instruments eussent fouillé longtemps au milieu des chairs meurtries et des os en miettes ; lorsque les tombeaux des Médicis furent ouverts en 1857, on découvrit son squelette enfermé dans un cercueil recouvert de velours noir, lui-même enfermé dans un coffre de bois rouge. Le torse était entouré de l'armure noire par laquelle ses régiments se distinguaient ; la visière du casque baissée cachait la tête. L'examen de la jambe droite montra combien l'os avait été littéralement pulvérisé par le boulet qui l'avait frappé et le travail maladroit de l'opérateur qui cisailla brutalement ce qu'il en restait. Il est probable que, la gangrène s'étant communiquée de cette blessure au reste du corps, l'infection causa inévitablement la mort.

Le grand capitaine demanda qu'on le portât sur son lit de camp, refusant la couche de parade qu'on lui offrait : il dormirait son dernier sommeil ainsi qu'il avait dormi, dans sa tente, la nuit qui précédait les batailles. Cette calme fermeté, ce courage sans paroles émerveilla les assistants ; ce général de vingt-huit ans, qui en dix années était devenu l'homme de guerre le plus illustre de toute l'Italie, et le plus admiré pour ses vertus militaires et humaines, se comportait, à la veille d'expirer, comme un de ces Romains vantés par les humanistes, et Pietro Aretino, dont la plume est si méchante d'ordinaire, s'attendrit quand il trace de son ami ce portrait émouvant : « Il donna toujours à ses soldats plus qu'il ne gardait pour lui-même. Il supportait la fatigue et les épreuves de la guerre avec une extrême patience. Il ne portait sur le champ de bataille, aucun insigne distinctif de son rang, mais on le reconnaissait entre tous ses hommes à la hardiesse qu'il déployait. Il était toujours le premier à monter en selle, le dernier à descendre de cheval. Il n'honorait les gens qu'en raison de leur valeur personnelle, et non pour leurs titres ou leurs richesses. Il tenait toujours beaucoup plus qu'il ne promettait, mais il n'influençait jamais les Conseils par sa grande renommée. Il possédait un art merveilleux de diriger ses soldats, tantôt par l'affection, tantôt par la crainte. De toutes choses, celle qu'il haïssait le plus était l'inertie. » Et l'écrivain met la dernière touche à ce portrait si ressemblant, en disant : « Beaucoup pouvaient l'envier, nul n'était capable de l'imiter. »

Jean des Bandes Noires, l'opération finie, s'était couché sur le côté, après avoir pris congé des siens. Il s'endormit calmement et ce fut dans son sommeil que la mort le prit. En 1685, seulement, sa dépouille mortelle, que l'on avait d'abord déposée à Mantoue, dans l'église San Francesco, fut ramenée à Florence et placée à côté de ses ancêtres dans la sacristie de San Lorenzo. Ainsi vécut et mourut le seul homme, de toute la lignée des Médicis, qui ait été un noble et grand soldat.

Chapitre X

LES MÉDICIS, DUCS DE TOSCANE

La prise de Florence par les troupes impériales en 1530 eut pour première conséquence le retour au pouvoir des Médicis dont les partisans rentraient d'exil et réduisaient à l'impuissance les défenseurs des anciennes libertés ; ceux qui avaient défendu la ville contre l'envahisseur, furent tués ou emprisonnés. Le légat du pape Clément VII, Valori, fit arrêter et décapiter le gonfalonier Carducci, et fondre, pour en fabriquer des médailles commémoratives à la gloire des Médicis, le bronze de l'antique cloche du palais de la Seigneurie, au son de laquelle les Florentins avaient eu coutume de se rassembler pour la protection de leurs droits. De droits, il n'en existait plus, maintenant, à l'exception de ceux que voulait bien accorder l'empereur allemand ou le pape ; de citoyens, non plus : il n'y avait que des sujets, maintenus dans l'obéissance par une garnison étrangère, et privés de faire entendre leur opinion sur les affaires publiques. Avec l'agrément de Charles Quint et de Clément VII, Alexandre, fils naturel du duc d'Urbino, reçut le gouvernement de la ville et puissance sur toutes les possessions florentines en Toscane ; un autre cousin, Hippolyte, que ses portraitistes, et particulièrement Titien représentent en costume hongrois qu'il portait volontiers, fut fait cardinal afin d'être écarté de la compétition. De compétition, d'ailleurs, il ne devait pas en naître, ni de la part du peuple, terrorisé et muet, ni des autres Médicis, car le premier duc savait se faire craindre ; il avait bâti dans la ville même des forteresses contre une éventuelle insurrection. Par crainte de l'émeute, il quittera le palais familial de Via Larga, mal défendu, pour s'installer au palais de la Seigneurie, dont la Seigneurie est expulsée : les prieurs existent encore, théoriquement, mais ils sont affranchis de l'obligation d'habiter la maison commune, et rentrent dans le rang, comme tous les autres citoyens, après avoir baisé l'anneau du nouveau souverain – auquel Charles Quint a décerné le titre de duc et promis la main de sa fille, l'archiduchesse Marguerite et fait serment d'obéissance : à cela se limitera leur rôle politique.

Appuyé par le légat Valori et par l'historien célèbre Guichardin, qu'on est étonné de voir se ranger du côté des tyrans, le premier duc Médicis prend les mesures nécessaires pour doter Florence d'une nouvelle constitution qui, pratiquement, effectivement, remplacera les institutions de la vieille république. Il trouve un concours inattendu auprès des notables florentins qui, maintenant que la démocratie est morte et que le maître de la ville est duc, deviendront une véritable aristocratie ; Filippo Strozzi, banquier de vieille famille, se prononce pour le régime monarchique, suivi par les représentants éminents des arts majeurs, et sanctionne les réformes, caractéristiques d'une véritable « tyrannie », telle que les hommes du XIVe et du XVe siècle la détestaient : plus de prieurs élus ou tirés au sort, mais des ministres choisis par le duc, et deux conseils, l'un de quarante-huit membres, l'autre de deux cents nommés à vie par le « roi » et qui ne peuvent se réunir hors de la présence de celui-ci. La politique d'Alessandro consiste en un égalitarisme réel, en ce sens que, au-dessous de la personne du « monarque », il n'y a plus que la foule des sujets, égaux en droits, c'est-à-dire également démunis de droits. Un an environ après avoir reçu le titre de duc, Alexandre vit son duché rendu héréditaire par la grâce de l'empereur : une authentique dynastie de Médicis avait, depuis Cosme *Pater Patriae*, gouverné Florence, maintenant cette dynastie du consentement mutuel du peuple et des grands, était légalisée, sanctionnée par l'octroi d'un nouveau blason et de nouvelles prérogatives.

Une fois assuré de n'avoir rien à craindre d'un peuple dompté, Alexandre qui était un homme gros et lourd, au front bas et à la bouche épaisse, roux de cheveux et de goûts vulgaires, s'abandonna sans frein à ses habitudes de débauche, à l'abri de ses gardes, et après avoir confisqué toutes les armes possédées par les citoyens. Il ne redoutait qu'un réveil des ambitions de Hippolyte, que le chapeau de cardinal n'avait pas satisfait, et qui était capable de revendiquer le pouvoir ; aussi le fit-il très prudemment assassiner le 10 août 1535, afin de se débarrasser de cette « mauvaise guêpe » comme il l'appelait, dont il avait peur d'entendre le bourdonnement à ses oreilles. Le poison eut raison de la guêpe, mais il restait un autre Médicis, de la branche aînée celui-ci, descendant de Cosme le Vieux, Lorenzo (1514-1548). Ce Lorenzo, que l'histoire connaît sous le surnom que les contemporains lui avaient donné, Lorenzino, n'était pas inquiétant. Extravagant dans ses mœurs et ses habitudes, Clément VII l'avait éloigné de

Rome après l'y avoir fait élever près de lui, parce qu'il s'amusait à décapiter les statues antiques, et envoyé à Florence afin qu'il divertît Alexandre et lui servît de bouffon. Lorenzino accomplit cette tâche, à laquelle il ajouta avec succès celle de compagnon de débauche et d'entremetteur, ce qui lui valut toute la confiance du duc.

Le petit Lorenzo, que l'on appelait ainsi, non que sa taille fût petite, mais par mépris pour la bassesse de son caractère, avait fait le projet de tuer Alexandre. Était-ce, comme le croient ceux qui le nomment le Brutus florentin, pour débarrasser la ville d'un tyran ? C'est peu probable : Lorenzino n'avait pas l'étoffe d'un révolutionnaire et d'un libérateur. La disparition du duc devait satisfaire son envie, sa jalousie, et peut-être dans ses goûts d'intrigue et de cabotinage, un de ces « crimes parfaits », comme Machiavel désigne les *bellissimi ingani*. Il montra à Alexandre la veuve de Pietro Strozzi, sa propre sœur, Laudomia de Médicis, dont il existe un beau portrait par Bronzino, et le persuada qu'il devait à ses talents de Don Juan de faire la conquête de cette femme belle, froide, irréprochable, fidèle à son mari. Alexandre s'enflamma pour cette idée, Lorenzino attisant sans cesse sa curiosité et son désir ; un jour enfin l'entremetteur annonça qu'il avait ménagé une entrevue, chez lui, entre sa sœur et son cousin. Un homme qui se rend à un rendez-vous amoureux chez son ami n'a pas besoin de cotte de mailles ou d'armure ; Lorenzino eut soin de désarmer sa victime avant de la conduire dans la chambre où ce n'était pas Laudomia qui l'attendait, mais un tueur appelé Scoroncocolo. Le meurtrier a profité de ce que, à l'occasion de la fête de la Beffana, l'Épiphanie, très populaire en Italie, tous les Florentins sont dans les rues où ils font vacarme :

personne n'a vu entrer le duc, qui, afin de ne pas compromettre la belle Laudomia, n'a pas voulu d'escorte.

Une fois son cousin sans méfiance à sa merci, Lorenzino l'assassina avec l'aide du *bravo* Scoroncocolo d'une façon sauvage et horrible qui dégoûta même le tueur professionnel, et avec des raffinements de sadisme où l'on reconnaît la haine morbide, l'obsession pathologique accumulée pendant des années, depuis l'enfance, contre le parent qui a réussi : après lui avoir fendu la tête et traversé la poitrine à coups d'épée, il lui tranche la gorge avec un petit couteau et fouille de ses mains dans la hideuse blessure pour en arracher tous les organes. Le crime accompli, le « Brutus florentin » n'a pas proclamé la mort du tyran et appelé le peuple à la liberté ; il s'est contenté de prendre la fuite, et après avoir vagabondé pendant une dizaine d'années, il fut rejoint par les sbires du successeur d'Alexandre, Cosme, qui l'assassinèrent à son tour.

Qu'advenait-il de Florence pendant ce temps ? Le peuple, réduit en servitude par Alexandre, n'avait ni le désir de le venger ni la force de s'insurger contre la tyrannie ; le duc était mort, mais les garnisons restaient sous les armes et les canons des forteresses braqués sur les quartiers renommés pour leur turbulence. Personne ne bougea, et le duché ayant été déclaré héréditaire, l'empereur fit choix d'un successeur, le fils du grand *condottiere* Jean des Bandes Noires un jeune homme de dix-sept ans, élevé à la campagne loin de toute activité politique et occupé surtout d'arbres et de plantes qui faisaient tout son intérêt. Il s'appelait Cosme, et il est le premier, dans la lignée séculaire des Médicis, à porter un numéro, comme un roi ; on le nomme Cosme Premier. Le général de la garnison allemande à Florence, le *condottiere* Vitelli, le fit proclamer par ses soldats, après quoi le Conseil des Quarante-Huit et les citoyens n'avaient plus qu'à accepter cette décision. Cosme Ier fut donc déclaré duc héréditaire le 28 février 1537, et, trente ans plus tard, le pape Pie V l'éleva à une distinction encore supérieure à celle-ci : il le fit grand-duc, et tel est le titre que, pendant près de deux siècles, les Médicis porteront dans l'histoire.

Le gouvernement du nouveau monarque fut avantageux pour la Toscane. Il ne manquait pas de mérites politiques et de talents d'administrateur. À la tête d'un État dont on reconnaissait qu'il était le plus grand et le plus puissant des États italiens du XVIe siècle, Cosme Ier voulait agir en roi ; aussi rechercha-t-il des alliances royales, et à défaut de pouvoir épouser une fille d'empereur, telle était son ambition, il épousa une princesse espagnole de grande famille, Éléonore de Tolède, fille du vice-roi de Naples ; ses portraits par Bronzino, peintre de cour des Médicis ducaux, montrent qu'elle avait une beauté noble et distinguée, et un certain charme tendre ; âgée de dix-sept ans au moment de son mariage en 1539, elle mourut tragiquement, avec ses deux fils, Garcia et Giovanni, de fièvre pernicieuse pendant un séjour dans la région marécageuse de la Maremma.

Cosme Ier n'avait pas les qualités d'humaniste de ses ancêtres. Il s'intéressait aux œuvres d'art, mais il semble que ce fut pour obéir à une tradition familiale plutôt que par véritable passion. Il faut dire à sa décharge qu'il n'eut pas la chance de vivre à cette extraordinaire époque de Cosme *Pater Patriae* et du Magnifique où les plus grands génies de ce temps, dans tous les domaines du savoir et de la création artistique, étaient réunis à Florence.

Il existait encore de grands sculpteurs comme Giambologna (1524-1608) et Benvenuto Cellini (1500-1571), employés à glorifier par les statues et les bas-reliefs les hauts faits guerriers et civiques du grand-duc, quelques bons peintres comme Vasari (1511-1574) et Bronzino (1503-1572), ou des hommes plus âgés comme Pontormo (1494-1557), mais l'ère des génies éblouissants est passée en Toscane, et le nouveau maître a besoin de courtisans dociles plus que d'artistes indépendants et ombrageux comme Michel-Ange, qui ne devait mourir qu'en 1564. On ne peut pas reprocher à Cosme de ne pas s'être entouré de bons artistes ; il eut les meilleurs que Florence pouvait lui donner. En revanche, les Académies qu'il protégea marquent une désastreuse décadence à l'égard de l'Académie platonicienne de Cosme *Pater Patriae* et de Laurent : la banalité et le mauvais goût, trop fréquents dans de telles assemblées, ont remplacé la sublimité de la pensée, l'originalité du talent, la profondeur métaphysique ; quand ils se veulent originaux, les académiciens florentins de ce siècle adoptent des titres ridicules. On doit dire, pourtant, à l'éloge de ce mécène en général peu éclairé, qu'il donna un puissant élan à la musique italienne, qui tendait à supplanter la peinture en éminence, et qu'il ajouta à ses collections d'œuvres d'art les antiquités étrusques auxquelles il s'intéressa et dont il pressa les recherches. Sachant qu'il ne suffisait pas de terroriser les Florentins, mais qu'il fallait les amuser si l'on voulait être populaire, il ajouta aux divertissements traditionnels des courses de chars à la romaine, qui eurent lieu devant l'église Santa Maria Novella – on voit encore les bornes – et obtinrent un plein succès. Ami des plantes et savant en botanique, il multiplia les jardins dans Florence, les établit sur les pentes de la colline de Boboli, derrière le Palazzo Pitti, où il s'était installé, délaissant le palais de la Seigneurie, qui était inconfortable et vieux, et qu'Éléonore de Tolède trouvait triste. Il enrichit le « jardin des simples » où, depuis le Moyen Âge, on cultive les herbes pharmaceutiques, et il encourage à l'université l'étude des sciences naturelles qui ont au XVIe siècle un développement comparable à celui qu'avaient eu, au siècle précédent, la philosophie, la grammaire, l'érudition. À cet égard, Cosme Ier fait figure d'homme moderne appliqué à tout ce qui peut accroître le progrès matériel de l'État. Il développe les ports de Pise et de Livourne, il fait creuser un réseau complexe de canaux, il entretient les grandes routes, il exploite les mines d'argent et d'alun, il adapte au sol toscan des cultures nouvelles, certaines même importées d'Orient. Dans le domaine administratif et juridique, il impose à Florence, qui vivait depuis des siècles sous le régime des coutumes et des traditions, une structure judiciaire rigoureuse, qui lui valut la réputation d'un homme intègre, fermement attaché à la légalité.

La réalité était assez différente. Statues équestres, bas-reliefs de bronze veulent éterniser la gloire militaire du grand-duc et le faire passer pour un homme de guerre illustre. Il n'a pas le comportement débonnaire, bienveillant, spirituel, des premiers Médicis. Ses portraitistes le représentent en armure et lui prêtent le regard majestueux et terrible du conquérant. Tous ses actes publics sont destinés à provoquer la peur. Il n'aspire pas à être aimé de ses sujets, dont il connaît la versatilité, et il sait que son accession au pouvoir s'est faite surtout à l'abri des lances et des bombardes ; il ne se sent en sécurité qu'à l'abri des piques de ses gardes suisses qui campent sur la Place de la Seigneurie sous la noble loggia d'Orcagna. Il n'a pas hérité les vertus guerrières de son père, Jean des Bandes Noires ; lui-même ne combattra qu'à coup sûr, contre des faibles, en étant sûr de vaincre. Il veut être craint des autres, parce que lui-même a peur d'eux. Il a peur des États rivaux, peur des villes vassales, peur des ennemis qui se cachent dans la cité, peur des émigrés qui tentent d'irriter contre lui les cours étrangères. Il ne connaît qu'un remède à la terreur qu'il éprouve : la terreur qu'il impose aux autres. Il n'aura pas le grand renom d'homme cultivé, d'esprit raffiné, d'amateur d'art et de protecteur des artistes, que la postérité attache à la mémoire de ses ancêtres : on se souviendra de lui comme d'un homme cruel qui a assis sa puissance sur la répression féroce exercée dans la guerre et dans la révolution. Deux exemples : le châtiment des conjurés dans la conspiration des Strozzi et la guerre contre Pise.

Filippo Strozzi, qui avait vigoureusement travaillé au retour des Médicis en aidant Alexandre à prendre le pouvoir, était tombé plus tard en disgrâce et avait fui l'Italie : la cour de France lui avait donné asile et François Ier lui avait même confié un commandement. Les excès de débauche d'Alexandre qui n'épargnaient aucune femme, noble ou paysanne, la sévérité de Cosme, son orgueil et son arrogance, avaient détourné du palais de Via Larga, puis du Palazzo Vecchio, une grande partie de la haute bourgeoisie. Le geste criminel de Lorenzino, quoiqu'inefficace puisque le peuple ne s'était pas soulevé pour chasser les tyrans, avait éveillé, chez une jeunesse ardente et généreuse, la passion de la liberté. Cet idéal de la liberté, au nom duquel Florence s'était soumise à tant de formes occultes du despotisme, paraissait plus justifié que jamais, maintenant que les maîtres de la cité, imposés par les armées étrangères, étaient indignes de régner. De la part de Savonarole, il était injuste d'accuser le Magnifique de tyrannie et d'exciter les foules pieuses contre un gouvernement aussi libéral. Contre le grand-duc, ce grief était parfaitement légitime et Strozzi n'eut pas de peine à rassembler autour de son étendard l'élite des familles les plus distinguées : tous les grands noms de l'aristocratie florentine y figuraient. Le fils de Philippe Strozzi, Pierre, engagea des régiments, les arma, et marcha sur Florence. Les troupes de Cosme Ier les attendaient à mi-chemin, et les arrêtèrent dans les Apennins, à Montemurlo (31 juillet 1537). La bataille fut brève et, comme de coutume, peu meurtrière, mais on y fit prisonniers tous les conjurés dont on put s'emparer.

Le procès des rebelles fut jugé selon les nouvelles lois judiciaires grand-ducales, et à l'entière satisfaction de Cosme Ier qui obtint du tribunal des Huit seize condamnations à mort ; les coupables étant beaucoup plus nombreux, le grand-duc fit raconter en ville et à l'étranger qu'il avait recommandé aux juges de se montrer indulgents. Il arriva cependant que, parmi les insurgés qui ne furent pas exécutés de la main du bourreau, tous, ou presque, moururent de morts violentes, ou suspectes, dans leur prison. Ceux qui avaient échappé furent traqués par les policiers de Cosme dans les villes où ils s'étaient réfugiés et les puissances étrangères ne purent pas les protéger ; les Strozzi, les Albizzi, les Acciaiuoli disparurent de la scène politique, conformément aux plans du tyran qui voulait une égalité parfaite de tous les citoyens dans une même médiocrité. Les partisans du retour des Médicis, en 1512 et en 1530, qui avaient favorisé l'entrée d'Alexandre et son accession au pouvoir ducal, peut-être par peur des troubles populaires et de l'anarchie qui auraient accompagné une insurrection de la rue, regrettaient maintenant leur faiblesse et leur aveuglement. L'histoire a conservé le souvenir des paroles mélancoliques dites par Antonfresco degli Albizzi, à Valori tandis qu'il marchait à côté de lui, vers l'échafaud où ils allaient avoir la tête tranchée : « Nous avons été condamnés par la justice divine, non pour notre faute d'aujourd'hui, qui était de vouloir délivrer la patrie, mais pour la faute que nous avons commise, en 1512, quand nous avons aidé à la réduire en esclavage. »

La cruelle répression de la conjuration des Strozzi anéantissait d'avance toute velléité d'opposition de la part de l'aristocratie, décapitée de ses membres les plus nobles et les meilleurs ; l'organisation de la police et la force des garnisons logées aux points névralgiques de la cité suffisaient à tenir le peuple en respect. Il faut reconnaître, en revanche, que la longue domination des Médicis, toute libérale qu'elle était et justement parce qu'elle était libérale, avait diminué, dans les classes pauvres, le vieil enthousiasme pour la liberté qui, jadis, avait soulevé les Ciompi. Cosme *Pater Patriae* et Laurent le Magnifique avaient respecté la liberté et augmenté le bien-être ; autant de motifs pour que la foule fût docile. Au contraire, l'idée de liberté, toujours chère à la jeunesse, parée de glorieux souvenirs antiques, Harmodius et Aristogiton, Brutus, conservait tout son prestige, auréolé parfois d'une certaine fascination littéraire. En supprimant les jeunes aristocrates, Cosme Ier avait fait disparaître les seuls ennemis qui fussent vraiment redoutables. Il usa au cours de la guerre contre Sienne, qui dura cinq ans, de la même férocité froide, du même esprit de destruction méthodique de l'adversaire ; cette méthode réussit si bien que, lorsque Sienne succomba, sa population était tombée de quarante mille habitants à six mille. Quant à la ville et à ses environs le grand-duc y avait appliqué le système de la « terre brûlée » pratiqué par Attila et les conquérants mongols.

Chapitre XI

LA FIN D'UNE DYNASTIE

Les derniers Médicis qui régnèrent sur Florence entre la fin du XVIe siècle et la date de la disparition de la Toscane en tant qu'État indépendant, devenant apanage de l'archiduchesse Marie-Thérèse d'Autriche, sous la tutelle de l'empereur, présentent les divers symptômes d'une décadence qui s'accélère rapidement. Ce sont d'abord les symptômes de gigantisme, accompagnés d'un désir de conquêtes et d'annexions qui déséquilibrent l'harmonie intérieure et extérieure de la République florentine. Puis la disparition de cette république, démocratique malgré les tendances absolutistes d'un gouvernement oligarchique, au profit d'une autorité qui se donne les apparences d'une monarchie et en imite l'arbitraire ; le divorce s'approfondit et s'aggrave, à chaque changement de règne, entre le peuple qui avait toléré les abus de pouvoir fréquents des premiers Médicis en raison du caractère « paternel », simple, modeste, sans affectation ni arrogance, de leur comportement. La susceptibilité vite irritée des Florentins, leur égalitarisme soupçonneux, la promptitude avec laquelle ils prenaient ombrage de tout ce qui semblait devoir menacer la sacro-sainte liberté ont vu d'un mauvais œil la formation d'une « maison régnante héréditaire », tenant d'un État étranger, qui avait toujours été antipathique et hostile aux républiques italiennes, un titre nobiliaire qui installait une barrière entre ces ploutocrates anoblis et les citoyens ordinaires. L'impopularité, toujours croissante, de la nouvelle forme de gouvernement, autoritaire et non plus libérale, et de la famille qui l'exerçait, a exigé la construction de forteresses et l'entretien de garnisons capables de réduire d'éventuels soulèvements populaires, et souligne ainsi l'élément de contrainte, d'injustice, de despotisme qui remplace le consentement populaire en vertu duquel il avait été admis unanimement et sans discussion que l'administration de la ville restait dans la famille Médicis et que les fils en recevaient l'héritage des mains du père.

Le destin de l'histoire, qui évoluait rapidement vers de grandes monarchies centralisées, condamnait l'immobilisme des petites républiques italiennes entêtées à conserver des particularismes désuets et une indépendance plus théorique qu'effective. La volonté de rester autonomes dont s'étaient enorgueillies les communes capitulait devant l'impératif des faits nouveaux. Le mécontentement n'aurait pas été si grand, cependant, si les grands ducs de Toscane n'avaient affiché une morgue nobiliaire, insupportable à l'égalitarisme toscan, un train de cour royal, et un défi aux sentiments populaires que démontraient les canons des forteresses du Belvédère, pointés vers le centre de la ville, et non vers un ennemi extérieur. Jusqu'à Ferdinand II qui régna de 1620 à 1670, les souverains florentins avaient continué de faire le commerce de l'argent, ainsi que l'avaient fait Giovanni di Bicci, Cosme *Pater Patriae* et Laurent le Magnifique ; ce commerce avait assuré l'enrichissement constant de la famille ; afin de suppléer aux énormes rentrées d'argent procurées par les affaires, les grands-ducs qui croyaient déroger en étant banquiers, comme leurs ancêtres, durent tirer leurs ressources, de plus en plus coûteuses en raison des dépenses de la cour, d'impôts abusifs et vexatoires et de trafics moins honorables que ceux qui se faisaient naguère sous l'enseigne des *palle* rouges.

Les désordres de cette cour, les scandales produits, sinon par les grands-ducs eux-mêmes du moins par leur entourage et dans lesquels ils se trouvaient compromis, rendaient le mécontentement du peuple plus lourd et plus agressif ; ce qui entraînait, en contrepartie des représailles excessives et souvent cruelles : la répression exercée par François Ier après le complot des Pucci est aussi maladroite que coupable d'une inique sévérité. Le désordre qui marqua son règne de treize ans – de 1574 à 1587 –, la corruption, la négligence dans la direction des affaires publiques, l'arbitraire qui excitait la colère et la haine, la fiscalité injuste et écrasante, les taxes sur les blés, en particulier, qui furent désastreuses, car elles atteignaient le peuple dans ses besoins immédiats et vitaux et entraînaient la ruine de colonies agricoles instituées par Laurent et développées par Cosme, expliquent pourquoi les Florentins cessèrent d'éprouver de l'attachement pour une famille qui s'était désolidarisée du bien commun et avait adopté les modes de vie des « féodaux » que l'on haïssait. Quoiqu'il n'en fût pas, et même indirectement, responsable, on reprocha au duc les crimes commis dans son entourage et qui épouvantèrent le peuple par les raffinements de cruauté qui les accompagnaient. Son frère cadet, Pierre, le plus jeune des huit enfants de

Cosme Ier, négligeait brutalement sa femme et se déshonorait dans des orgies dont le peuple connaissait les immondes détails ; abandonnée, privée d'affection, insultée, Eleonora, qui était belle et douce, eut une liaison avec un jeune Antinori Bernardino. Celui-ci ayant eu une querelle, au cours de laquelle il avait tué son adversaire, fut emprisonné dans son palais. L'attitude d'Eleonora, qui passait et repassait devant ses fenêtres pour essayer de voir le captif, attira l'attention. Antinori fut exilé à l'île d'Elbe, puis ramené à Florence où on l'exécuta aussitôt arrivé. Trois semaines plus tard, Pierre commandait à la malheureuse épouse de le rejoindre dans sa villa de Cafaggiolo où il la tua, après son souper, à coups d'épée.

Le meurtre d'Isabella, fille de Cosme Ier, par son mari, Orsini, prince de Bracciano, fut encore plus affreux. Amant de Vittoria Accoramboni, qui était d'une beauté sauvage et exaltante, Orsini voulut se débarrasser en même temps du mari de sa maîtresse et de sa propre femme. Peretti, l'époux de Vittoria, fut livré aux assassins par elle-même qui l'avait attiré à la Villa Negroni pour le jeter entre les mains de ses meurtriers. La mort de la princesse de Bracciano fut entourée de raffinements d'horreur qui correspondent, malheureusement, aux mœurs de cette époque. Elle avait accompagné son mari à sa villa de Cerreto Guidi, où, après le souper, il l'étrangla avec une corde qui descendait du plafond par un trou percé à cet effet, et que tenaient quatre hommes cachés dans l'appartement supérieur. On raconta qu'elle avait péri d'apoplexie, et le crime serait peut-être resté inconnu si Orsini n'avait fait des démarches auprès du pape pour épouser Vittoria Accoramboni. Grégoire XIII s'y étant opposé, Orsini passa outre et fit procéder à une cérémonie nuptiale clandestine dans la *rocca* de Bracciano, château fortifié à l'abri des assauts des troupes pontificales. Peu de temps après, Grégoire XIII mourut, mais ce fut l'oncle de l'époux assassiné, le cardinal Montalto, qui reçut la tiare et prit le nom de Sixte Quint. Pressentant qu'il n'échapperait pas au châtiment qu'il avait si bien mérité, Orsini s'enfuit à Venise où il mourut, tandis que son plus proche parent, Ludovico, poignardait à Padoue Vittoria Accoramboni à laquelle il avait légué tous ses biens.

Le malaise et l'indignation que ces atrocités avaient éveillés dans l'esprit des Florentins augmentèrent quand Ferdinand Ier épousa en secondes noces – sa femme Jeanne d'Autriche étant morte en 1578, à trente et un ans –, une belle Vénitienne, Bianca Capello, dont il était l'amant et qu'il avait logée dans un palais voisin du sien. On jugeait scandaleuse la vie que cette femme jeune, belle, intelligente et charmante avait menée depuis son arrivée à Florence. De plus, la superstition populaire prétendait qu'elle avait le « mauvais œil », ce qui, pour un Italien, est une calamité. Certains allaient jusqu'à affirmer qu'elle était aussi sorcière, et on lui attribua bientôt tout le mal qui se déchaîna autour du palais ducal ; à l'origine de ces rumeurs malfaisantes se trouvait probablement son beau-frère Ferdinand. On reprochait aussi à François Ier d'avoir dépensé pour leur mariage une somme égale à une année de revenus de la République : trois cents mille florins, mais cette somme avait été fournie uniquement par la caisse personnelle du duc et n'avait rien coûté au trésor public. La haine que la famille des Médicis et le peuple florentin portaient à la Vénitienne, à laquelle on faisait grief déjà de son origine, tant était puissante l'hostilité qui régnait entre la République du Lys et celle du Lion de San Marco, était si forte, qu'après sa mort, et quoiqu'elle fût la femme légitime de François, on lui refusa la sépulture dans le tombeau familial ; son cadavre fut emporté de Poggio a Caiano où elle avait expiré en octobre 1587, le même jour que son époux, et inhumé furtivement en un lieu qui resta secret et qui n'a jamais été découvert depuis.

C'était une très touchante histoire, pourtant, que celle de Bianca Capello, et qui aurait dû lui valoir la sympathie et la pitié des Florentins si ce peuple n'avait eu, au fond de son caractère, une sévérité implacable, portée à la méchanceté et à la cruauté, rarement accessible à la compassion. La jeune Vénitienne était tombée amoureuse, à dix-sept ans, d'un Florentin employé dans une maison de commerce florentine établie sur la Lagune. La Sérénissime mit obstacle à un mariage entre cette femme de noble famille avec un étranger, Toscan par surcroît, que l'on savait d'origine médiocre et de mœurs douteuses. Les amoureux se marièrent donc en secret et s'enfuirent à Florence où ils s'établirent en 1560. Trois années plus tard, en 1563, François Ier, passant à cheval dans une rue, vit à une fenêtre une beauté ravissante dont il s'éprit aussitôt. Bianca avait eu le temps de constater à quel point son mari était vulgaire, médiocre et même vil. Des amis complaisants organisèrent une rencontre entre le duc et l'infortunée Vénitienne, qui ne tardèrent pas à devenir amants. Afin de garder sa maîtresse près de lui, François fit donner au mari, qui se montra accommodant, des fonctions lucratives et un logement qui devait faciliter les rencontres.

Malheureusement François Ier, tout épris qu'il était de Bianca Capello, dut obéir à la « raison d'État » et contracter un mariage conforme à son rang et aux intérêts du duché : il épousa donc l'archiduchesse Jeanne d'Autriche, sœur de l'empereur Maximilien II, au mois de décembre 1564. Il ne l'aimait pas et elle-même, imbue de la grandeur de sa Maison, ne sut pas se faire aimer des Florentins, auxquels elle imposait l'étiquette stricte, froide et hautaine en usage à la cour d'Espagne. Pendant quatorze ans, les choses durèrent ainsi, puis l'archiduchesse étant morte, en avril 1578, et le mari de Bianca ne mettant plus d'obstacle, lui non plus, à un mariage régulier, François épousa Bianca Capello ; leur bonheur devait être de courte durée puisqu'ils moururent ensemble neuf ans après. On parla de poison, naturellement, tant ce double décès parut suspect, et, pour faire taire les méchants, Ferdinand Ier qui succéda à son frère, ordonna l'autopsie qui conclut à une cause naturelle, un refroidissement chez le duc, et chez Bianca la fièvre maligne, qui en ce temps-là, causait de grands ravages.

Il était évident aux observateurs attentifs qu'en accédant à la dignité grand-ducale, et en dédaignant les affaires bancaires qui avaient fait la fortune des ancêtres, les Médicis se détournaient des traditions auxquelles ils devaient leur prospérité, leur succès et leur popularité. Les successeurs de Cosme Ier jouaient aux monarques, ce qui convenait mal aux maîtres d'un petit État comme la Toscane, et les entraînerait à participer, à leurs risques et périls, aux hasards de la politique internationale. On ne retrouvait plus chez eux les qualités de Cosme *Pater Patriae* et de Laurent le Magnifique, mais l'historien doit reconnaître que leur mécénat à l'égard des lettrés, des artistes et des savants, s'il fut moins éclatant que celui des banquiers de la Via Larga, continua de faire honneur à leur « Maison ». Ils avaient un goût moins sûr, un esprit moins attentif aux nouveautés de l'art ; ils étaient moins « artistes » de tempérament, d'intuition, de nature. En outre, les temps avaient changé depuis le Quattrocento ; les grandes audaces de la Renaissance avaient accompli leur œuvre ; les peintres, les sculpteurs, les architectes continuaient d'évoluer suivant l'élan donné au XVe siècle. Et puis, dans ce siècle nouveau, le XVIe, la découverte scientifique l'emportait sur la pensée philosophique et la création plastique : il ne faut donc pas s'étonner de voir que l'intérêt et l'encouragement des grands-ducs de Toscane vont beaucoup plus à la mécanique, à la physique, à la chimie, à l'astronomie. C'est ainsi que François Ier, tout en créant la galerie de peintures des Uffizi et en installant, dans les dépendances de cette ébauche de musée public, des ateliers destinés aux jeunes artistes, consacre plus de temps aux préparations chimiques qu'il exécute dans son laboratoire. Ce laboratoire l'accapare tellement qu'il prend l'habitude d'y recevoir ses ministres et de discuter des affaires de l'État sans cesser de surveiller son fourneau et de manipuler ses éprouvettes et ses fioles.

Conscient de la difficulté qu'il y a à tailler le cristal de roche, dont Laurent le Magnifique possédait une collection considérable ainsi que de vases et autres objets en pierre dure, jaspe, onyx, agate, il invente un procédé permettant de fondre ce cristal de roche. Il étudie aussi la porcelaine, sur des modèles importés de Chine, et crée une manufacture permettant à la fabrication locale de concurrencer les produits d'importation. C'est à lui que l'on doit aussi la création d'une Académie destinée à purifier le langage, et à séparer, dans les mots italiens, l'ivraie et le bon grain, la balle et le son ; aussi l'appela-t-il du nom qu'elle porte encore aujourd'hui, fière de son ancienneté : la *Crusca*.

Son successeur, Ferdinand Ier, quatrième fils de Cosme Ier, ne s'intéressait pas à la chimie, et fort peu aux sciences en général. Ses goûts le portaient davantage vers la sculpture antique ; ayant reçu le chapeau de cardinal à l'âge de quatorze ans, haïssant son frère plus heureux qui gouvernait Florence, il vécut à Rome pendant le règne de son aîné et eut ainsi l'occasion de rassembler une considérable collection de statues grecques ; peu importait que ce que l'on croyait être des originaux helléniques ne fussent, dans la plupart des cas, que des copies romaines : l'essentiel était que cela fût antique. On se rappelle que le jeune Michel-Ange, irrité du dédain qui accueillait ses œuvres, s'avisa de faire passer pour une « antique », et de vendre comme telle à un collectionneur romain, une statue faite par lui qui n'avait pas trouvé acheteur. Le cardinal Ferdinand avait fait construire, pour loger ses collections, une villa qui porte encore le nom de Villa Médicis, qui reçoit des artistes français ; c'est là que l'on put admirer des marbres célèbres, dont la découverte allait donner une orientation nouvelle à la plastique de la Renaissance et l'incliner vers un baroque inspiré du baroque hellénistique : le Laocoon, l'Hercule Farnèse, l'Apollon du Belvédère, la Vénus dite des « Médicis », la Niobé. Quand il hérita du grand-duché de Toscane, après la mort de son frère, il transporta à Florence une partie de ses collections, mais il en demeura à Rome une partie fort estimable qui enrichit le musée du Vatican.

Ce fut Ferdinand Ier qui modifia l'ancien blason des Médicis, et qui substitua aux *palles*, aux « besants », qui sentaient trop les manieurs d'argent, un emblème nouveau : l'abeille. L'abeille, dans la pensée du nouveau maître de Florence, symbolisait l'activité pratique, utilisée pour le bien général de la collectivité. Il corrigea et répara les erreurs de son prédécesseur, en matières économique et financière, supprima les abus et régna de telle sorte que l'on a pu dire de lui avec justice qu'il avait été le meilleur des grands-ducs et que son administration apporta, après celle de Cosme Ier, un ordre, une prospérité, une tranquillité, que l'on n'avait pas connus sous le règne précédent et que l'on ne retrouvera pas souvent après lui. Toutes ses réformes furent marquées au sceau de l'intérêt public ; ses ancêtres s'étaient appliqués à donner à Florence une flotte de navires de commerce capable de la rendre indépendante de ses grandes rivales, Venise, Gênes et Pise qui se disputaient la maîtrise de la mer et aspiraient au monopole du commerce. Les négociants florentins avaient besoin, pour leurs exportations et leurs importations, d'une libre circulation, sur les eaux comme sur la terre. Malheureusement, la Méditerranée et l'Adriatique étaient infestées par les galères turques qui opéraient des raids fréquents sur les côtes, et arraisonnaient les transports en cours de route ; nombreux aussi étaient les pirates qui attaquaient les convois, pour leur propre compte, et rendaient peu sûres les routes maritimes.

La flotte florentine existait ; elle possédait même quelques navires de guerre, mais en nombre insuffisant. Le premier souci de Ferdinand Ier fut donc de renforcer l'escadre et de lui donner un puissant port d'attache où elle pourrait se reposer, se renforcer, sans rien avoir à craindre des bateaux ennemis. Cosme Ier avait compris, déjà, la position favorable de cette petite ville, jusqu'alors sans importance, et il avait commencé d'y jeter les fondations d'un port de guerre et de commerce. Ferdinand Ier reprit ce projet, auquel son frère avait prêté peu d'attention, et, grâce à lui, Livourne devint la forte base maritime qu'elle a toujours été depuis. Il ne suffisait pas, cependant de construire une ville ; il fallait encore la peupler. Y installer des Toscans aurait affaibli la position des autres villes ; le grand-duc eut alors l'idée, tout à la fois généreuse et habile, d'y appeler des hommes vivant dans l'insécurité ailleurs, qui y trouveraient la paix, la liberté et le bien-être qu'on leur refusait dans leurs patries respectives : devant à la libéralité du grand-duc cet asile, ils seraient tout dévoués et reconnaissants à celui qui le leur aurait procuré. La tolérance religieuse fut la base des institutions livournaises, quoique Ferdinand Ier fût un catholique fervent et que, pendant son cardinalat, il ait fondé la grande société missionnaire de la *Propaganda Fide* pour l'enseignement et la conversion du monde non chrétien. Ses agents répandirent dans tous les pays d'Europe, une invitation à habiter Livourne, si bien que l'on y rencontra bientôt une foule d'individus que le sectarisme religieux avait chassés de chez eux, des protestants de Flandre et de France, des catholiques anglais, et surtout des juifs qui, depuis, ont toujours été proportionnellement à l'ensemble de la population plus nombreux dans cette ville que dans aucune autre.

Aimant le faste, il fit construire une adjonction aux sacristies de San Lorenzo, qu'occupaient les tombeaux des premières générations de Médicis, destinées aux grands-ducs. Très différent de la Sacrestia Vecchia, réservée aux fondateurs de la dynastie, et à la Sacrestia Nuova où Michel-Ange avait dépensé le génie le plus pathétique et le plus puissant, le mausolée grand-ducal reçut la décoration baroque qui commençait d'être à la mode dans cette période charnière entre le XVIe siècle et le XVIIe. À cette époque, aussi, on remarque les modifications profondes qui se manifestent dans la musique et qui aboutissent à la naissance d'un genre neuf, encore incertain de ses moyens, de sa nature et de ses buts : l'opéra. On attribue avec raison une large part dans la constitution et la diffusion de l'opéra à Ferdinand Ier et il est possible que son goût pour la sculpture antique ait compris que ce genre, si original, était en réalité la transposition au XVIe et au XVIIe siècles de la tragédie grecque ; la grande idée de Nietzsche aurait été ainsi élaborée par un Médicis de la Renaissance, et mise en application par lui, puisque ce fut dans une salle des Uffizi que l'on joua, pour la première fois, en 1597, la *Daphné* de Jacopo Peri et Jacopo Corsi. Des représentations régulières d'opéras eurent lieu, soit aux Uffizi encore, soit dans le Palazzo Bardi, car les membres de cette famille montraient pour la musique un intérêt aussi grand que celui des Médicis, au moment même où, à la cour de Mantoue, Monteverdi créait ses premières œuvres.

On n'a guère le loisir ici de développer l'importance que prit dans l'évolution de la musique européenne, le drame musical italien tel qu'il s'épanouit à Florence, à Mantoue et à Venise ; il faut noter toutefois que dans la constante du mécénat artistique exercé par les Médicis depuis le début du XVe siècle, et même la fin du XIVe, il est rare que l'on ne trouve pas une génération assidue à encourager et à subventionner des formes de création artistiques neuves. Certains goûts des grands-ducs paraissent moins délicats, moins sûrs que ceux des simples banquiers ; quelques-uns peuvent même être jugés aberrants comme la passion de François Ier pour la fabrication de coupes, de flacons et de vases en cristal de roche fondu, ou celle de Ferdinand II pour les mosaïques en *pietra dura* et les *intarsie* de marqueterie. Le sentiment musical de Ferdinand Ier était d'une qualité meilleure. Les embellissements qu'il apporta à sa villa préférée, la Petraia, prouvent qu'il fut appliqué aussi à faire travailler les meilleurs décorateurs de cette époque, qui illustrèrent dans de brillantes fresques les dates éclatantes de la nouvelle génération des Médicis.

Malgré toutes ses dépenses, qui furent considérables, et, tout particulièrement, celles que provoquèrent en 1589 son mariage avec Christine de Lorraine, petite-fille de la reine de France Catherine de Médicis, et les diverses « réceptions » et « entrées » de souverains, conséquences de la nouvelle splendeur des grands ducs et de leurs alliances princières, il laissa dans un état de grande prospérité les finances de l'État et sa fortune personnelle, que des documents de ce temps estimèrent, au moment de sa mort, à cinq millions de florins d'or, et une quantité de monnaies étrangères, par exemple sept mille doublons espagnols. À l'opposé des premiers Médicis dont la doctrine économique maîtresse était que « l'argent est fait pour circuler », et dont les caisses étaient quelquefois vides, car tous les fonds disponibles étaient engagés dans des affaires de banque ou de commerce, Ferdinand Ier aime thésauriser. Il a fait construire, à l'abri de tous les hasards, dans cette forteresse du Belvédère, position stratégique imprenable – théoriquement, car il n'y a pas de fort qui ne puisse être pris, d'une manière ou de l'autre –, mais qui suffit à maintenir l'ordre dans Florence et la peur chez les Florentins, une salle souterraine blindée, ancêtre des chambres fortes des banques modernes, et dont les premiers Médicis n'avaient pas eu besoin. Buontalenti, dont on vantait les talents d'ingénieur, installa une porte dont la serrure à secret était inviolable : le duc seul, et Buontalenti, qui l'avait fabriquée, possédaient une clef.

Son fils aîné, Cosme, qui sera nommé Cosme II dans la nomenclature des grands ducs, et qui lui succédera en 1609, m'avait que dix-neuf ans au moment où cette lourde succession lui échut. Il avait épousé l'archiduchesse Maria-Maddalena, sœur de l'empereur Ferdinand II, et introduit à la cour florentine un air de jeunesse, de gaieté, d'insouciance, que l'on n'avait plus vu depuis le temps du Magnifique. Il avait le même esprit de tolérance que son père, il aimait faire construire, et sa passion pour le « bâtiment » se déploya surtout dans l'agrandissement du palais ducal (appelé aujourd'hui, rappelons-le, le Palazzo Pitti) et la construction d'une villa à Poggio Imperiale, dans le voisinage d'Arcetri où les Médicis possédaient déjà une maison de campagne.

Ce début du XVIIe siècle est caractérisé par les immenses progrès que réalisent les sciences et, en particulier l'astronomie. Ce fut donc pour la science des astres que s'enthousiasma la jeune intelligence du nouveau duc. Alors que François Ier avait installé son laboratoire de chimie dans le palais et Ferdinand Ier dressé une scène d'opéra aux Uffizi, Cosme II ajouta un observatoire à la villa de Loggio Imperiale, et y plaça le télescope qui venait d'être inventé par Galilée et que le savant avait apporté avec lui quand il s'était réfugié à Florence.

La première rencontre entre Galileo Galilei et le futur grand-duc avait eu lieu à Padoue où Cosme II avait été quelque temps étudiant et avait certainement écouté les cours du professeur de mathématiques. Dès qu'il accéda au pouvoir en Toscane, l'élève invita le maître à quitter cette chaire et à s'installer à Florence. Il lui donna un traitement qui le mettait à l'abri de toute préoccupation matérielle, l'installa dans la villa d'Arcetri, voisine de Poggio Imperiale, et le laissa poursuivre en paix, protégé contre ses rivaux, ses concurrents, et tous ceux qui combattaient ses idées « révolutionnaires », ses recherches astronomiques. Celles-ci aboutirent, entre autres découvertes, à celle des satellites de Jupiter, qu'il baptisa, par gratitude envers le grand-duc, étoiles médicéennes. Cosme II ne put, malheureusement, étendre longtemps la protection dont il avait couvert le savant : il mourut le 28 février 1620, à peine âgé de trente ans, laissant à ses descendants un testament plein de sages conseils, dans lequel il prescrivait, expressément, que l'on ne devait pas toucher au trésor familial, sauf en cas de calamités publiques où il serait juste alors que les richesses accumulées par plusieurs générations de Médicis fussent dépensées pour soulager les souffrances des Florentins qui les avaient aidés à asseoir leur gloire et leur prospérité. Laissant pour lui succéder un fils de dix ans (Ferdinand II), il chargea de la régence, pendant la minorité du Prince, sa propre femme Maria Maddalena et sa mère Christine. Une éducation stricte et rigoriste, jusqu'en 1627, date à laquelle le jeune prince, ayant dix-sept ans, entreprit des voyages dans les différents pays d'Europe qui devaient élargir sa culture et former son caractère, créa chez lui un manque de volonté, une indécision, qui gâtent son règne. Comme ses ancêtres, il montrait de l'intérêt pour les choses de l'esprit, et cet intérêt se manifeste principalement dans l'initiative des *Conversazioni Filosofiche* qui réunissaient au palais ducal, sous la présidence du prince, les savants et les beaux esprits. Les temps étaient loin, cependant, où les entretiens de l'Académie platonicienne, dirigés par Cosme *Pater Patriae* ou par Laurent, atteignaient les sommets les plus hauts de la métaphysique sans rien abandonner de cette bonhomie, de cette simplicité de manières propres à l'entourage des Médicis ; sous les ombrages de Careggi, on parlait de Dieu, de la Nature, de l'Infini, comme on l'aurait fait, jadis, en compagnie de Socrate, au bord de l'Ilissos, ou dans les jardins d'Académos. À la cour grand-ducale de Florence, au XVIIe siècle, les choses se passaient autrement, et c'était moins de spiritualité que d'expérimentation que discutaient les savants de Ferdinand II. La prépondérance donnée aux sciences sur la philosophie proprement dite, avec le laboratoire chimique de François Ier, l'observatoire de Cosme II, insiste de plus en plus sur le côté expérimental ; on veut faire abstraction des spéculations philosophiques qui encombraient, pense-t-on, les sciences naturelles, et retourner à l'expérience pure : observer, analyser, décrire la nature telle qu'elle est. Et c'est pour favoriser de telles expériences que Ferdinand II crée, lui aussi, une Académie intitulée « del Cimento », afin d'exposer expressément les buts qu'elle s'assigne.

On doit encore à Ferdinand II une innovation qui paraît singulière et qui, d'ailleurs, n'eut aucun succès : l'introduction du chameau en Italie. Cet animal existait déjà dans les jardins zoologiques des cours princières où l'on s'intéressait aux bêtes exotiques, le plus souvent données en cadeau par des souverains orientaux : girafes, lions, rhinocéros, sans parler des félins élevés pour la chasse. Parmi les Médicis représentés dans la fresque de *L'Adoration des mages*, par Benozzo Gozzoli, peinte pour la chapelle du palais de Via Larga, un des cavaliers porte sur sa selle, derrière lui, un guépard. L'étrange initiative du grand-duc ne venait pas d'une curiosité scientifique, visant à observer l'anatomie du chameau et à étudier ses mœurs, mais d'une volonté d'acclimater en Italie une espèce domestique renommée pour sa patience, sa sobriété, qui ferait office de bête de somme et de trait, moins coûteuse que les chevaux et plus endurante.

L'élevage du chameau n'était qu'une partie d'un vaste programme de réformes agricoles entreprises par Ferdinand, mais ni les chameaux ni les nouveaux procédés de traitement du sol ne furent efficaces. L'entreprise périclita et si l'on conserva quelques couples de chameaux, ce fut par curiosité plutôt que pour les services que l'on espérait obtenir d'eux. Le grand-duc fut plus heureux dans le développement qu'il donna au nouvel emploi de la mosaïque exécutée par une branche importante de l'artisanat florentin qui travaillait les pierres dures. Il ne s'agissait plus de grandes mosaïques murales comme celles qui avaient fleuri jadis à Byzance, à Salonique, à Ravenne, à Venise, mais de la création de petits tableaux, paysages ou natures mortes, constitués par un groupement de morceaux de marbre de couleurs diverses, d'onyx, d'ivoire, d'agate, de jaspe, habilement associés. Ces artisans, devenus des virtuoses dans l'agencement de tables composées de cette manière, voyaient leurs œuvres goûtées et répandues dans l'Europe entière, et devenues une précieuse source de revenus pour le commerce florentin avec l'étranger. Autant parce qu'il aimait ces ouvrages, plus curieux que beaux, esthétiquement parlant, que pour le profit que la ville en tirait, Ferdinand II poussa à l'industrialisation d'une technique qui est restée florissante jusqu'aujourd'hui où les tables du Palazzo Pitti, exécutées de cette façon, éveillent la curiosité et l'admiration des touristes plus que les véritables œuvres d'art.

Il est facile de reprocher aux générations des grands-ducs de Toscane de n'avoir pas exercé leur mécénat à l'avantage des plus grands artistes de leur temps, comme l'avaient fait les banquiers du XVe et du XVIe siècle. Cela tient à ce que devenus souverains, alliés aux familles royales de France et d'Autriche, secrètement humiliés par leur profession de banquier jusqu'au jour où Cosme II, ayant honte de « déroger », ferma les guichets et les bureaux ; attachés à un faste et à une extériorisation de leur opulence, les Médicis avaient complètement changé de caractère. Se considérant comme des rois (et non plus seulement des « princes de l'esprit »), ils se préoccupaient de la splendeur et de la solennité de leurs appartements d'apparat plus que de la beauté véritable, et de la décoration plus que de l'œuvre d'art proprement dite. Ils s'attachent donc, en peinture et en sculpture, à des ensembles décoratifs, et le palais ducal, considérablement agrandi et surélevé par Ferdinand II, est le reflet de leurs préférences esthétiques de la même manière que les collections du palais de Via Larga avec les peintures de Botticelli, de Piero di Cosimo, de Pollaiuolo, reflétaient les prédilections du Magnifique et de son père.

On peut penser aussi que les grandes périodes audacieusement créatrices de l'art toscan sont achevées ; le primat artistique passe à d'autres villes, Bologne, Naples, Rome, avec l'avènement du Baroque, dont l'esprit tourmenté, tumultueux, pathétique, paroxyste, est étranger au caractère florentin épris de lignes sobres, de sévérité, de mesure, de discrétion. Florence n'étant plus la capitale de l'art, comme elle l'était au Quattrocento, les Médicis avaient perdu, en même temps que leur capitale, le pouvoir de stimuler, de diriger et d'orienter le mouvement des arts. On comprend alors que les sciences, toutes jeunes, en plein bouillonnement créateur, aient eu plus d'attraits que l'art qui s'immobilisait, se sclérosait en un formalisme sans vie. Pendant la Renaissance, l'art toscan était un art de cité, et on peut dire que toute la cité y participait ; devenu art de cour, limité à la jouissance du seigneur et de son entourage, le génie créateur des Toscans avait perdu le contact avec le peuple, il n'était plus un objet de délectation publique. Ce contact, il ne le retrouvera jamais, et c'est là une des raisons majeures du divorce qui s'est installé, après la Renaissance, entre les artistes et le « grand public », autrement dit : la masse. Les grands-ducs ont réduit leurs peintres et sculpteurs favoris, Bronzino, Vasari, Volterrano, Ammannati, à n'être plus que les illustrateurs de leurs règnes, de même que Van der Meulen fit l'iconographie guerrière des victoires de Louis XIV.

L'exemple de Louis XIV, que tous les souverains contemporains prétendaient imiter, fut néfaste à des princes comme Cosme III, successeur de Ferdinand II, et Jean-Gaston, le dernier à porter le titre de grand-duc. Ayant épousé Marguerite-Louise d'Orléans, cousine de

Louis XIV, Cosme III poursuivit tout au long de son règne, qui dura cinquante-trois ans et pendant lequel le déclin politique et économique de Florence s'accéléra avec une rapidité effrayante, le vain rêve d'être comparé au Roi-Soleil dont il ne possédait aucune qualité, étant uniquement arrogant, prétentieux, gaspilleur, et peu intelligent. Il fut peut-être le seul des « grands Médicis » à n'avoir, pendant ce demi-siècle où il gouverna, manifesté aucun intérêt actif, authentique et efficace pour aucun des arts et aucune des sciences qui avaient occupé ses prédécesseurs. Son fils unique, Jean-Gaston, qui prit le pouvoir à l'âge de cinquante-deux ans, en 1723, étudiait avec passion la botanique ; il avait planté un jardin d'espèces rares dans le Boboli, et construit un pavillon retiré où il poursuivait ses expériences, sans se préoccuper beaucoup des affaires de l'État. Son règne aurait été heureux, car il était intelligent, bon, raisonnable, si la Toscane n'était devenue sur l'échiquier de l'histoire, un pion que les grandes puissances manœuvraient selon leur fantaisie. Les mariages princiers orgueilleusement sollicités avaient entraîné les grands ducs à se trouver impliqués dans les détours de la politique internationale. Le gouvernement de Jean-Gaston touchait à sa fin ; il n'avait plus que deux années à vivre, quand en octobre 1735, ces mêmes grandes puissances qui n'attribuaient aucune importance à Florence et à ses dépendances, sinon pour l'avantage qu'elles pouvaient elles-mêmes en tirer, la considérèrent comme la marchandise d'un troc entre États. Le traité de Vienne qui avait apaisé la susceptibilité des Polonais déçus en attribuant à Stanislas Leczinski le duché de Lorraine, spoliait le maître de cet État, François-Etienne, duc de Lorraine. Il était nécessaire, et équitable, de lui donner une compensation, d'autant plus qu'il devenait un personnage considérable du fait de son mariage avec l'archiduchesse Marie-Thérèse, future impératrice d'Autriche, fille de l'empereur Charles VI. Donner la Toscane à Marie-Thérèse et au Lorrain dépossédé parut à toutes les puissances, le plus sage moyen de régler les conflits pendants, en supprimant la pomme de discorde constituée par Florence et son duc. Les possessions des Médicis furent donc incorporées aux biens de la Maison d'Autriche. Jean-Gaston, trop faible et trop gravement malade pour offrir une résistance utile, émit des protestations timides dont personne ne tint compte.

Ainsi, les Médicis furent-ils effacés de la scène politique qu'ils avaient occupée pendant près de quatre siècles. Rares avaient été ceux d'entre eux qui avaient apporté un véritable génie dans l'administration des affaires publiques. L'empreinte qu'ils donnèrent à leur époque apparaît moins en ce qui concerne la destinée des États que dans l'impulsion qu'ils apportèrent aux mouvements artistiques et scientifiques. Le dernier acte qu'ils aient accompli en faveur de Florence, sur laquelle ils avaient régné si longtemps, fut la donation d'Anna Maria Ludovica, la sœur de Jean-Gaston, héritière de l'immense fortune et des splendides collections rassemblées depuis Giovanni di Bicci, qui mourut en 1743. Elle répartit sa fortune entre ses parents, ses amis, ses serviteurs, mais les œuvres d'art, peintures et sculptures, ainsi que les livres, passèrent par testament dans le patrimoine du grand-duché, avec tous les meubles, argenteries, pierres dures, vêtements, médailles, tapisseries et faïences. Craignant que tout ou partie des collections médicéennes ne partissent pour Vienne, elle stipula que cette donation ne restait valable qu'à la condition que ces chefs-d'œuvre ne quitteraient pas Florence et seraient à la portée de tous : de toutes les nations, précisait expressément la grande-duchesse, pressentant que les trésors artistiques des Médicis seraient le plus puissant attrait, pour des foules d'admirateurs de la beauté qui, au cours des siècles et venant de toutes les parties du monde, accourraient dans la ville du Lys afin de les contempler.

BIBLIOGRAPHIE

ACCASCINA, *L'Oreficeria italiana*, Florence, 1933.

ADY, Cecilia, *Lorenzo dei Medici and Renaissance Italy*, Londres, 1955.

ADY, Cecilia, *Italian Renaissance Studies*, Londres, 1960.

ALAZARD (J.), *L'Art italien, etc.*, Paris, 1949-1960.

ALBERTINI (R. von), *Das florentinische Staatsbewusstsein im Übergang von der Republik zum Prinzipat*, Berne, 1955.

ALLODOLI (E.), *I Medici*, Florence, 1929.

ANDRIEUX (M.), *Les Médicis*, Paris, 1958.

Antal (F.), *Florentine Painting and its Social Background*, Londres, 1947.

ARMSTRONG (E.), *Lorenzo de Medici and Florence in the XV. Cent.*, Londres, 1900.

AUBENAS et RICARD, *L'Église et la Renaissance*, Paris, 1951.

BARBAGALLO (C.), *L'Età della Rinascenza e della Riforma*, Turin, 1936.

BARFUCCI (E.), *Lorenzo de Medici e la società artistica del suo tempo*, Florence, 1945.

BARON (A.), *The Crisis of the Italian Renaissance*, Princeton, 1955.

BENEDENI (B.), *Il Carteggio della Signoria di Firenze e dei Medici coi Gonzaga*, Rome, 1962.

BENOIST (Ch.), *Le Machiavélisme avant Machiavel et le machiavélisme après Machiavel*, Paris, 1907-1934.

BERENCE (F.), *Laurent le Magnifique ou la Quête de la perfection*, Paris, 1949.

BERENCE (F.), *La Renaissance italienne*, Paris, 1951.

BERENSON (B.), *The Florentine Painters of the Renaissance*, Londres-New York, 1896.

BIAGI (G.), *The Private Life of the Renaissance Florentines*, Londres-Florence, 1896.

BIGNAMI (L.), *Nel crepusculo delle Signorie Lombarde. Gian Giacomo de Medici (1495-1555)*, Milan, 1925.

BIZZARRI (E.), *Il Magnifico Lorenzo*, Vérone, 1950.

BLOCK (W.), *Die Condottieri*, Historische Studien, Hft. 110, Berlin, 1913.

BLUNT (A.), *Artistic Theory in Italy (1450-1600)*, Londres, 1940.

BOCCHI (F.), *Le Bellezze della cità di Fiorenza*, éd. Cinelli, Florence, 1677.

BRION (M.), *Laurent le Magnifique*, Paris, 1937.

BRION (M.), *Savonarole*, Paris, 1948.

BRION (M.), *Machiavel*, Paris, 1948.

BRION (M.), *Le Pape et le Prince. Les Borgia*, Paris, 1953.

BRUCKER (G.), *Florentine Politics and Society*, Londres, 1949.

BUCK (A.), *Der Platonismus in den Dichtungen Lorenzo de Medicis*, Berlin, 1936.

BURCKHARDT (J.), *Die Kultur der Renaissance in Italien*, Stuttgart, 1868.

BURDACH (K.), *Vom Mittelalter zur Reformation*, Helle, 1893.

BUTER (B.), *Lorenzo di Medici als italienische Staatsmann*, Leipzig, 1879.

CAGGESE (R.), *Firenze dalla decadenza di Roma al Risorgimento d'Italia*, Florence, 1913.

CAMERANI (S.), *Bibliografia medicea*, Florence, 1940.

CANESTRINI (G.), *La Scienza e l'arte di stato dagli atti ufficiali della Republica Fiorentina e dei Medici*, Florence, 1862.

CANESTRINI (G.), *Documenti per la storia della Milizia italiana*, Florence (Archivio storico italiano).

CAPASSO (A.), *Tre saggi sulla poesie italiana del Rinascimento. Boiardo, Lorenzo, Ariosto*, Genève, 1939.

CAPPELLI (A.), *Lettere di Lorenzo de Medici. Atti e Memorie*, Modène, 1863.

CARBONARA (C.), *Umanesimo e Rinascimento*, Turin, 1944.

CASSIRER (E.), *Individuum und Kosmos in den Philosophien der Renaissance*, Leipzig-Berlin, 1927.

CASSIRER (E.), KRISTELLER (P.O), RANDALL (J.H), *The Renaissance Philosophy of Man*, Chicago, 1948.

CECCHERELLI (A.), *I libri di mercatura della Banca Medici*, Florence, 1913.

CECCHI (E.), *Lorenzo il Magnifico*, Rome, 1949.

CHABOD (F.), *Machiavelli and The Renaissance*, Londres, 1958.

CHASTEL (A.), *Art et humanisme à Florence au temps de Laurent le Magnifique*, Paris, 1961.

CHEDOVSKY (K. von), *Das Hof von Ferrara*, Munich, 1921.

CHIAPELLI (G.), *Formazione storica del commune citadino*, Florence, 1927.

CIASCA (R.), *L'Arte dei Medici speziali nella storia e nel commercio fiorentino dal secolo* XII *al* XV, Florence, 1927.

CIPOLIA (G.), *Studi di storia della moneta*, Pavie, 1948.

DE ROOVER (R.), *The Rise and Decline of the Medici Bank*, Cambridge, Mass., 1963.

DI NAPOLI (G.), *L'Immortalità dell' anima nel Rinascimento*, Turin, 1963.

DI PINO, *La Poesia di Lorenzo dei Medici*, Florence, 1952.

DORINI (U.), *I Medici e i loro tempi*, Florence, 1947.

EWART (J.), *Cosimo de Medici*, Londres, 1899.

Fabbri (M.), *Alessandro Scarlatti e il Principe Fernando de Medici*, Florence, 1961.

Fabriczy (C. von), *Medaillen der italienischen Renaissance*, Leipzig, 1902.

Fabroni, *Vita Laurentii Medicis*, Pise, 1784.

Ferguson (W. K.), *The Renaissance in Historical Thought*, Boston, 1948.

Ferrara (M.), *Savonarola*, Paris, 1952.

Ferrari (M.), *La Congiura dei Pazzi*, Rome, 1945.

Fêtes (divers auteurs) : *Les Fêtes de la Renaissance*, Paris, 1956.

Filarete (A.A.), *Opere*, éd. W. von Oetingen, Vienne, 1890.

Fiori (G.), *Lorenzo il Magnifico*, Florence, 1937.

Gandillac (M. de), *La Sagesse de Plotin*, Paris, 1952.

Garin (E.), *L'Umanesimo italiano, filosofia e vita civile nel Rinascimento*, Bari, 1952.

Cassirer (E.), *Medioevo e Rinascimento. Studi e ricerche*, Bari, 1954.

Geiger (L.), *Renaissance und Humanismus in Italien und Deutschland*, Berlin, 1882.

Gengaro (M. L.), *Umanesimo e Rinascimento*, Turin, 1948.

Gentile (G.), *Il Pensiero italiano del Rinascimento*, Florence, 1940.

Gingins (M. de), *Dépêches des ambassadeurs milanais*, Paris-Genève, 1858.

Giovanonni (G.), *L'Architettura del Rinascimento*, Milan, 1935.

Gnoli (D.), *La Roma di Leone X*, Milan, 1938.

Gromore (G.), *L'Architecture de la Renaissance en Italie*, Paris, 1922.

Gutkind (K.), *Cosimo de Medici il Vecchio*, Florence, 1949.

Hay (D.), *The Italian Renaissance in its Historical Background*, Cambridge.

Haydn (H. C.), *The Counter-Renaissance*, New York, 1950.

HOLZHAUSEN (W.), *Studien über den Schatz des Lorenzo il Magnifico*, Florence, 1929.

HORSBOUGH (E.L.S.), *Lorenzo the Magnificent and Florence in the Golden Age*, Londres, 1908.

KRAKOWSKI (E.), *Plotin et le paganisme religieux*, Paris, 1933.

KRISTELLER (P.O.), *Studies in Renaissance. Thought and Letters*, Rome, 1956.

LABANDE (E. R.), *L'Italie de la Renaissance*, Paris, 1954.

LAVEDAN (P.), *Histoire de l'urbanisme. Renaissance et Temps Modernes*, Paris, 1941.

LESTOCQUOY (J.), *Les Villes de Flandre et d'Italie sous le gouvernement des patriciens (XIe-XVe siècles)*, Paris, 1952.

LIPARI (A.), *The Dolce Stil Novo according to Lorenzo de Medici. Study of his Poetic Principle, etc.*, New Haven, Yale University, 1936.

LUNGO (I. del), *Florentia, uomini e cose del Quattrocento*, Florence, 1897.

LUZ (P. de), *Histoire des papes*, Paris, 1960.

MACHIAVELLI (N.), *Opere complete di N.M. con aggiunte e correzione tratte dai manoscritti originali*, Florence, 1843.

MAHON (D.), *Studies in Seicento. Art and Theory*, Londres, 1947.

MARGOTTO (G.), *Un mercante fiorentino e la sua famiglia nel secolo* XV, Florence, 1881.

MARTELLI (M.), *Studi Laurenziani*, Florence, 1965.

MARTIN (A. von), *Soziologie der Renaissance*, Stuttgart, 1932.

MARTINI (G. S.), *La Bottega di un cartolaio fiorentino nella seconda metà del Quattrocento*, Florence, 1956.

MAULDE DE LA CLAVIÈRE (R. de), *La Diplomatie au temps de Machiavel*, Paris, 1892.

MELTZING (O.), *Das Bankhaus der Medici und ihre Vorläufer*, Milan, 1937.

MISCIATELLI (P.), *Personnaggi del Quattrocento italiano*, Rome, 1914.

MONNIER (P.), *Le Quattrocento, essai sur l'histoire littéraire du XVe s. italien*, Paris, 1901.
MONTANI (G.), *Gli organismi finaziarii della Republica di Firenze*, Rimini, 1886.
MORENI (D.), *Lettere di Lorenzo il Magnifico*, Florence, 1830.
MORLAY (C.), *Les Borgia*, Paris, 1934.
MÜNTZ (E.), *Les Arts à la cour des papes pendant le XVe et le XVIe siècle*, Paris, 1879.
MÜNTZ (E.), *Les Collections d'antiques formées par les Médicis*, Paris, 1888.
NAGLER (A. M.), *Theatre Festivals of the Medici (1539-1637)*, New Haven, Yale University, 1964.
NITTI (F.), *Leone X e la sua politica secondo documenti e carteggi inediti*, Florence, 1892.
NORDSTRÖM (J.), *Moyen Âge et Renaissance*, Uppsala, 1929.
NORDSTRÖM (J.), *Notizie letteraria ed istoriche intorno agli uomini illustri dell'Accademia fiorentina*, Rilli, Florence, 1700.
OPERTI (P.), *Signorie e Principati (1300-1350)*, Milan, 1900-1913.
ORSI (P.), *Il Condottiero, vita di Bartolomeo Colleoni*, Milan, 1941 ; Turin, 1957.
PALMAROCCHI (R.), *La Politica italiana di Lorenzo de Medici, Firenze nella guerre contro Innocenzo VIII*, Florence, 1933.
PANELLA (A.), *Storia di Firenze*, Florence, 1949.
PASSERINI (G.L.), *Curiosità storico-artistiche fiorentine*, Florence, 1866.
PEPE (G.), *La Politica dei Borgia*, Naples, 1945.
PERRENS (F.T.), *Histoire de Florence*, Paris, 1877-1888.
PIERRACCINI (G.), *La Stirpe dei Medici di Caffagiolo*, Florence, 1924.
PORTIGLIOTTO (G.), *Condottieri*, Milan, 1935.
RANDOLPH (G.), *Fiorentine Merchants in the age of the Medici*, Cambridge, Mass., 1932.

RENARD (G.), *Histoire du travail à Florence*, Paris, 1913-1914.

RENAUDET (A.), *Machiavel*, Paris, 1956.

REUMONT (A. von), *Lorenzo de Medici il Magnifico*, Leipzig, 1874-1883.

RHO (E.), *Lorenzo de' Medici*, Turin, 1932.

RICCI (P. G.), TUBINSTEIN (N.), *Censimento delle lettere di Lorenzo di Piero di Medici*, Florence, 1964.

RIDOLFI (R.), *Studi savonaroliani*, Florence, 1935.

ROBB (N.A.), *Neoplatonism of the Italian Renaissance*, Londres, 1935.

ROBIONY (E.), *Gli ultimi dei Medici e la succezione al granducato di Toscana*, Florence, 1905.

RODOCANACHI (E.), *Rome au temps de Jules II et de Léon X*, Paris, 1911.

ROOVER (R. de), *The Medici Bank. Its Organization, Management, Operations and decline*, New York-Londres, 1948.

ROSCOE (W.), *Life of Lorenzo the Magnificent*, Liverpool, 1795.

ROSCOE (W.), *Life of Leo the Tenth*, Liverpool, 1805.

ROSSI (L.), *Il Quattrocento*, Milan, 1949.

RUBINSTEIN (N.), *The Beginnings of Political thought in Florence*, Londres, 1942.

RUBINSTEIN (N.), *The Government of Florence under the Medici 1434 to 1494*, Oxford, 1966.

SAITTA (G.), *Il Pensiero italiano nell' Umanesimo e nel Rinascimento*, Bologne, 1949-1951.

SAPORI (A.), *Studi di storia economica*, Florence, 1940.

SCHIAPARELLI (A.), *La Casa fiorentina e i suoi arredi nei secoli* XIV *e* XV, Florence, 1908.

SCHILLMANN (F.), *Histoire de la civilisation toscane*, Paris, 1931.

SEGNI (B.), *Storie fiorentine*, Milan, 1895.

SEMERAU (A.), *Die Condottieri*, Iéna, 1909.

SEMPRINI (G.), *I Platonici italiani*, Milan, 1926.
SHEVILL (F.), *History of Florence*, New York, s.d.
SISMONDI (S. de), *Histoire des républiques italiennes*, Paris, 1807.
SORBELLI (E. A.), *La Scomunica di Lorenzo de Medici in un raro incunabulo romano*, Bologne, 1937.
TEN Hoven, *Memories of the House of Medici*, Bath, 1797.
Testi umanistici sull' ermetisme, Archivio de filosofia, Rome, 1955.
THOMAS (G.), *Les Révolutions politiques de Florence*, Paris, 1887.
TIKNTI (M.), *Il Mobilio fiorentino*, Milan, 1929.
TOFFANIN (G.), *Il Cinquecento*, Milan, 1929.
TOFFANIN (G.), *Storia dell' Umanesimo*, Bologne, 1943.
TORRE (A.), *Storia dell' Accademia Platonica*, Florence, 1902.
TROGER (H.), *Beiträge zur Kunstgeschichte von Italien*, Bâle, 1898.
TRUC (G.), *Florence et les Médicis*, Paris, 1936.
TRUC (G.), *Léon X et son siècle*, Paris, 1941.
ULLMANN (B.L.), *The Origin and Development of Humanistic script*, 1960.
VAGAGGINI (S.), *La Miniatura fiorentina*, Milan, 1952.
VALERI Nino, *L'Italia nell' Età dei Principati*, Vérone, 1949.
VALORI (L.), *Laurentii Medicis Vita*, Florence, 1740.
VARILLAS, *Les Anecdotes de Florence ou l'histoire secrète de la maison des Medici*, La Haye, 1685-1687.
VASOLI (C.), voir *Testi*.
VENTURI (A.), *Storia dell' Arte italiana*, Milan, 1901-1941.
VIOLINI (C.), *Lorenzo il Magnifico, la vita, la politica, l'arte*, Milan, 1937.
VOIGT (G.), *Die Wiederbelebung des klassischen Altertums*, Berlin, 1859.

WACKERNAGEL (M.), *Das Lebensraum des Künstlers in der Florentinische Renaissance. Aufgaben und Auftraggäber, Werkstatt und Kunstmarket*, Leipzig, 1938.
WARBURG (A.), *Gesammelte Schriften*, Leipzig, 1932.
WEISBACH (W.), *Trionfi*, Berlin, 1919.
WELLIVER (W.), *L'Impero fiorentino*, Florence, 1957.

INDEX

TABLE

Réalisation : Nord Compo à Villeneuve-d'Ascq
Impression : CPI Firmin-Didot en août 2023
N° d'impression : 176338
Dépôt légal : janvier 2021
ISBN : 979-10-210-4698-6
Numéro d'édition : 4532
Imprimé en France